하버드의 사생활

哈佛课堂之外
作者：张保文
Chinese Edition Copyright ⓒ 2014 北京慢半拍文化有限公司
All Rights Reserved.
Korean Translation Copyright ⓒ 2016 by EyeofRa Publishing co.,ltd.
Korean edition is published by arrangement with 北京慢半拍文化有限公司
through EntersKorea Co.,Ltd. Seoul.

이 책의 한국어판 저작권은 (주)엔터스코리아를 통한
중국의 北京慢半拍文化有限公司와의 계약으로
도서출판 라의눈이 소유합니다.
신 저작권법에 의해 한국 내에서 보호를 받는 저작물이므로
무단 전재와 무단 복제를 금합니다.

'진짜 하버드'는
강의가 끝난 후 시작된다!

하버드의 사생활

장바오원 지음 · 장려진 옮김

라의눈

개개인의 차이는 '남는 시간'에 달려 있다.
한 청년이 여가를 어떻게 보내는지 안다면,
그의 미래가 어떨지 알 수 있다.

— 앨버트 아인슈타인 Einstein

· 서문 ·

하버드가 있어야
미국이 있다

■ '하버드가 있어야 미국이 있다' 하버드대학교Harvard University는 미국 정부의 '씽크탱크Think Tank'로 불리며, 여덟 명의 대통령과 40여 명의 노벨 수상자를 배출했다. '독서량이 가장 많은 미국 대통령 중 한 명'으로 꼽히는 버락 오바마Obama 대통령, 수년 연속 세계 최고 갑부의 자리에 오른 빌 게이츠Gates, 페이스북Facebook의 창업자이자 최연소 억만장자 마크 주커버그Zuckerberg, NBA 황색 돌풍을 일으킨 제레미 린林書豪 등 세상의 이목을 끈 인물들이 모두 하버드 출신이다.

이들 하버드 엘리트들의 학생 시절을 살펴보면 '강의실 밖에서의 노력'이 성공의 핵심요인이었음을 발견할 수 있다.

버락 오바마는 하버드대 진학 전 시카고에서 3년간 자원봉사 활동을 했다. 지역 교회에서 빈곤층 주민들을 대상으로 진행한 직업훈련에 참여했고, 실업자들의 생계안정을 도왔다. 3년간의 자원봉사 활동을 통해 사람들의 힘을 모으고 조직하는 능력을 배운 오바마는 그 경험에 대해 "내가 받은 가장 훌륭한 훈련이었다"고 말한 바 있다.

빌 게이츠의 성공 역시 학업 밖의 아르바이트 경험과 관련이 있다. 고등학교 시절 그는 레이크사이드스쿨에서 프로그래밍 회사를 창립하고, 미 태평양 연안 서북지역 회사의 컴퓨터코드를 프로그래밍했다. 하버드 재학 시절에는 한 회사에 전화를 걸어 자신이 설계한 프로그램을 소개했는데, 바로 이 소소한 '과외활동'을 계기로 그는 학교 생활에 종지부를 찍고 마이크로소프트Microsoft 창립이라는 평범치 않은 여정을 걷기 시작했다.

마크 주커버그도 학교를 떠나 창업의 길을 택했다. 하버드에서 진행된 특강에서 빌 게이츠는 학생들에게 여가를 활용하여 프로젝트에 도전해보라고 제안했는데, 바로 그 한마디가 주커버그를 일깨웠다. 그가 남는 시간을 활용하여 만든 사교 네트워크인 페이스북은 출시와 동시에 하버드 캠퍼스를 강타했다. 페이스북의 영향력이 점차 커지자 주커버그는 하버드를 자퇴하고 페이스북 개발에 몰두했다. 그리고 불과 몇 년 사이 페이스북은 마이크로소프트, 구글Google을 잇는 미국 3대 IT기업으로 성장했다.

제레미 린은 하버드대 입학 전, 농구 명문학교인 UCLAUniversity of California, Los Angeles와 스탠퍼드Stanford University 두 곳에서 모두 입학을 거절당했다. 선수로 뛰는 동안 뉴욕 닉스New York Knicks, 골든 스테이트 워리어스Golden State Warriors, 휴스턴 로키츠Houston Rockets 등에서도 잇달아 방출명단에 올랐다. 하지만 그는 꿈에 대한 굳은 의지를 갖고 절대 포기하지 않았으며, 결국 NBA에 입성한 최초의 하버드생이 되었다.

가족의 영향으로 어렸을 때부터 정치에 대한 이상理想을 키워온 존 F. 케네디Kennedy는 하버드 재학 시절 자신의 이상을 학업 외적인 활동과 결합했다. 그는 두 차례 유럽을 방문하여 뉴딜 시대The New Deal의 미국과 유럽의 발전 상황을 살펴보았고, 여름방학을 이용하여 미국대사관에서 근무했다. 이 모든 활동은 훗날 대통령이 되기 위한 굳건한 기반이 되었다.

하버드 엘리트들의 경험은 강의실 밖에서의 훈련이 개인의 성공을 위해 매우 중요함을 우리에게 알려준다. 왕커王可는 하버드에서의 과외활동에 대해 이렇게 말했다. "어떤 하버드생에게 물어보든지 간에 모두가 강의실 밖에서 더 많은 것을 배웠다고 대답할 겁니다. 이것이 하버드와 다른 대학의 차이점이죠. 학생들이 강의실 밖에서 리더, 사회개혁가, 언론인, 사회봉사자로 성장하고 성숙하도록 돕는 것이 하버드의 강점입니다."

스페인에서 유학 중인 중국 학생 츠쩐郯眞은 인터넷에 사진을 올렸다. 사진 속에는 세비야대학교University of Seville 1학년에 재학 중인 안나 마리아(Anna Maria, 스페인)와 베로니카(Veronica, 독일)가 있다. 사진의 오른편에 있는 베로니카는 책상 앞에 앉아 열심히 공부하고 있고, 그녀와 벽 하나를 사이에 두고 있는 안나 마리아는 거울에 몸을 기댄 채 무엇인가를 보고 있다.

벽을 사이에 둔 두 여학생의 모습은 비슷해 보이지만, 그들의 생활은 하늘과 땅 차이다. 츠쩐은 이들과 알고 지낸 지 약 1년 정도가 되었으며, 자주 기숙사에 놀러 간다고 한다. 그는 사진에 대해 이렇게 말하였다. "사진에서 벽 왼편에 있는 안나 마리아는 드라마를 즐겨보며 배달음식을 시켜먹어요. 그러다 수중에 가끔 여윳돈이 생기면 신발이나 옷을 사러 나가는 게 일상이에요. 그리고 시험을 통과 못했다는 둥, 몸매가 안 좋아서 자기에게 대시하는 사람이 없다는 둥, 사람들이 모이는 곳에 가도 딱히 할 말이 없다는 둥 저에게 항상 불평을 쏟아내죠. 어쩌다 친구가 안나 마리아를 찾아가면, 그녀는 항상 쓴웃음을 지은 채 맞은편을 가리키며 "쟤는 너무 운이 좋아."라고 친구에게 말해요. 그 맞은편이 바로 베로니카 자리거든요. 베로니카는 예쁜 외모와 좋은 몸매로 학교에서 많은 남학생에게 인기가 많아요. 그래서 확실히 '좋은 운'을 타고난 것처럼 보이기도 하죠. 하지만 그녀가 모르는 것이 하나 있어요. 안나 마리아가 드라마를 보고 있을 때 '운이 좋은 여자'인 베로니카는 4개국 언어를 독학했고, 때마다 자기가 번 돈으로 여행을 떠나 새로운 생활방식을 경험한다는 걸 말이에요."

매일 아침 6시 반, 전날 TV 드라마를 보며 밤을 새운 안나 마리아가 아직 깊은 잠에 빠져 있을 시각, 베로니카는 이미 운동화를 신고 밖으로 나가 한 시간 정도 조깅을 한다. 츠쩐이 베로니카를 알고 지낸 1여 년의 시간 동안 이어진 이 습관이 바로 그녀의 몸매 유지 비결이었다. 또한, 오전에 수업이 없는 날이면 베로니카는 도서관에서 책을 읽었다. 다양한 범주의 책을 읽는 베로니카는 어떤 화제로 이야기를 나누더라도, 사람들과 어울리며 막힘없이 자신의 견해를 이야기한다. 그리고 베로니카는 자신이 여행했던 지역을 영상에 담아 동료들과 나누고 친구들의 여행 계획을 기꺼이 돕는다. 베로니카의 세계는 언제나 풍부하고, 다채롭다.

베로니카는 이미 독일어, 프랑스어, 스페인어와 영어까지 4개국 언어에 능통하지만 츠쩐과 알게 된 이후 어렵다는 중국어에까지 도전하기 시작했다. 더욱 신기한 것은 1년 만에 그녀가 중국인과 자유롭게 대화를 나눈다는 점이다. 여기에 만족하지 않은 베로니카는 중국어 글자를 쓰는 방법까지 배우고 싶어 하더니, 지금은 매일 저녁 한 시간씩 중국어 쓰기를 연습하고 있다.

안나 마리아와 베로니카를 통해 안일하고 불평만 늘어놓는 생활을 하면 아무

것도 이루지 못하지만, 성실함과 노력에 의지한 생활을 하면 멋진 인생을 살게 된다는 점을 다시 한 번 알 수 있다. 사진을 본 많은 네티즌도 "좋은 운'이란 자신이 스스로 쟁취하는 것"이라고 동감했다.

"나는 이 한 장의 사진을 통해 나를 깨닫고 베로니카처럼 자신의 운명을 만들어가는, '운이 좋은 사람'이 되고 싶어요."라고 츠쩐은 말했다.

무엇이 스스로에게 진정한 의미가 있는 교육이었는지 돌이켜 볼 때 하버드생들 중에서 교육과정을 떠올리는 이는 드물다. 대부분 동아리 활동, 지역사회 자원봉사, 해외연수 프로그램, 기숙사 생활, 그리고 하버드에서의 경쟁과 도전 등 강의실 밖에서의 노력을 훨씬 많이 언급한다. 하버드는 강의실 밖에서 학생들을 양성하는 것에 더 많은 의미를 둔다.

하버드의 성공 비결은 세계 일류의 젊은이들을 유치하는 데에 그치지 않는다. 그 젊은이들이 하버드 이후, 앞으로의 직업 인생에서 자부할 만한 성과를 얻도록 하는 데에 있다.

운명을 자신의 손안에 장악하고 있으면, 엘리트로 사는 삶과 평범한 삶에 대한 선택권은 온전히 스스로에게 주어진다. 똑같은 대학생이라도 엘리트로서의 삶의 방식과 평범한 삶의 방식 중 어떤 방식을 선택하느냐에 따라 성장의 결과는 확연히 달라진다. 모든 결과는 자신의 선택에 달려 있다.

베로니카처럼 운명을 장악하고 싶은가, 아니면 안나 마리아처럼 그저 운이 공평치 않다고 불평만 할 것인가? 엘리트로 사는 삶의 방식을 선택하고 싶은가, 아니면 평범한 삶의 방식을 선택하고 싶은가? 이 책이 올바른 답을 찾을 수 있는 나침반이 되기를 바란다.

■ 차례

서문 하버드가 있어야 미국이 있다 ··· 5

| Part 1 |
'진짜 하버드'는
강의실 밖에서 시작된다!
: how do you learn

- 수업만큼 중요한 하버드의 과외활동 ··· 17
- 학점보다 중요한 '인생'을 위해 도서관을 나서라! ··· 27
- 내가, 나의 스승이다 ··· 37
- 의미 있게 노는 법을 배우라 ··· 43
- 강의실 안과 밖의 시간 균형을 맞춰라! ··· 51
- 대학생 CEO ··· 65
- 최고를 습관화하라! ··· 73

| Part 2 |

강의실 밖에서
무엇을 배워야 하는가?
: way to learn more

- 10년 후 무엇을 하고 싶은가? ···79
- 무엇을 배울지 스스로 결정하라 ···91
- 비 전공이 능력 있는 사람을 만든다 ···95
- 독립적으로 사고하는 방법을 체득하라 ···105
- 흥미(興味)를 찾아라! ···115
- 학교는 자신의 사업을 준비하는 곳 ···129
- 당신의 창의력을 주변에 알려라 ···135
- 좌절도 공부다 ···147
- 하버드에서 행복을 쫓아라 ···155

| Part 3 |

삶에 휩쓸리지 말라
: learn to be

- 우선, 자기 자신을 먼저 파악하라 ··· 163
- 완벽한 자신감은 졸업장보다 중요하다 ··· 175
- '사교 학점'을 이수하여 사회인이 되는 법을 배워라 ··· 191
- '아르바이트'는 사회 진출을 위한 것이다 ··· 201
- 졸업식은 독립일! 자기 자신에게 기대어 성장하라 ··· 207
- 엄격한 요구가 없으면 엄격한 생활도 없다 ··· 213

| Part 4 |

가장 의미 있는 일을 하라
: learn to do

- 깨어 있을 때 당신 인생에서 가장 의미 있는 일을 하라 ··· 223
- 개방성은 성장 활력의 동력이다 ··· 235

- 두각을 나타내고 싶다면 출중한 언변을 길러라 ··· 245
- 수석 스토리텔러가 되어라 ··· 255
- 좋은 성적보다 리더십이 미래를 보장한다 ··· 263
- 사업가 기질을 발휘해라 ··· 273
- 원칙이 없으면 오랜 성공도 없다 ··· 281

| Part 5 |

누구와 동행하는지가 성공의 향방을 좌우한다
: learn from others

- 성공하려면 지지자와 라이벌 모두 필요하다 ··· 289
- '엘리트 집단'에 서라! 하버드의 인맥 ··· 295
- 파트너를 찾아라 ··· 305
- '좋은 사람'이 돼라 ··· 313

하·버·드·의
사·생·활

Part 1

'진짜 하버드'는 강의실 밖에서 시작된다!

how do you learn

나는 교내 신문이었던 〈하버드 크림슨〉 지에
내 모든 여가를 쏟았다.
이 활동이 아마 재학 시절 중 내가 공직에 종사하기 위해 했던
가장 훌륭한 준비였을 것이다.

— 프랭클린 루스벨트

수업만큼 중요한
하버드의 과외활동

■ 1896년, 열네 살의 프랭클린 루스벨트 Franklin Delano Roosevelt는 정계인사 배출을 목표로 하는 그로튼 스쿨 Groton School에 입학하게 된다. 그로튼 스쿨의 설립자이자 초대 학장이었던 엔디콧 피바디 Peabody는, 훌륭한 학생은 곧 뛰어난 운동선수여야 하고 투철한 스포츠맨십과 호방한 기개를 지녀야 한다고 여겼다. 그에 반해 프랭클린 루스벨트는 약 160센티미터의 키에 45킬로그램에 불과한 왜소한 체형으로 그로튼 스쿨에서 한참 유행하던 럭비, 농구, 조정과 같은 운동을 하는 체력이 따라주지 않았고, 그의 특기였던 테니스, 골프, 승마, 요트 같은 운동은 아직 활성화되어 있지 않았다. 그렇지만 루스벨트는 동기들의 차가운 시선을 그대로 수용하는 성격이 결코 아니었다. 그

는 스스로 럭비 응원단을 조직하고, 농구팀 매니저를 자청하며, 여러 교내 유명 운동선수들과 친밀한 관계를 쌓아갔다. 루스벨트는 '변론학회' 회원으로 활약하며 토론에도 뛰어난 면모를 보였다. 학업 성적 또한 우수했다. 그는 '호감을 사는 방법'으로 자신의 입지를 키워간다는 인상을 주었는데, 어떤 학생들은 그로튼 스쿨에서 어려운 문제를 해결하기 위해서는 루스벨트 식대로 해야 한다고 생각할 정도였다. 그리고 훗날 비슷한 상황이 발생했을 때도 그는 여전히 이 방식에 따라 말과 행동을 결정했다.

1900년 하버드에 입학한 루스벨트는 정치학, 역사학, 신문학을 전공했다. 재학 시절 내내 과외활동에 열중해서 좋은 성적을 거두지는 못했지만, 여러 차례 유럽을 여행하고 구기활동을 즐겼다.

프랭클린 루스벨트는 하버드에서 성공적으로 두각을 나타내고, 이를 계기로 동기들과 사회 저명인사들에게 주목받기를 간절히 원했다. 1901년 그는 영향력을 넓히기 위해 자신의 영웅이자 당시 뉴욕 주지사였던 친척 테오도어 루스벨트Theodore Roosevelt에게 교내 초청연설과 연설 후 인터뷰에 응해달라고 청했다. 이때 그의 활약을 눈여겨본 교내 신문 〈하버드 크림슨The Harvard Crimson〉 편집부에서 그를 보조편집자로 영입했다. 얼마 후, 테오도어 루스벨트는 윌리엄 매킨리McKinley의 파트너로 대통령 선거에서 민주당의 브라이언 윌리엄 제닝스Jennings와 경합을 펼치게 되었는데, 당시 하버드대 총장 찰스 엘리엇Eliot의 정치적 행보가 세간의 이목을 끌었다. 프랭클린 루스벨트는 편집장에게 총장 인터뷰를 제안했지만, 불가능할 것이라는 편집장의 답을 받았다. 하지만 그는 포기하지 않고 계속 시도했다. 학생 기자 신분인 루스벨트와의 접견자리에서 하버드대 총장이 차갑고 엄한 태도를 보이리라는 것은 불 보듯 뻔했다. 아니나 다를까 엘리엇 총장은 인터뷰에서 싸늘한 목소리로 "내가 누구에게 투표할지 왜 자네에게 알려주어야 하는가?"라고 반문했다.

이에 프랭클린 루스벨트는 "만약 그 투표에서 총장님의 선택이 본인의 신앙을 반영하는 것이라면, 총장님 자신의 영향력을 기쁜 마음으로 사람들의 공정한 저울대 위에 올려놓아야 하기 때문입니다."라고 대답했다. 패기 넘치는 젊은 학생 기자의 공세에 찰스 엘리엇 총장도 엄하고 차가운 태도를 버리고, 즐거운 마음으로 인터뷰에 응했다. 루스벨트의 단독 보도는 〈하버드 크림슨〉 뿐만이 아니라, 전국 신문사의 헤드라인 뉴스가 되었다.

그로튼 스쿨에서 대학과정을 이수한 덕분에 루스벨트는 3년 만에 문학 학사 학위에 필요한 필수과정을 모두 끝낼 수 있었다. 하지만 가을 학기 동안 〈하버드 크림슨〉 지의 편집장이 되기 위해서는 케임브리지에서 1년을 더 지내야만 했다. 1903년 9월 대학원에 입학한 루스벨트는 학위를 취득하는 것보다 편집장 자리에 더 큰 목적을 두었다. 그는 "제 모든 여가를 교내 신문이었던 〈하버드 크림슨〉에 쏟았습니다. 이 활동이 아마 재학 시절 중 제가 공직에 종사하기 위해 했던 가장 훌륭한 준비였을 겁니다."라고 말했다.

이처럼 과외활동을 통해 루스벨트는 사교능력을 키웠고, 향후 정치활동 과정에서 복잡하고 어려운 문제들을 해결할 수 있는 경험적 기반을 쌓았다.

오바마 대통령도 하버드 재학 시절 과외활동을 매우 중요하게 생각했다. 그는 〈하버드 로 리뷰The Harvard Law Review〉 역사상 최초의 흑인 편집장으로, 독창적이고 심오한 편집 논평으로 시카고대학교The University of Chicago 법학대학원 마이클 맥코넬McConnell 교수에게 깊은 인상을 남겼다. 맥코넬 교수는 제일 먼저 오바마의 재능을 알아본 사람으로, 그에게 시카고대학 겸임강사 자리와 사무실, 컴퓨터도 마련해주었다. 오바마가 훗날 사교와 공식연설 분야에서 압도적인 재능을 드러낼 수 있었던 것도 시카고대학 겸임강사 경력과 무관하지 않다.

프랭클린 루스벨트와 오바마의 학업 경력을 살펴보면 두 사람은 재학시절 과외활동에 많은 비중을 두었다는 사실을 알 수 있다. 이러한 과외활동은 후일 그들의 정치생활을 위한 든든한 밑거름이 되었다. 조사에 따르면 실제로 하버드생들은 매주 20시간가량 과외활동에 참여하고 있다. 두 가지 이상의 과외활동에 참여하는 학생의 비중이 70퍼센트를 차지하고, 너댓 가지 활동에 참여하는 학생도 무려 14퍼센트에 달한다고 한다.

하버드 졸업생 씨에이난謝易男은 "하버드대 학생들은 일반적으로 사회적 능력이 비교적 강하고, 강의실 안팎에서 배우는 것들을 똑같이 중요시합니다. 저는 대학교 1학년 때부터 3학년 때까지 한국, 싱가포르, 이스라엘, 팔레스타인 등 다른 나라에서 진행되는 학술 교류에 참가했고, 1, 2학년 시절에는 학생 잡지인 〈하버드 인터내셔널 리뷰Harvard International Review〉의 칼럼 편집을 했어요."라고 말했다.

학생들은 과외활동의 장점으로 첫째, 과외활동 참여가 주는 즐거움 둘째, 수업 내용과의 접목 셋째, 활동을 통한 자아인식 넷째, 서로 다른 배경을 가진 학생들과의 학습 및 교류의 기회 등을 꼽았다.

하버드에서의 과외활동은 주로 자원봉사, 학교 대항 스포츠 활동, 교내 클럽활동, 동아리 활동 등 몇 가지로 나뉜다.

• 자원봉사활동

자원봉사는 매우 전형적인 과외활동이다. 매 학기 25퍼센트 정도의 학부생들이 정기적으로 자원봉사자 행렬에 동참하고, 65퍼센트의 학생들은 재학 동안 비정기적으로 이러한 활동에 참여한다. 아르바이트를 하는 학생이더라도 여러 방법으로 시간을 쪼개어 자원봉사 활동을 하는데, 그 빈도가 아르바이트를 하지 않는 학생보다 더 높다고 한다. 대학생 자원봉사자는 일반적으로 매주 3~6시간, 평균 다섯 시간 정도 활동한다. 이들 중 46퍼센트는 아동과 청소년을 대상으로, 13퍼센트는 갈 곳 없는 빈곤계층을 대상으로, 9퍼센트는 장애인을, 10퍼센트는 노인을 대상으로 한 자원봉사를 한다.

학생들의 자원봉사 참여는 사회에 유익할 뿐만 아니라, 봉사를 하는 학생도 이를 통해 자기 자신을 단련할 수 있다. 업무 경험을 쌓고 사람들과의 커뮤니케이션 능력과 리더십을 기를 수 있는데, 더욱 중요한 것은 '사회에서 받은 것을 사회로 환원한다'는 책임감을 키울 수 있다는 점이다.

하버드는 사회에서 필요한 부분, 이를 위한 실천과 학교 교육을 도덕적 교육과 결합시키는 방법으로 미국 사회의 건강한 발전을 보장해 왔다.

• 학교 대항 스포츠활동

　모든 과외활동 중, 성적에 영향을 미치는 활동은 아마 학교 대항 스포츠 활동밖에 없을 것이다. 스포츠 팀 소속 학생들의 성적은 일반 하버드생의 평균보다 낮은 편이지만, 본인이 성실히 노력하고 스케줄을 잘 조정한다면 성적 관리도 충분히 가능하다. 예를 들어보자. 하버드 재학 시절 제레미 린은 농구팀 주장을 하면서도 문화계열 성적 또한 모두 중상위권을 유지했다. 힘든 훈련 중에도 항상 시간을 내 교수를 찾아가 수업 내용을 보충했기 때문이다. 전체적으로 봤을 때 스포츠 팀에서 활동하는 학생들은 캠퍼스 내에서 가장 활기찬 무리다. 어디에나 그들의 친구가 있다는 것이 반증이다. 또한 그들은 자신들이 학교에 가장 깊은 애정을 갖고 있다고 생각한다. 스포츠 팀에서 활동하는 학생들의 단결력과 리더십은 다른 학생들보다 뛰어나다.

• 클럽활동

　하버드에는 다양한 종류의 클럽이 존재한다. 학생들의 흥미와 취미에 따라 구분되는 클럽이 있는가 하면, 레벨을 엄격하게 나누는 사교클럽도 있다. 동경의 대상인 일부 최상위 클럽 대부분은 하버드가 위치한 보스턴뿐만 아니라, 전국의 상류사회를 직접 연결하는 다리가 된다. 루스벨트 가족 중 프랭클린 루스벨트를 제외한 테오도어 루스벨트와 그의 가족 구성원 모두는 그중 가장 존경받는 클럽인 '포셀리언 클럽Porcellian Club'의 회원이었다. 테오도어 루스벨트는 자신의 딸이 백악관 대변인이었던 니콜라스 롱워스Longworth와 결혼할 때 "나와 니콜라스 모두 포셀리언 클럽

출신"이라고 특별히 강조하기도 했다. 프랭클린 루스벨트 대통령 역시 "포셀리언 클럽에 들어가지 못한 것이 내 일생의 가장 큰 아쉬움"이라고 말한 바 있다. 하지만 그는 낙심하지 않고 우회적인 방법을 택하여 포셀리언 클럽에 비견되는 플라이 클럽Fly Club에 가입했다. 이후에도 그는 여러 사교클럽에 가입했고, 졸업 즈음 3분의 2에 가까운 득표수를 얻어 회장으로 당선되었다.

• 동아리활동

하버드 졸업생 왕커王珂는 이를 테면, 학교에서 '과다한 동아리 활동'을 하는 학생이었다. 그녀는 하버드 재학 시절의 동아리 활동에 대해 이렇게 회상했다. "입학 첫 주에 근사한 테르센터네리 시어터Tercentenary Theatre의 넓은 잔디밭(졸업식이 진행되는 곳이기도 하다)에서 진행된 '신입생 동아리 설명회Freshman Activities Fair'에서 저는 어느 동아리에 가입할지 고민하는 자신을 발견했어요. 푸릇푸릇한 잔디 위에 늘비하게 깔린 선배들의 모집 데스크마다 형형색색의 플래카드, 표어, 깃발이 학생들이 '경영'하는 각 동아리를 구분했고, 문화, 사회봉사, 출판, 음악 등 동아리 유형에 따라 잔디밭 구역도 나뉘어 있었죠. 선배들은 쉴 새 없이 소속 동아리의 사탕과 홍보물을 저에게 나눠주었어요. 학교는 특별히 우리 신입 '바이어'들에게 무료 홍보물을 담을 수 있는 쇼핑백까지 줬다니까요."

하버드는 동아리의 중요성에 대해 깊이 이해하고 있다. 때문에 학생들의 동아리 조직을 적극적으로 권장하고 지지한다. 입학 시 동아리의 책임자가 될 만한 학생 한 명 한 명을 총장 집무실로 불러 동아리를 만드는 기본 프로세스를 상세하게 안내하는 대학생활 가이드북을 주기도 한다. 학생들은 하버드대 공식 홈페이지에서 관련 내용을 다운로드받을 수 있다. 뿐만 아니라, 학교는 학생들이 동아리를 조직할 때 참고할 수 있는 '대학생 동아리 관리 규칙'도 전문적으로 제정했다. 이 외에도 교내 네트워크에 동아리 설립을 온라인으로 신청할 수 있는 인터넷 등록시스템을 구축하여 학생들이 언제든지 동아리를 조직할 수 있도록 편의 서비스를 제공하고 있다. 또한 하버드는 공식 동아리와 비공식 동아리 모두 교내에서 활동할 수 있도록 허가하는데, 이 역시 일부 특별한 동아리를 위해 막대한 발전의 여지를 남겨둔 것이다.

한 하버드 고학년 학생은 과외활동의 중요성에 대해 이렇게 이야기했다. "매년 개강 시즌이 되면 신입생들이 제게 조언을 구하곤 합니다. 저는 그때마다 선배들의 이야기를 전해주며 신입생들에게 학교의 환경을 충분히 활용하고 자원봉사 활동, 학교 대항 스포츠 활동, 교내 클럽 활동, 동아리 활동 등 과외활동에 많이 참가하라고 조언해주죠. 만약 돈을 벌어야 한다면 아르바이트를 할 수도 있다고 말합니다. 신입생 대부분이 조언을 받아들이는 듯하지만, 일부는 반신반의하기도 하죠. 어떤 이들은 강의실에서 매주 열 몇 시간씩 강의를 듣고 나머지 시간은 기숙사에서 혼자 공부하는 것이 대학생활이라고 생각하지만, 막상 그러한 생활방식을 선택한 학생들은 전혀 즐거워 보이지 않아요. 그들은 대개 다른 사람들과 거의 만나지 않고 홀로 지내는 때가 많습니다. 그런 위태로운 모습을 보면 곧바로 지적을 해주지만, 그들은 하나같이 '내게 제일 중요한 것은 공부야. 그런데 다른 데에 정신을 팔면 공부를 못하잖아?'라고 반문합니다. 하지만 학생들이 아르바이트, 과외활동, 자원봉사활동, 스포츠활동처럼 다양한 학업 외 활동에 참여하는 시간을 그들이 발산하는 열정과 결합해본다면, 이런 활동이 학업 성적에 전혀 영향을 미치지 않는다는 점을 알게 될 거예요. 왜냐하면 대부분의 경우 이런 활동에 참여하지 않는다고 해도, 아무 의미도 없는 일을 하느라 많은 시간을 낭비하니까요. 과외활동에 참여하면 더 효과적으로 시간관리가 가능해져 오히려 시간의 효율성이 높아집니다. 뿐만 아니라, 이러한 과외활동은 교과과정에 대한 깊은 이해를 돕기에 학업성적이 좋아지기도 하죠. 과외활동에 참여하기를 좋아하는 학생들의 대학생활 만족도가 더 높다는 점 또한 주목해야 할 부분입니다. 각종 활동에 참여하는 학생은 그렇지 않은 학생보다 더 행복할 뿐만 아니라, 사교성, 리더십 등 종합적인 소양도 다른 학생보다 더욱 강하고, 졸업 후에도 더 쉽게 사회에 적응하죠."

하버드 졸업생들은 자신이 강의실 밖에서 더 많은 것을 배웠다고 생각한다. 그들이 신입생에게 조언하는 점은 바로 이것이다. 과외활동이 학업에 영향을 주기는커녕, 오히려 강의실에서 배운 내용을 더 깊이 이해하는 데 도움을 준다는 것이다. 과외활동은 재학 기간 동안 더 많은 것을 배우는 계기가 될 테니 걱정하지 말고 더욱 적극적으로 활동에 참여하라는 말이다. 또한 과외활동이 대학생활을 더 즐겁게 해준다고도 말한다.

만약 내게 타임머신이 있다면 스물한 살의 저에게 이렇게 말하고 싶습니다.
삶이란 무엇인가 소유하고 성취하는 것이 아님을 스스로 깨달아야
행복할 수 있다고 말입니다. 여러분의 동년배나 연장자들 중에 삶과 조건을
구분하지 못하는 사람들이 많습니다. 그리고 여러분은 앞으로 그런 사람들을
수없이 마주하게 될 겁니다. 하지만 자격증이나 이력이 여러분의 삶이 되어서는
안 됩니다. 인생은 어렵고 복잡해서 우리 뜻대로 되지 않을 때가 많습니다.
겸허히 이 사실을 받아들인다면 여러분은 삶의 그 어떤 고난도
이겨낼 수 있을 것입니다.
— J. K. 롤링 Rowling

마음껏 즐기고, 세상을 보기 바랍니다. '공부벌레'가 되지 마세요.
저는 여러분이 하버드에 막 도착한 그 순간 엔진이 멈추기를 바라지 않습니다.
아마 올 한 해 동안 '인생의 포인트'를 발견하게 될 것입니다.
그리고 하버드에서 여러분이 무엇을 얻고 싶은지 확실히 알게 될 겁니다.
— 윌리엄 피츠시몬스 Fitzsimmons

가장 간단한 생활방식을 배우고,
복잡한 생각들이 인생의 달콤함을 망치게 하지 마라.
— 존 밀턴 Milton

교육의 비결은 삶을 존중하는 데 있다.
— 랄프 왈도 에머슨 Emerson

학점보다 중요한 '인생'을 위해
도서관을 나서라!

■ 하버드에 입학한 모든 학생은 입학처장 윌리엄 피츠시몬스의 선물을 받는데, 그 중 하나가 바로 '갭이어Gap Year' 장학금이다. 피츠시몬스는 신입생이나 막 졸업한 졸업생들이 갭이어를 신청하여 이 돈으로 1년이라는 시간 동안 자신이 생각했던 무슨 일이든, 예를 들어 세계여행처럼 완전히 다른 인생을 접할 수 있는 일을 하라고 권한다.

하버드의 교수들은 학생들에게 '도서관을 나와 사회를 둘러보라'고 조언한다. 이는 대학이 단지 좋은 학점을 받아야 하는 곳이 아니라, 4년간 인생을 경험하는 곳이기 때문이다. 적극적인 캠퍼스 활동 참여는 다른 사람을 이해하고 돕는 방법과 타인의 요구를 만족시키는 방법, 그리고 소통능력을 배울 수 있게 한다. 방금 언급한 것들은 미국 문화가 요구하는 리더의 기본자질이며, 직장을 구할 때도 이를 활용해 다른 이들보다 주목을 받을 수 있다. 그러므로 절대로 자신의 삶이 캠퍼스 안에만 국한된다는 생각은 하지 않는 것이 좋다. 학교에서도 지나치게 완벽을 추구하지 말고, 스스로에게 불필요한 스트레스를 주지 말아야 한다. 인생에는 일이나 공부 말고도 할 것이 너무나 많기 때문이다.

하버드 경영대학원을 졸업한 위즈보於智博는 『진정한 하버드 MBA眞實哈佛MBA』에서 하버드의 '해외 연수 프로그램' 공부 방법을 언급하며 유럽에서의 경험을 이렇게 적고 있다.

하버드에서의 공부 방법은 매우 다양하다. 하버드 경영대학원은 캠퍼스와 강의실 안에서 이루어지는 수업 외에 학생들이 캠퍼스 밖의 세계로 나가서 공부하도록 지원하고, 권장한다. 학장은 매년 겨울방학마다 4~5개의 해외 연수팀을 조직하여 '학교 명의'로 세계 각 지역에 여행 겸 연수를 보낸다.

겨울방학에 조직되는 해외연수팀은 대개 팀당 40명가량이다. 전체 여정의 숙식과 일정을 책임지는 담당자가 있고, 모든 활동이 알차게 구성되어 있다는 점이 특별하다. 이 때문에 자비임에도 많은 학생이 앞 다투어 지원하고, 학교 측은 불가피하게 추첨을 통해 학생을 선발한다. 팀이 꾸려지면 일반적으로 크리스마스 직후에 열흘에서 2주간의 일정으로 출발한다. 전체 여정 중 주요활동으로는 교수가 지도하는 사례토론, 각국 주요 정·재계인사 면담, 현지답사, 현지 학생들과의 교류 등이 있다. 내가 처음 유럽 해외연수 프로그램에 참여하게 된 것은 오로지 운이 좋았기에 가능했다. 참가신청 이후 추첨이 진행됐지만, 선발 명단에 내 이름은 없었기 때문이다. 대기자 명단에도 겨우 6순위였다. 다시 말해, 먼저 선발된 여섯 명의 당첨자가 포기해야 내가 참가할 수 있는 상황이었다. 실낱같은 희망을 품고 사흘간을 힘들게 기다린 후에야 마침내 합류가 결정되었다는 이메일을 받을 수 있었다.

우리 일행은 총 40명이었고, 스케줄에 따라 일련의 활동을 진행했다. 벨기에에서 우리는 EU본부가 위치한 브뤼셀을 탐방하고, 세계 최대 규모의 다이아몬드 거래소인 앤트워프 다이아몬드 센터Antwerp World Diamond Center, 벨기에 왕궁 등을 방문했다. 파리에서는 루브르 박물관 등 유명한 곳을 돌아보고 유럽의 경영대학원 학생들과 함께 사례토론을 진행했다. 뿐만 아니라 명품의 상징인 루이비통의 고위 임원과 면담을 가졌다. 샴페인의 발원지와 프랑스의 유명 향수연구센터도 방문했다.

마드리드에서 우리는 하버드 동문이기도 한 스페인 국가재정부 장관과 스페인 제1은행인 산탄데르은행Banco Santander의 은행장을 만나고, 마드리드 황궁과 프라도 미술관을 비롯한 스페인광장 등을 둘러본 후 차로 두 시간을 이동하여 피레네 산자락에 위치한 유럽 최대 유제품 회사 파스쿠알Pascual사의 생산 공장을 견학했다.

13일간의 유럽행은 알차고 빈틈없이 짜여있었다. 그리고 일정이 종료된 이후 놀랍고 기쁜 일이 생겼다. 학교에서 프로그램에 참여한 우리 모두에게 프로그램 전액에 해당하는 장학금을 준 것이다! 이는 학생들이 미국을 벗어나 널리 세계로 향하라는 격려였다.

'해외 연수 프로그램'은 안목을 넓혀주고, 학과과정에 대해 심도 깊은 이해를 도와, 학업과 성장에 모두 유익하다. 대학은 지식을 배우는 곳이지만, 더 크게는 삶을 배우는 곳이기도 하다. 하버드대 총장의 집무실은 캠퍼스 안의 매우 평범해 보이는 4층 건물에 위치해 있다. 미국에서 두 번째로 오래된 학교 건물로, 290년의 역사를 자랑하는 이 매사추세츠 홀 Massachusetts Hall은 1층과 2층의 총장 집무실, 3층과 4층의 기숙사로 구성되어 있다. 이러한 배치는 학생을 우선으로 하는 하버드의 이념을 보여주는 동시에 총장이 학생들의 생활에 더 잘 융화되도록 한다. 하버드 대학 총장 드루 길핀 파우스트 Faust는 "한 달 전 위층의 학생들과 함께 저녁을 먹으면서 그들의 관심사를 이해할 기회가 있었는데, 기분이 매우 좋았습니다. 오늘 저녁에는 첫 번째 시험을 앞둔 신입생들의 긴장감을 풀어주기 위한 환영파티를 주최하는데, 신입생들이 하버드 생활을 충분히 즐길 수 있었으면 좋겠습니다."라고 말했다.

하버드 졸업생 왕커는 하버드에는 '공부 이외의 생활'이 있다고 생각한다. 그녀는 재학 시절에 대해 이렇게 이야기했다.

하버드에서의 생활이 저에게 심어준 핵심가치는 학업능력도, 일확천금의 방법도 아니었어요. 사회적 지위는 더욱 아니었죠. 제가 가장 의미 있게 생각하는 하버드의 교육방식은 바로 '유일무이한 인생의 기회'를 제공했다는 점입니다. 이 기회를 통해 특별한 재능을 겸비하고, 가슴 속에 큰 뜻을 품은 다른 청년들과 강의실 밖에서 함께 공부하고, 시간을 보내며 생활할 수 있었어요. 그중에서도 하버드 기숙사 생활은 가장 잊을 수 없는 추억입니다. 하버드의 기숙사 제도는 저에게 '동기애'가 무엇인지 느끼게 해준 가족 같은 친구들과의 달콤한 추억과 제2의 집이 된 엘리엇하우스Eliot House를 갖게 해주었어요. 저는 스트레스와 도전으로 가득차고 심지어 의지할 곳 없이 외로운 환경 속에서 매일 집, 그러니까 엘리엇으로 돌아오는 것만으로도 따뜻한 위안을 받았습니다. 그리고 엘리엇하우스의 유명한 댄스파티인 스프링 포멀Spring Formal에서 룸메이트와 함께 식탁 위에 올라가 춤췄던 일, 룸메이트가 샤워실에서 엄청나게 큰 바퀴벌레를 보고 놀라 비명을 내지르자 관리원 프랜시스가 달려와 처리한 후에 우리를 보고 한바탕 웃었던 일, 하우스마스터House Master인 리노와 안나의 집에서 룸메이트와 그들이 여는 다과회를 도와주고 디저트를 훔쳐 기숙사로 돌아왔던 일들이 기억납니다. 뿐만 아니라 제가 제일 좋아하는 지도교수님과 함께 보스턴에 가서, 역시나 교수인 그분의 남자친구를 만나 밥을 먹고, 그 남자친구분이 엘리엇하우스까지 차로 저희를 데려다 준 일도 기억에 남아요. 엘리엇의 공식 특별만찬에서 리노가 포도주 몇 잔을 마시고 연설을 할 때 발음이 꼬였던 일을 두고 기숙사 친구들과 함께 그를 놀렸던 일, 논문을 쓰고 있을 때 친구들이 깊은 밤 야식을 사 들고 와 저를 응원해줬던 일뿐만 아니라, 매일 밤 잠자리에 들기 전 하버드 경영대학원의 밝은 불빛이 칠흑같이 어두운 찰스 강Charles River 위로 스며들고, 매일 아침 눈을 뜰 때면 밝은 햇살이 짙푸른 강의 수면 위에서 반짝반짝 빛나던 장면도 기억 속에 남아있죠. 이런 추억은 제 머리뿐 아니라 가슴속 깊이 새겨져 평생 저와 함께 할 겁니다.

수많은 '최초'라는 타이틀을 가진 대학에 걸맞게, 하버드는 미국 최초로 '기숙사 제도'를 실시했다. 하버드는 모든 학생이 4년 동안 학교 안에서 거주할 수 있도록 보장해 주기 때문에 거의 모든 학생이 캠퍼스 내의 기숙사를 선택하여 학부생활을 한다. 기숙사 생활의 진정한 의미는 학생과 교수들이 함께 공부한다는 중요한 경험을 한다는 데 있다. 학생들은 "하버드에서는 학생이나 동문들을 만나면 보통 몇 학년인지를 먼저 물은 후, 어느 기숙사인지를 묻습니다. 이 두 가지 질문과 대답만으로도 하버드생으로서의 신분을 완전히 확인할 수 있죠."라고 말한다.

입학 첫해에 신입생들은 모두 '하버드 하우스'라는 곳에 살게 된다. 모두 4개 동으로 이루어져 있는 이곳의 각 호실은 면적 약 80제곱미터의 공간에 방 세 개, 거실과 화장실 각 한 개로 구성되어 있다. 호실마다 네 명의 신입생이 배정되어 1년 동안 돌아가면서 두 명은 같은 방을 쓰고, 나머지 두 명은 방 한 개씩을 각각 사용한다. 1학년 학생들은 별도로 배정된 뷔페식 식당에서 학생증만 제시하면 식사를 할 수 있다.

1학년이 끝날 때 즈음, 학생들은 동기들 일곱 명과 자유롭게 한 조를 이루어 기숙사 배정 추첨에 참가한다. 추첨을 통해 무작위로 모든 조를 열두 개의 기숙사로 나누면 학생들은 그곳에서 남은 3년간의 학교생활을 보내게 된다. 새벽이 되면 미래의 기숙사 운명이 결정될 비밀편지가 신입생들의 방 문틈으로 조용히 전달된다. 그리고 기숙사 건물 배정 결과를 통지 받은 날, 학생들은 앞으로 지내게 될 기숙사 식당에서 성대한 의식을 치르듯 열광의 축하파티를 연다. 모든 기숙사 건물에는 일제히 "1학년 졸업생"이라는 플래카드가 걸리고 그들을 환영한다.

2학년이 되면 학생들은 새 기숙사로 옮겨 그곳에서 남은 3년을 보내게 된다. 모든 기숙사 건물은 약 330명에서 500명까지 수용할 수 있으며, 각 기숙사마다 별도의 식당, 헬스장, 음악 감상실, 교실, 도서관 등의 제반 시설들이 완벽하게 갖추어져 있고, 소형 극장이 마련되어 있는 곳도 있다. 화려하고 웅장한 유럽식 궁전과 같은 기숙사마다 '하우스 마스터'로 불리기도 하는 두 명의 '마스터家長, Master'가 있는데 통상 하버드 종신교수 부부가 그 역할을 담당한다.

 기숙사에는 하우스 마스터 가족 외에 많은 튜터Tutor가 있다. 튜터는 보통 석사생으로 하우스 마스터가 채용하며, 매주 정해진 시간 동안 학생들의 질의에 답하고, 도움을 준다. 하우스 마스터 역시 정해진 업무시간에 학생들을 관리하고, 정기 다과회 및 모임을 주최하거나, 유명인사 초청강좌뿐 아니라 매 학기 한두 차례 이상 큰 규모의 모임이나 댄스파티도 개최한다. 하버드에서는 기숙사 안에서도 자유롭게 각종 토론회 및 강좌를 개설하고 커뮤니티도 조직할 수 있다.

 하버드 커뮤니티의 핵심목표는 학생과 생활을 연결하는 것으로, 이를 위해 기숙사는 매우 다양한 지적·문화적 활동을 개발한다. 하우스 마스터와 학생으로 구성된 스텝이 함께 자기 기숙사만의 특색을 만들어가기 때문에 대부분의 학생은 자신의 기숙사가 가장 좋다고 생각한다. 기숙사별로 학생들이 스스로 조직한 운동팀과 밴드 등이 있으며, 삼사백 명의 학생이 함께 먹고, 거주하고, 공부하며 어울린다. 기숙사에서의 공부는 유명인사 초청강좌, 학생토론회 등 비교과과정이며, 정식교과과정은 학교에서 진행한다. 하우스 마스터는 모임, 연회, 댄스파티를 개최할 때

학생들에게 각자 자신의 강의 교수님을 모시고 함께 참여하도록 권한다. 이는 마치 한 가정이 가족모임에 선생님을 초청하는 것과 같다. 하버드의 수많은 방문교수, 방문학자들도 각자 배정된 기숙사에 거주하면서 학생들과 함께 먹고, 지내고, 어울리는데 이런 방문교수나 학자들은 세계적으로 유명한 대학자大學者이거나 유명인사들이다. 사실 모든 기숙사 하나하나가 학교 안의 학교, 학교 안의 집과 같다. 학생들은 학교이면서도, 한편으로는 집과도 같은 작은 세계에서 생활하고 공부한다.

　기숙사에서는 식당에서 학생들이 교수나 방문학자들과 함께하는 식사 자리에서나, 기숙사에서 진행하는 지도수업과 세미나 등에서 시시때때로 수업이 진행된다. 또한 기숙사 안에서 여러 과에 걸친 지도수업과 강좌도 들을 수 있다. 만일 학생들이 저녁에 교수와 소모임 리더와 함께 밥을 먹는다면 기숙사 측에서 만찬을 제공한다. 이런 공식 만찬을 통해 학생들은 교수 및 다른 선생님들을 기숙사로 초청해 대접하고, 하버드의 학문적 사고를 더욱 확장하는 기회로 삼는다.

　주말이 되면 일부 학생들은 기숙사 홀 안에서 학교에서 지원해주는 학생사교기금으로 파티를 열곤 한다. 어떤 기숙사의 로비는 연회장으로 불릴 만큼 항상 많은 학생이 모여 있기도 한다. 기숙사에서의 파티는 학생들 사이에서 입으로 전달되거나 기숙사 건물 안에 있는 우편명단을 통해 전해진다. 이 명단에는 기숙사의 모든 구성원이 포함되어 있어서, 만약 어떤 곳에서 모임을 진행하고 싶다면 이 명단을 통해 우편을 발송하여 초대하는 방식으로 야외 집회를 조직할 수도 있다. 하버드를 졸업한 류이팅柳亦婷은 "하버드는 '학생들이 예복에 익숙해질 만큼' 사교 장소에서 좀 더 의연하고 자신감 넘치도록 항상 다양한 명분과 스타일의 사교 파티를 개최해요. 하버드에서의 초반 생활을 생각해보면 신입생 때는 본인 포함, 다른 친구들이 예복 입은 모습을 보고 흥분을 참지 못했었지만 경험이 많아지면서 점차 익숙하고 편안한 마음으로 다른 사람들을 대할 수 있게 되었죠."라고 한다.

하버드에서는 학생들이 소규모의 커뮤니티를 만들어 그 안에서 서로 돕는 법을 배우고 깊은 우정을 나누며 함께 공부하고, 여가를 보낸다. 커뮤니티에 속한 학생들은 우의友誼를 나누며 하버드에 입학하여 뛰어난 친구들을 알게 된 것을 매우 운이 좋고 영광스럽다고 생각한다. 그들에게 하버드에서의 생활은 선물이다. 하버드의 기숙사 제도는 학생들이 공부하는 과정에서 공동생활도 배울 수 있도록 학업과 생활을 연결한다.

학교는 공부만 하는 곳이 아니라 생활을 하는 곳이기도 하다. 바꾸어 말하면, 공부도 생활의 일부다. 공부가 대학생활의 전부가 아니며, 더 풍요롭고 다채로우며 아름다운 생활이 기다리고 있다. 만약 대학에 들어가서 책상에 머리 숙인 채 공부만 한다면 그것은 고등학교 생활의 연속일 뿐이다. 이런 생활을 하면 대학 과정을 제대로 배우지도 못할 뿐만 아니라, 졸업 후에도 사회생활에 적응하기 어려울 것이다.

만약 우리가 예전에 배웠던 것들을 깨끗이 잊는다면
마지막까지 남아있는 것은 교육의 본질이다.
— 버러스 프레더릭 스키너 Skinner

내가 배운 모든 가치 있는 지식은
스스로 공부하면서 얻은 것이다.
— 찰스 로버트 다윈 Darwin

스승을 뛰어넘지 못하는 제자는 불행하다.
— 레오나르도 다 빈치

내가,
나의 스승이다

■ 소크라테스는 중국의 공자孔子처럼 항상 많은 젊은이에 둘러싸여 있었다. 소크라테스는 진리와 지혜에 대해 일문일답의 방식으로 사람들과 토론하는 능력이 탁월했다. 그는 항상 상대방의 견해를 먼저 수용한 후 하나하나 되묻는 방식으로 그 견해의 부족한 점을 확인시켜주었다. 이 방식은 훗날 '소크라테스 교수법'으로 불리게 되었다.

"나는 산파였던 어머니의 뒤를 따르고자 한다. 정신적인 산파로서 사람들이 자신의 사유思惟를 생산할 수 있도록 돕겠다."라고 한 소크라테스는 자신은 그저 지식을 사랑하는 한 사람으로서 다른 이들이 품고 있는 진리를 밖으로 끌어낼 수 있도록 도와주는 교사 역할을 할 뿐이며, 지성은 다른 사람들의 소유라고 생각했다.

플라톤은 『메논Menon』에서 "한 번은 소크라테스가 길거리에서 기하학을 전혀 모르는 꼬마를 데리고 정교한 대화를 나눴다. 그 결과 놀랍게도 아이가 기하학을 연산하게 되었다."며 다른 이를 이끄는 소크라테스의 비범한 재능에 대해 묘사한 바 있다.

본래 '이끌다'라는 뜻을 가진 라틴어 'educere'가 변형되어 탄생한 'educare'는 훗날 영어의 'education(교육)'의 어원이 되었다. 소크라테스의 교육 방법은 교사와의 문답을 통해 학생들의 내재된 지식을 끌어내는 교육의 본질을 구현한 것으로, 교사는 단지 학생을 '인도하는 사람'일 뿐 진정한 학습 주체는 바로 학생이라 할 수 있다.

전 하버드 경영대학원 부원장은 이런 말을 했다. "우리는 여러분을 관리하기 위해서가 아니라, 여러분을 돕기 위해 여기에 있는 것입니다." 학교가 학생들의 공부에 필요한 도움과 지도를 제공하는 '인도자'이자 '조력자'이기는 하지만, 진정한 학습의 주체는 오롯이 학생이어야 한다. 교육은 자신에게 내재된 역량을 개발하는 것인 만큼 모든 교육은 스스로 체득해야 하는 것이다. 다른 사람을 교육할 수 있는 사람은 없다. 결국 가장 좋은 교육자는 바로 자기 자신이다.

하버드의 환경은 사람들이 독립적인 행동 속에서 스스로 즐거움을 찾도록 한다. 대학은 학생들이 지식을 발견하고 해석하며 새로운 사상을 구축하는 데 참여하도록 힘써야 한다. 학생들도 전수받은 지식을 기반으로 교수의 지도 아래 자기주도 학습을 해야 한다.

하버드에서는 모든 학생과 교사가 세미나를 통해 자유롭게 생각을 나눈다. 모든 학생은 '학생인 동시에 교육자'라고 할 수 있기 때문에 학습뿐만 아니라, 다른 사람들과 수업을 위해 자신의 지식과 사고를 나누어야 하는 의무가 있다.

언젠가, 어떤 이가 하버드 교육의 특징에 대해 "높은 곳에서 학생들에게 어떻게 수영하는지 가르치거나 직접 물에 뛰어들어 학생과 함께 수영하는 것이 대부분 학교의 교육방식이라면, 하버드는 학생을 물속에 던져놓고 자기 스스로 수영하도록 한다."고 표현한 적이 있다. 하버드는 학생들이 자기주도 학습능력을 키울 수 있도록 이런 교육방식을 택했다. 한 하버드 총장이 "모든 학생이 평생 자기주도 학습능력을 갖추도록 하는 것이 하버드의 최종 목표입니다."라고 말한 것과 같은 맥락이다. 학생의 자주성을 충분히 개발하여 학생 스스로 자신을 교육하는 것이 자기주도 학습의 기본 원칙이다.

• 자신만의 공부법을 만들라

하버드 학생들의 성공이 하버드의 독특한 교육 방식에 기인한다고 하더라도, 그들의 운명을 최종적으로 결정짓는 것은 결국 자기 자신이다. 만약 그들이 하버드를 떠난 이후 더는 필요성을 느끼지 못해서 배우기를 그만두었다면, 오늘날과 같은 성공은 영원히 거두지 못했을 것이다.

워런 버핏Buffett은 자신의 파트너 찰리 멍거Munger가 광범위한 분야에 흥미를 느끼고 폭넓은 지식을 가진 점에 대해 매우 높이 평가하며 "찰리가 사유하는 폭은 나보다 훨씬 넓다. 그는 매년 수백 권의 전기를 읽고, 그 내용을 받아들이고 기억한다."고 했다. 찰스 멍거는 자신의 성공에 대해 "어떤 한 분야에 발을 내디딜 때면 나는 항상 다른 이들보다 좋은 성과를 냈다. 어떻게 그럴 수 있었는가 묻는다면 스스로 학습하면서 수양했기 때문이라는 게 그 대답이다. 이것이야말로 가장 효과적인 방법이다."라고 이야기했다. 그는 실제로 하버드 법학대학원의 우등생이었으며, 하버드 졸업 이후에도 배움을 멈추지 않고 자신만의 독특한 방법으로 꾸준히 공부했기 때문에 그 어떤 새로운 분야에서도 다른 사람들보다 훨씬 능력을 발휘할 수 있었다.

사람마다 자신만의 공부법이 있다. 우리도 찰스 멍거처럼 자신에게 맞는 학습법을 찾아, 그것을 성공으로 이끄는 무기로 삼을 수 있어야 한다.

- ### 상상력과 학습 동기를 잃지 마라

하버드 제27대 총장 로렌스 서머스Summers는 '상상력'이 우리를 미지의 영역으로 인도하고, 학습 동기와 열망을 일깨워주는 것에 대해 "한 사람의 상상력이 현실의 능력을 뛰어넘지 못한다면 그 사람은 배움을 멈추고, 그의 생활도 단순히 살아가기 위한 것으로 바뀔 것입니다. 결국, 상상력을 동력 삼아 끊임없이 공부하는 사람의 배경으로 전락하고 말겠죠."라고 말하며 미지의 영역에 대한 탐구의 열정을 영원히 잃지 말라고 당부했다.

- ### 언제 어디서라도 스스로 가르쳐라

로렌스 서머스 전 총장은 평생교육의 필요성에 대해 다음과 같이 말한 바 있다. "우리는 이미, 소위 '연료통'식 교육 방식의 끝을 보았다. 이 교육 방식은 젊은 날의 지식으로 자신의 연료통을 채우고 평생 일을 하며 퇴직할 때까지 그간 배웠던 지식을 천천히 소모하는 방식이다. 그렇지만 지금은 인터넷을 통해 수천 마일 밖에서도 지식을 전달받을 기회들이 많이 늘어났고, 이에 따라 교육 자체, 다시 말해 교육 대상 및 교육 방법 모두를 바꿔야만 하는 때가 왔다."

인터넷의 출현은 우리에게 질 좋은 자기학습의 환경을 제공하는 역할을 했다. 인터넷을 통해 세계 곳곳에 있는 최정상의 대학 과정을 수강할 수 있게 되었고, 검색 엔진을 활용하면 원하는 모든 자료를 찾을 수도 있다. 인터넷은 우리가 언제, 어디서든지 공부할 수 있게 해주는 훌륭한 플랫폼이 되었다.

삶은 언어로 우리에게 어떠한 진리를 전달해준다.
— 쇼펜하우어 Schopenhauer

삶은 지식을 취하는 도구다.
이 원칙만 확고히 지킨다면 우리는
백 배의 용기와 백 배의 즐거움을 느낄 수 있다.
— 니체 Nietzsche

삶을 믿으면 한 권의 책보다 훨씬 큰 가르침을 얻는다.
— 요한 볼프강 폰 괴테 Goethe

의미 있게 노는 법을
배우라

■ 1936년, 하버드에 정식입학한 존 F. 케네디는 1학년 때 수영팀에서 활동했다. 그는 뛰어난 수영 실력으로 예일대와 다트머스대 수영팀과의 경기에서 소속팀을 몇 차례나 승리로 이끌었다. 또한 그 시기에 럭비시합과 골프 대회에도 참가하였고, 하버드 역사상 가장 성공적이었던 봄 무도회도 개최했다.

1년 동안의 뛰어난 활약으로 그는 학교에서 제공하는 유럽여행의 기회를 얻을 수 있었다. 1937년 여름, '꿈에 부푼 투어'를 시작한 케네디와 그의 동기 렘 빌링스Billings는 부모님에게 손을 벌리지 않고 허름한 유스호스텔을 거치며 자신들의 여행을 완성했다. 두 사람은 교회와 박물관을 견학했으며, 무엇보다 현지인들과 이야기를 나누면서 그들과 자신들의 삶을 비교해 보았다. 다른 세상에 대한 호기심이 가득했던 케네디에게는 둘도 없는 절호의 시간이었다.

독일을 방문한 후 그는 히틀러와 제3제국(나치 통치하의 독일 - 옮긴이)에 대한 신뢰를 잃고, 나치의 오만함에 불편함을 느꼈다. 뮌헨을 떠나며 그는 자신의 일기에 이렇게 기록하였다. "여관 주인과 대화를 나누었다. 주인장은 히틀러 신봉자로, 독재자가 다른 나라보다 독일에서 더 환영을 받는 것에 의심의 여지가 없다. 이는 히틀러가 가장 잘하는 효과적인 홍보활동의 결과 때문이다." 여행으로 정치적 견해는 정립되지 않았지만, 대신 그는 더 많은 문제에 대해 사고하게 되었다. 또한 그는 자신의 아버지에게 이 기회에 95퍼센트의 미국인들이 유럽 정세에 무지하다는 사실을 확신할 수 있었다고 말했다.

대학교 2학년, 존 F. 케네디는 하버드 내 몇몇 명문 클럽과의 충돌에 대한 대비를 시작했다. 10월은 클럽들이 새로운 회원을 선발하는 시즌으로, 여덟 개의 클럽이 각각 열 명에서 열다섯 명의 신입회원을 선출했다. 10퍼센트도 채 되지 않는 하버드 학생만이 여덟 개의 '최정예' 클럽에 가입할 수 있었다. 과거 케네디의 아버지와 형은 가톨릭 신자라는 이유로 가입하지 못했다.

그는 아버지와 형의 실패 사례를 통해 얻은 지혜로 묘수를 발휘해 원하는 바를 이룰 수 있었다. 존 F. 케네디는 인간관계도 좋고 운동도 잘하는 기독교인인 절친한 친구 두 명을 끌어들여 셋이 함께 '스피 클럽Spee Club'에 가입신청을 한 후, 자신의 가입을 불허하면 나머지 두 명 역시 가입하지 않을 거라고 엄포를 놓았다. 결국 그들의 요구는 받아들여졌다.

이후 그는 아버지에게 편지를 쓸 때면 스피 클럽 전용 편지지를 사용했다. 스피 클럽의 성공적 가입은 그에게 엄청나게 큰 긍정적 영향을 미쳤다. 케네디는 처음으로 자신이 형보다 우월하다고 느꼈으며, 집안 배경을 극복하고 원하는 바를 이룬 그를 무시하는 사람도 더는 없었던 것이다.

1938년 2월, 존 F. 케네디의 부친 조지프 P. 케네디가 영국대사로 임명받자, 그의 장남 조셉 케네디 주니어는 비서 자격으로 아버지와 동행했다. 당시 존 F. 케네디는 하버드 재학 중이었지만 2학년 봄에 영국 유화정책을 주제로 한 자신의 졸업 논문 연구를 위해 영국으로 갔다. 그리고 부친의 도움으로 프랑스, 폴란드, 팔레스타인과 발칸반도 등 여러 국가를 돌아보았다.

이 시기에 케네디 형제는 대사관에서 동유럽에 거주하던 유대인 난민들의 대량 미국 비자 신청을 처리하는 일로 바르샤바 공관에서 밤을 새우며 일했다. 유대인 예술사 패니 홀츠만(Holtzman, 브루클린 출신의 예술가 겸 변호사 - 옮긴이)과 런던에서 만났던 어느 날, 존 F. 케네디는 그에게 수백 명의 목숨을 구할 수 있는 아이디어를 제시하였다. 미국 장기 비자 취득의 어려움에 대해 불만을 토로하는 홀츠만에게 뉴욕박람회 관람을 위한 단기 비자 신청을 제안한 것이다. 당시 박람회의 관중이 부족했었고, 히틀러가 폴란드를 침공한 지 겨우 몇 주밖에 지나지 않았기 때문에 폴츠만은 여러 곳의 공관에서 계획을 실행하여 수백 명의 단기 비자를 신속하게 발급받을 수 있었다.

1939년 9월 존 F. 케네디는 하버드로 돌아와 자신의 논문을 집필했다. 바로 현재 케네디 도서관에서 볼 수 있는 「뮌헨의 유화정책」이다. 논문이 완성되자 한 교수가 그에게 발표를 제안했고, 그는 서신으로 부친의 의견을 구했다. 그의 아버지는 논문발표를 찬성했을 뿐만 아니라, 자신의 지기인 〈타임〉지와 〈라이프〉지의 출판업자 헨리 루스Luce에게 논문의 서문을 부탁했다. 이후 「영국은 왜 잠자고 있었나Why England Slept」라는 제목으로 출간된 그의 논문은 미국과 영국의 호평을 얻은 동시에 엄청난 판매량을 기록했다. 그가 원고료로 받은 선불 250달러는 23년 동안 그가 번 돈 중 가장 큰 금액이었다.

존 F. 케네디의 대학생활을 살펴보면, 대부분의 시간을 '노는 일'에 썼다는 사실을 알 수 있다. 럭비 시합 참가, 봄 무도회 개최, 절친 렘 빌링스와의 유럽투어, 스피 클럽 가입, 아버지와 형과의 유럽 생활 등 그는 강의실 밖에서 세계의 현황과 여론을 이해하게 되었고, 사교능력을 키웠으며, 문제 해결을 위한 지혜를 얻을 수 있었다. 또한 수준 높은 졸업 논문을 내놓으며, 풍성한 학업 성과도 증명해냈다. 그리고 이를 기반으로 출간했던 그의 첫 베스트셀러는 훗날 그의 정치인생을 위한 포석이 되었다.

어떤 이들은 공부를 가장 우선시하며 다른 일과의 병행이 학업에 부정적인 영향을 미친다고 생각한다. 또 어떤 이들은 강의실에서 매주 열 몇 시간의 강의를 듣고 남은 시간에는 홀로 기숙사에서 공부하는 것이 대학생활이라고 여긴다. 그렇지만 하버드에서 이런 사람들은 시간이 흐름에 따라 점차 줄어들다가, 결국 사라진다.

존 F. 케네디의 사례는 우리에게 공부가 어렵고 고된 것이 아니라 즐거운 일이며, 우리의 성장 과정이 어렵기만 한 게 아니라 즐길 수 있는 것임을 보여준다. 댄스파티에서는 여유 있게 즐기고, 운동경기에서는 최선을 다하고, 친한 친구들과는 배낭을 메고 세계를 돌면서 지역성과 사람 간의 관계성을 살피고 생활의 경험을 축적하는 이 모든 활동이 공부의 한 부분이다. 그리고 이러한 활동은 우리의 인격만이 아니라, 진정한 능력도 함양시킨다.

한 하버드생은 과외활동, 소위 '놀았던' 경험이 학습 과정에 도움을 주었던 일화를 소개해주었다.

나는 극단에서 무대설계와 기술적인 부분을 담당했는데, 학교에 막 입학했을 때에는 극단과 실험극장 활동에 참여하게 될 거라고는 상상조차 못했었다. 그러나 뜻밖에도 이 활동이 수업과 연결되면서 나에게 큰 영향을 미쳤다. 주전공이 '역사'와 '문학'이었는데, 강의 시간에 "19세기 시나리오와 에드워드 올비Albee의 최근 시나리오 두 편의 구조적 차이점"에 대해 토론을 하게 되었다. 전에 실험극장에서 에드워드 올비 작품을 리허설한 적이 있었기 때문에 다른 학생들과 그의 시나리오에 대한 생각을 나눌 때 나는 굉장히 만족스러웠다.

자랑하려고 하는 말이 아니라, 극단 활동에 참가하면서 나는 올비의 시나리오를 반복적으로 연구했고, 또 그 시나리오를 무대로 옮겨보았기 때문에 교수님보다 그의 작품구조에 대해 더 많이 이해할 수 있었다. 물론 교수님도 훌륭하시지만, 사람들이 방법은 달라도 결과는 같다고 흔히 하는 말이 바로 이런 경우인 듯하다. 개인적으로는 이 모든 것이 극단 활동에 참여한 덕분이라고 생각한다.

하버드 교수들은 학생들에게 최선을 다해 공부해야 하지만, '노는 것' 또한 가벼이 여겨서는 안 된다고 가르친다. 그들에게 '노는 것'이란 단순히 휴식을 취하고 오락을 하며 시간을 소비하는 것이 아니라, 자신의 취미와 흥미에 도움이 되고 인격 형성에 유익한 '놀이'인 것이다. 이러한 '놀이'는 교육의 사명에 어긋나지 않고, 오히려 지지대 역할을 한다.

취미로 글을 쓰는 하버드의 한 학생은 "하버드에서 공부하려면 당연히 스트레스를 받지만, 그렇다고 매일 그렇지는 않아요. 중간고사나 기말고사 전에 스트레스 받는 것을 부정하지는 않겠습니다. 그리고 교과외 활동에 참여하면 학업에 대한 압박감이 늘어나기는 하죠. 그러나 전부 제가 좋아하고 원해서 하는 일이기 때문에 오히려 스트레스가 해소됩니다. 글을 쓰는 일은 제게 매우 훌륭한 스트레스 해소방법이에요. 공부란 본래 시간을 소모하며 즐거움으로 채워지는 과정입니다. 가끔 힘든 상황에 직면하지만, 그것을 이겨내면 스트레스도 싹 풀립니다."라며 글쓰기를 통해 자신의 스트레스를 해소한다고 했다.

놀기와 학업은 완전히 대립하지 않는다. 핵심은 어떻게 노는가 하는 것이다. 의미 있고 수준 있게 노는 것은 학업에 영향을 미치지 않고, 오히려 큰 도움이 되며 개인의 인격 형성과 개선에도 유익하지, 절대 해롭지 않다. 그래서 똑똑한 학생들은 놀기를 마다하지 않고 훨씬 더 재미있게 논다.

시간관리를 못하면 다른 무엇도 제대로 관리하지 못한다.
― 버러스 프레더릭 스키너

시간은 가장 공평하다. 모든 사람에게 24시간이 주어진다.
시간은 가장 불공평하다. 모든 사람에게 24시간이 주어지는 것은 아니다.
― 토머스 헉슬리 Huxley

누구나 한 번 산다. 충분히 활용할 수 있다면 한 번으로 족하다.
― 영국 속담

강의실 안과 밖의
시간 균형을 맞춰라!

■ 일단 하버드 학생이 되고 나면 구체적인 학습계획과 운동계획, 그리고 캠퍼스 내 정치문화 활동계획을 세운다. 학생들은 해도 되는 것과 해서는 안 되는 것, 선택과목과 필수과목은 각각 무엇인지를 가장 먼저 배운다. 그런 다음 각자의 특성에 따라 전체 학기의 학습계획을 세운다.

한 하버드 졸업생은 이렇게 말한다. "출발선은 정해져 있고, 낙오자는 괴로울 것이다. 하지만 당신에게 다른 선택권은 없다. 다른 이들이 닦아 놓은 레일을 따라 달려야만 할 뿐 아니라 '스스로 선택하지 않은 속도'로 빠르게 뛰어야 한다. 그렇지 않으면 당신은 튕겨져 나갈 것이다."

하버드에서는 명확한 목표를 가지고 효과적으로 시간을 활용한 사람만이 최후의 승리를 거머쥔다. 하버드 경영대학원 교수 클레이튼 M. 크리스텐슨Christensen의 졸업식 연설에서 "시간관리 없이는 효율도 없고, 효율 없이는 성공도 없습니다."라고 했다.

시간은 모든 사람에게 부족하지만, 하버드 학생들에게는 더욱 그러하다. 엄청난 공부량을 감당해야 할 뿐만 아니라, 다양한 동아리 활동에 참가해야 하는데 시간관리를 제대로 하지 못하면 이렇게 많은 일을 어떻게 해내겠는가? 하버드 교수들은 학생들에게 시간관리의 필요성에 대해 자주 당부한다. 긴장감을 가지고 임하는 하버드의 학업생활은 시간관리 능력을 키울 좋은 기회다.

- 시간 기록을 꼼꼼히 하라

현대 경영학을 창시한 학자로 평가받는 피터 드러커Drucker는 시간관리를 잘하려면 우선 자신의 시간을 어디에 쓰고 있는지 알아야 한다고 말한다. 그는 저서 『피터 드러커의 자기경영노트The Effective Executive』에서 시간관리에 대해 다음과 같이 이야기했다. "시간을 잘 관리하기 위한 좋은 방법 중 하나는 시간을 기록하는 것이다. 매일 자신의 시간을 어디에 쓰는지 기록하라. 이는 사람마다 시간에 대한 감각을 확신할 수 없기 때문이다. 심리학적으로 이미 증명된 바 있는데, 한 사람을 방 안에 가둬놓고 바깥의 빛이나 어둠을 보지 못하게 하면 그 사람은 시간에 대한 감각을 쉽사리 잃는다. 예를 들어, 어둠속이라도 대부분의 사람은 공간에 대한 감각을 유지한다. 이에 반해 불이 들어오는 방일지라도 바깥 세계와 완벽하게 단절된 곳에서 몇 시간을 보낸 사람들 대부분은 자신이 그 안에 얼마나 있었는지 계산하지 못한다. 우리가 자신의 기억에만 의지한다면 시간을 어떻게 썼는지 제대로 알지 못할 것이다."

 이런 상황은 공부나 일상생활에서 쉽게 느낄 수 있다. 두 시간 정도면 끝낼 수 있을 것으로 생각했던 일이 결국 다섯 시간, 심지어 그 이상 걸리는 경우가 태반이다. 30분만 하겠다고 계획했던 게임에 반나절을 쏟는 일도 많다. 이러한 상황을 피하기 위해 우리는 시간을 잘 기록해야 하는 것이다. 가계부를 쓰듯, 매일 자신의 시간 사용 상태를 적어놓고 스스로 시간을 어떻게 썼는지 확인하는 것이다. 그리고 그 기록을 보면서 안 해도 되는 일, 혹은 그리 많은 시간을 소모할 필요가 없는 일, 중요한 일임에도 기록을 하지 않아 시간 안배를 하지 못했던 일 등을 분석해야 한다. 피터 드러커의 말처럼 효과적으로 시간을 관리하는 사람들은 자신의 시간을 어떻게 사용해야 하는지 알기 때문에 시간을 아낄 수 있다.

- **시간의 가치를 확정하라**

 하버드 경영대학원의 하워드 스티븐슨Stevenson 교수는 시간관리를 잘하기 위해서는 무엇보다 '시간의 가치를 확정'해야 한다고 말한다. 그가 하버드에서 이끄는 "인생의 틀 안에서 당신의 사업을 구축하라"는 수업에서 선택 뒤에 있는 시간과 노력의 가치에 대한 토론 과정 중 "선택이란 어쩌면 아주 간단한 것입니다. 모든 선택에는 그에 합당하는 가치가 있기 때문입니다. 하지만 우리는 제대로 탐구하지 않기에 자신을 아무런 선택도 하지 못하는 지경에 빠지게 합니다."라고 했다. 여기서 말하는 탐구란 이해득실을 따지는 것으로, 스티븐슨은 그렇게 해서 가장 가치 있는 선택을 해야 한다고 말한다.

하워드 스티븐슨 교수가 자신의 제자와 시간의 가치에 대해 나눈 대화를 통해 우리는 매우 훌륭한 해설을 들을 수 있다. "황금 1온스(약 28.34그램 - 옮긴이)와 구리 1온스는 동일한 질량이지만 내재된 가치는 다릅니다. 마찬가지로 당신이 딸과 마음을 나누는 한 시간의 가치도 친구들과 농구를 하며 보내는 한 시간의 가치와 전혀 다르죠. 직업기술 시험을 준비하기 위해 쓴 한 시간과 봉사활동이나 차고의 페인트칠을 하며 보낸 한 시간 역시 그 가치가 절대적으로 다릅니다." 이에 대해 제자는 "상품 시장이 황금과 구리의 가치를 다르게 결정했다면, 한 시간에 대한 가치의 결정은 온전히 자기 자신에게 달려 있습니다."라는 결론을 도출했다.

그렇다면 시간의 가치는 어떻게 결정하는가? 이에 대해 하워드 스티븐슨 교수는 다음과 같은 방법을 제시했다.

1. 필요와 욕구를 구분하라

우리가 하는 모든 행동은 필요나 욕구를 만족하기 위한 것이며, 이는 시간과 노력의 합리적 배분을 요구한다. 대개 욕망을 만족시키는 것보다, 필요를 만족시키는 것의 내재적 가치가 더 높다. 예를 들어, 정기적인 재충전의 시간이 필요함과 동시에 자신이 살 곳을 마련하기 위해 열심히 일하는 것도 필요하다. 하지만 2교대로 근무하면서 필사적으로 번 돈을 가지고 그 지역에서 가장 큰 집을 사는 것은 욕구다. 우리의 목적은 필요와 욕구를 이분법적으로 받아들이는 것이 아니라, 자신의 선택과정에서 양자의 균형을 잘 맞추어 필요에 만족하도록 시간을 쓰는 데 있다.

2. 투자비용과 기회비용을 정확히 인식하라

모든 선택에는 득과 실이 존재한다. 그리고 비용도 다 지불해야 한다. 하나는 투입하는 시간과 노력을 뜻하는 '투자비용'이고, 다른 하나는 자신이 포기한 다른 선택과 가능성을 의미하는 '기회비용'이다. 모든 선택 전에 이 두 가지 비용을 비교해야만 당신은 가장 가치 있는 일을 할 수 있다.

3. 다른 선택과 바꿀 수 없는 것이 있다

우리는 항상 선택을 한다. 예를 들어, 관심 있는 과목과 비교적 실용적인 과목 중 어떤 선택을 할 것인가, 주말에 잔업을 할 것인가 아니면 집으로 돌아가 가족과 함께 시간을 보낼 것인가 선택해야 한다. 이러한 선택의 과정에서 우리가 종종 소홀히 여기는 한 가지가 바로 '일에 대한 가치'다. 일에 대한 가치는 단순히 소모되는 시간만 가지고 평가할 수 없다. 돈과 건강을 예로 들어보면, 돈으로 시간은 살 수 있지만 건강은 살 수 없다. 돈으로 타인의 협조는 얻을 수 있지만, 마음은 얻지 못한다. 건강과 마음을 잃으면 더 많은 시간을 들이더라도 그것을 메우기 어렵다. 건강한 몸과 마음은 삶에서 없어서는 안 되는 것으로, 이 둘을 위해 쓰는 시간을 아무렇게나 다른 일에 허비해서는 안 된다. 그렇지 않으면 생활의 균형이 무너져 행복을 느끼지 못하고 말 것이다. 사람들이 생활과 비즈니스에서 고민을 하는 이유는 대부분 구체적으로 고민하지 않은 채 자신이 반드시 유지해야 하는 건강과 마음을 돈 버는 일에 쏟아버려 자신의 생활을 상실했기 때문이다.

4. 목표를 위해 순서를 정하라

미국의 34대 대통령 드와이트 아이젠하워Eisenhower는 복잡하고 난해한 일을 신속하고 실수 없이 처리하는 방법으로 잘 알려진 '십자十字형 시간 계획표'를 고안했다. 이 방법은 십자 형태로 선을 그어 자신이 해야 하는 일 가운데 중요하면서 긴급한 일, 중요하지만 긴급하지 않은 일, 중요하지 않지만 긴급한 일, 중요하지 않고 긴급하지 않은 일을 네 개의 사분면에 구분하여 적은 후, '중요하면서 긴급한 일' 영역에 적힌 일을 먼저 처리하는 방식이다. 이 방식으로 그는 자신의 업무효율을 크게 높였다. 우리 역시 이 방법을 통해 목표를 위해 일의 우선순위를 정하여 그 경중과 완급을 구분할 수 있다. 중요한 일에 노력을 쏟고, 중요하고 긴급한 일과 중요하지만 긴급하지 않은 일, 이 두 가지 영역의 일에 시간을 안배해야 한다. 여기서 주의할 것은 중요하지만 긴급하지 않은 일을 잘 처리하면 중요하고 긴급한 일의 발생 빈도를 줄이는 데 도움이 된다는 점이다. 이를 테면, 평소에 안전검사를 제대로 하면 잠재적인 안전문제를 없앨 수 있고 안전사고 발생 비율도 효과적으로 줄어드는 것과 같다. 효율적으로 일하는 사람의 대부분은 중요하지만 긴급하지 않은 일을 처리하는 데 시간을 보낸다.

버락 오바마 대통령이 정치적으로 성공할 수 있었던 이유 역시 그가 가장 중요한 일이 무엇인지 알고 있었기 때문이다.

오바마 대통령은 시카고대학교에서 강의하면서부터 점차 정치에 대한 자신의 이상을 세웠다. 그는 12년 동안 강사생활을 하며 세 차례 일리노이 주 상원의원 경선과 두 차례 연방의원 경선에 출마했다. 강단에서 그는 안정적 수입을 얻고 지적 훈련을 했지만 '이 부분에 각주를 달 것인가 말 것인가'처럼 어렵고 까다로운 학술적 문제에 대해서는 인내심이 없었다. 당시 시카고대학교 로스쿨에서는 지성과 추상적 사유에 능통한 교수진을 모아 몇 주에 한 번씩 원탁회의를 개최해 함께 식사하며, 그동안 자신과 학생들이 관심을 가졌던 학술적 문제에 대해 적극적으로 토론하고 이야기를 나누는 시간을 가졌다. 토론이 언제 열리는지 알고 있었을 뿐 아니라, 시카고에서 진행되었음에도 이 원탁회의에 오바마가 참석한 횟수는 매우 적었다. 하지만 학생들은 그의 수업을 좋아했다. 리차드 엡스타인Epstein 교수는 오바마에 대해 이렇게 말했다. "나는 12년 동안 교수실이 오바마에게 어떠한 영향도 끼치지 못했음을 확신할 수 있습니다. 오바마는 성공한 교수였지만, 강의실을 제외한 다른 곳에서는 '결석생'처럼 보기 힘든 인물이었습니다."

- 시간 활용률을 높여라

하버드 교육대학원의 헬렌 엘리자베스 해스트Haste 교수는 졸업식에서 미국의 미래 주역들이 어떻게 일해야 할지를 언급하면서, 만약 최단 시간 내에 최대의 가치를 창출할 수 있다면 다른 사람들보다 뛰어나게 될 것이라고 말했다. 하버드에서의 막중한 학업과 다양한 학업 외 활동은 시간 활용률이 높아야지만 다른 이들보다 월등할 수 있다. 다음의 몇 가지 방법을 통해 시간 활용률을 높일 수 있다.

1. 공부와 일하는 방법을 개선하여 일의 효율을 높이고 더 짧은 시간 안에, 더 많은 일을 하도록 하라.
2. 한 번에 제대로 하는 것이 일의 효율을 높이는 지름길이다.
3. 집중력을 높여라. 일할 때 최선을 다하고 모든 정신을 집중하라.
4. 다른 사람과 협력하는 법을 배우고, 도움을 구하는 법이나, 다른 사람에게 맡기는 법을 배워라.
5. '자투리 시간'을 이용하라. 루쉰魯迅은 다른 사람들이 차를 마시는 시간을 활용하여 세계적으로 유명한 글을 썼고, 수학자 프랭크 넬슨 콜Cole은 3년 동안 매주 일요일을 아무도 풀지 못한 수학계의 오래된 난제들을 파헤치는 데 썼다. 캐나다의 의학자이자, 존스홉킨스 의대 윌리엄 오슬러Osler는 '취침 전 15분의 독서'라는 규칙을 정하여 바쁜 업무 속에서도 짬을 내어 책을 읽고, 50년 동안 그 습관을 지켜 모두 1천 권 이상의 책을 독파해 세계가 주목하는 성과를 거두었다. 아이패드는 '자투리 시간'을 활용할 수 있도록 해주는 도구로, 외출 시에도 이를 통해 공부를 하거나 업무자료로 일을 할 수 있다.
6. 그러나 '물리적으로 많은 시간'이 필요한 때도 있다. 시간 활용률을 높이기 위해서는 '자투리 시간'을 잘 이용하는 것 외에도 중요한 원칙이 하나 있다. 바로 물리적으로 일정 시간을 사용해야 할 때가 있어야 한다는 것이다. 이를 테면, 글을 쓰는 사람들은 오랜 시간 집중적으로 글쓰기를 진행한다. 만약 한 단락씩 나누어 여기서 10분, 저기서 15분씩 하는 식으로 글을 쓴다면 훌륭하고 깊이 있는 문장을

완성하기란 매우 어려울 것이기 때문이다.

- 몇 가지 일에서만이라도
  탁월함을 추구하라

하버드의 인재교육은 '모든 지식을 두루 알되, 하나에 정통하라'고 주장한다. 이는 시간관리에 있어 자신의 시간을 투자하여 가장 자신 있는 몇 가지 분야에만 탁월함을 추구하고, 모든 것을 잘해야 할 필요는 없다는 의미다.

- 합리적으로 에너지를 발산하고,
  일과 휴식을 적절히 취하라

합리적인 시간 이용은 매 시간을 모두 일에 쓰는 것이 아니라, 자신의 에너지를 합리적으로 분배하는 데 있다. 일이 바쁘다는 핑계로 자신의 휴식 시간을 희생시켜서는 안 된다. 30분, 또는 최대 두 시간을 넘지 않는 범위 내에서 본인을 위한 휴식 시간을 가져야 한다. 건강을 위한 시간을 사용하지 않는다면, 훗날 병 때문에 더 많은 시간을 소모하겠다는 의미와 다를 바 없다. 대다수 사람들이 병상에 누워서야 이를 깨닫는다.

- 균형을 유지하라

하버드대 클레이튼 크리스텐슨 christensen 교수는 자신의 시간관리 강의에서 "왜 시간관리를 배워야 하는가?"라고 질문한다. 이에 어떤 학생들은 자신의 효율성을 올리기 위해서라고 답했고, 어떤 학생들은 최단

기간 내에 자신의 꿈을 실현하기 위해서라고 했다. 또 다른 학생은 행복하기 위해서라고 말했다. 답변을 들은 교수는 조용히 미소 지으며 손가락으로 마우스를 가볍게 눌렀다. 스크린에는 "균형을 유지하라Balance the world"라는 글자가 나타났다.

크리스텐슨 교수가 말하는 '균형 유지'는 시간의 균등을 의미하는 것이 아니라, 일의 중요도에 따라 시간을 안배하고 생활의 질을 최대로 끌어올려 일과 생활, 성공과 행복의 균형을 고르게 맞추라는 의미다. 그는 인생의 단계가 바뀔 때마다 생활의 중심에도 변화가 생기는 만큼, 모든 인생의 단계마다 주어지는 특별한 주요임무를 완성해야 한다고 말한다. 예를 들면, 중요한 미션을 부여받은 사람에게는 일과 그 성과가 생활의 중심이 될 것이고, 임신부에게는 부부관계 및 가정관계가 생활에서 가장 중요한 부분을 차지하게 될 것이다.

- **학업 외 시간을 잘 이용하라**

똑같이 주어지는 인생을 살면서 하버드 학생이 더 많은 일을 성취하고 더 여러 가지 지식을 학습할 수 있는 비결은 그들이 강의실에서 남들보다 더 많은 시간을 보내기 때문이 아니라 강의 이후 과외시간이 있기 때문이다. 그들도 남들과 똑같이 매일 여덟 시간 이내의 강의를 듣는다. 수업시간이 무대 위에서의 10분이라면, 학업 외 시간은 무대 밑에서의 10년간의 노력과 같다. 이들은 두 시간이라는 짧은 수업시간의 토론과 과제를 위해 수업 외 시간에 더욱 공부하고, 수업 준비를 한다.

• 자신을 위한 실용적인 일정표를 짜라

하버드 제27대 총장 로렌스 서머스는 경영대학원 수업에서 학생들에게 평가점수 50퍼센트를 차지하는 과제로, 하나의 특정 회사를 위한 계획안을 준비하도록 했는데 가장 어려운 일이 일정표 작성이었다. 그는 학생들이 과제를 잘 수행하도록 '효율 노트'를 마련해 '연필'로 일정표를 작성하도록 지도했다. 계획 진행과정에서 학생들이 항상 오류를 범하기 때문이다. 학생들은 모든 미션을 노트에 써넣었고, 서머스는 미션과 일정을 맞춰보도록 했다. 그는 완벽한 계획은 개인과 기업의 성공을 위해 필요한 것인 만큼 일정표 작성이 곧 성공을 위한 첫걸음이라고 생각했다.

그렇다면 일정표는 어떻게 작성해야 하는가? 서머스 교수는 다음과 같은 방법을 제안했다.

1. 우선 매일 고정된 활동을 먼저 배치하라. 그 후에 남은 시간을 어떻게 안배할지 생각하라. 주의할 점은 일과 일 사이에 완충 시간을 배정해, 휴식이나 다음 일을 위한 준비 시간으로 써야 한다.
2. 자신의 신체 리듬에 따라 시간을 안배해서, 중요한 일은 집중력이 가장 좋은 시간대에 배치하라.
3. 큰 임무는 작은 임무로 쪼개서 완성하라.
4. '자투리 시간'을 충분히 활용하라.
5. 모든 일에 명확한 기한을 정하라.
6. 휴식 시간을 마련하라.
7. 탄력적인 시간을 만들어라.

8. 일정표가 완성되면 시간을 두고 다시 평가해 보라.

- 시간관리의 전제조건은
  '간섭받지 않는다'이다

　유럽의 유명한 시간관리학 전문가 로타르 자이베르트[Seiwert]는 하버드 초청으로 여러 차례 강의를 진행했다. 그는 "외부 세계의 간섭을 받지 않는 것이 시간관리의 전제조건"이라고 여러 차례 강조했다.

　전 세계 채권시장을 주무르는 빌 그로스[Gross]가 관리하는 고정수익펀드는 6천억 달러에 이른다. 그는 온종일 각종 통신매체에 둘러싸여 있지만, 한 번도 과학기술의 덫에 걸리지 않고 자신의 일과 생활을 정연하게 관리하고 있다. 빌 그로스는 모든 정신을 일에 집중하기 위해 매일 시간을 내어 깊은 명상의 시간을 가진다. 이 시간에 그는 휴대전화를 비롯하여 컴퓨터와 현대화된 통신기구 일체를 꺼놓고 그 누구도, 어떤 일도 자신을 간섭하지 못하게 한 후 온 마음을 다해 과거와 앞으로의 일에 대해 깊이 생각한다. 이 시간 동안 그는 그 누구와도 연락하지 않지만, 중요한 정보나 전화를 놓친 적은 단 한 번도 없다고 한다. 매 순간 전화나 이메일을 확인하는 것이 중요한 인사와 실시간으로 연락을 유지하는 비결은 아니다. 오히려 그렇게 시시때때로 확인하는 내용이 실제로는 자신과 관계없는 정보나 전화일 가능성이 더 크다.

- 과학기술을 시간의 무덤으로 만들지 말라

　한 하버드 경영대학원 교수는 과학기술은 우리에게 편리함을 가져다

주기도 하지만, 끔찍한 적이 되어 우리의 유한한 시간을 잡아먹는 함정이 될 수도 있다고 지적했다. 우리는 이에 대해 적당한 조처를 해야 한다. 예를 들어, 심리적으로 휴대전화와 컴퓨터를 오락기가 아닌 학습과 일, 교류의 도구로 생각하고 오락·게임 프로그램을 최대한 적게 설치하도록 해야 한다. 만약 게임을 좋아한다면 게임 시간을 정해놓고, 이 시간은 절대 넘기지 않도록 하며 게임 시간을 집중력이 떨어지는 시간대에 배치하도록 한다.

하버드에서의 추억 가운데 가장 잊을 수 없는 사건은 1975년 1월의 어느 날,
기숙사 안에서 앨버커키(Albuquerque, 미국 뉴멕시코 주에 있는 도시 – 옮긴이)에 있는
한 회사에 전화를 걸어 소프트웨어를 판매하고 싶다고 말했던 일이다.
회사는 "아직 준비가 안 되었으니 한 달 후에 다시 연락 달라."고 했다.
소프트웨어라는 단어조차 생기기 전이었기 때문에 이는 좋은 답변이었다.
그때부터 나는 밤낮을 가리지 않고 이 소소한 활동에 몰두하기 시작했고,
이후 학교생활을 접고 마이크로소프트 창업이라는
평범하지 않은 여정을 걷기 시작했다.

— 빌 게이츠

대학생 CEO

■ 하버드의 한 교수가 신입생 입학 시즌에 맞춰 〈보스턴 글로브 The Boston Golbe〉에 '취업을 위해 지금 해야 하는 20가지'라는 제목으로 대학생활을 어떻게 보내야 하는지에 대한 제안을 기고했다. 이 글에는 오랜 시간 하버드 강단에 섰던 여러 교수의 경험이 응집되어 있었다. 그중에는 "기숙사에서부터 자신의 사업을 시작하라. 야후, 구글이 앞 다투어 당신이 개발한 웹사이트를 사려고 들지도 모른다. 구글 역시 대학 기숙사에서 탄생한 사업이다."라는, 기숙사에서 자신의 사업에 도전해 보라는 제안도 담겨 있다.

하버드의 교수들은 학생들의 적극적인 창업활동을 권장하고 있다. 교수들은 학생들이 강의실 밖에서 개인 시간을 활용하여 사업을 시도해보고, 이를 통해 사업가적 소질과 창업의 경험을 쌓기를 바란다. 빌 게이츠는 하버드에서 가진 한 컴퓨터 강의에서, 자신이 만약 마이크로소프트 창업에 실패했다면 아마도 하버드에서 계속 법률을 공부했을 것이라고 말하며 학생들에게 개인 시간을 활용하여 프로젝트에 도전해 보라고 조언했다.

하버드 심리학과 학생이었던 마크 주커버그는 틈만 나면 컴퓨터 앞에 앉아 프로그래밍에 몰두하였고, 학생들 사이에서는 '프로그래밍의 신'으로 불렸다고 한다. 그의 풍부한 창의력은 대부분 인터넷과 관련한 아이디어로, 그는 인터넷을 통해 더 많은 사람이 '이어지기를' 바랐다. 자신의 프로젝트를 위해 그가 기숙사 커크랜드 하우스 Kirkland House 침실에 설치한 2미터 크기의 화이트보드는 그의 영감을 풀어놓는 도구였다. 주커버그는 항상 그 위에 무엇인가를 쓰거나 그렸고, 완성되면 한동안 고개를 숙인 채 사색에 잠긴 후 모든 내용을 다 지워버리고, 다시 펜을 들고는 보드를 채우기 시작했다. 화이트보드에 적힌 연산이 잘못되었을 때는 책상 위 컴퓨터의 모니터에 나타나는 연산식에 빠져들곤 했다. 그는 잠자고 먹는 것조차 잊어버릴 만큼 많은 시간을 소프트웨어 프로그래밍에 쏟아 부으며 몰두했다.

2003년 9월, 주커버그는 다른 사람들의 수강현황에 따라 자신의 강의 시간표를 짤 수 있는 '코스 매치 Course Match' 프로그램을 제작하기로 했다. 이것은 온라인상에서 해당 과목을 클릭하면 어떤 사람이 강의를 선택했는지, 혹은 학생 이름을 클릭하면 그 사람이 어떤 수업을 선택했는지 알 수 있는 프로그램이었다. 수백 명에 이르는 학생들이 단숨에 코스 매치를 사용하기 시작했다. 그들은 다른 이들의 수강선택 방식에 대해 독특함을 느꼈고, 이 프로그램이 꼭 필요한 것이라고 생각했다.

그러나 일부 사용자들은 순수하게 수강과목 선택만을 위해 이 프로그램을 사용하지는 않았다. 다시 말해, 옆에 앉은 예쁜 여학생의 수강과목을 검색하여 같은 수업을 들으며 소위 '작업'을 걸고자 했던 것이다. 이는 주커버그가 의도한 바는 아니었지만, 그의 영감을 자극하기는 충분했다. 그는 더 많은 교류를 바라는 학생들의 니즈를 간파하고, 아예 사교형 네트워크 사이트인 '페이스 매시Facemash'를 개설했다. 하지만 학생 사진과 같은 개인정보를 갖고 있지 않았기 때문에 주커버그는 어느 날 밤 학교 데이터베이스를 해킹하여 학생들의 사진을 빼내어 자신이 프로그래밍한 페이스 매시에 올려놓았다. 페이스 매시는 단번에 2만 2천 번 이상의 조회 수를 기록했다.

그러나 이러한 그의 행동에 화가 난 학교 측은 해당 사이트를 차단함과 동시에 주커버그에게 근신과 면담조치라는 징계처분을 내렸다. 주커버그는 이에 대해 공개 사과와 함께 교내 신문에 "페이스 매시에 올리기 위해 학교의 데이터베이스를 해킹한 내 행동은 부적절했다"고 인정했다. 그렇지만 그가 재미 삼아 만든 이 사이트에 사진과 상호연결기능을 더한 교내 웹사이트를 만들어달라는 학생들의 요구가 빗발쳤다. 주커버그는 매우 기뻐하며 학교에서 하지 않는다면 자신이 직접 학교보다 훨씬 훌륭한 사이트를 개설하겠노라 결심했다.

주커버그는 두 명의 친구와 함께 사이트의 성격을 하버드 동문연락 및 커뮤니케이션 플랫폼으로 설정한 후, 일주일 만에 완전히 새로운 교내 웹사이트인 '페이스북Facebook'을 개설했다. 2004년 2월, 정식으로 공개되자마자 페이스북은 하버드 캠퍼스를 강타했다. 단 한 달 만에 학부생 절반 이상이 페이스북에 가입했던 것이다. 두 달 만에 파급력이 아이비리그와 다른 학교까지 급속도로 퍼져나가 회원수도 순식간에 100만 명을 넘어섰다. 페이스북 가입자가 점점 많아지자 그해 말, 주커버그는 빌 게이츠처럼 학교를 자퇴하고 웹사이트 개발에 매진하겠다는 결심을 했다.

하버드 캠퍼스 안에서의 창업은 일종의 '문화'로 여겨진다. 누군가 주커버그처럼 세상을 뒤흔들 만한 것을 개발해내면 하버드생들은 이를 매우 멋진 일로 받아들인다. 그렇기에 기술면에서도 천재적이지만, 상업적 안목도 뛰어난 열정 가득한 '학생 창업가'를 하버드 곳곳에서 만날 수 있다.

빌 게이츠, 마크 주커버그 등 하버드 학생들의 성공담은 기숙사가 창업을 위한 기지가 될 수 있음을 보여준다. 학생들은 하버드 캠퍼스만의 독특한 인프라를 이용하여 수업 외적으로 자신만의 사업에 도전해봐야 한다. 만약 성공한다면 창업의 꿈은 일찍 이루어질 것이고, 성공하지 못한다 하더라도 그 과정에서 자신의 취약점과 부족한 점을 발견하고 미래를 위한 창업의 경험을 쌓을 수 있다. 성공하든 실패하든 결국 그런 경험 자체가 도움이 되는 것이다. 그렇다면 캠퍼스 인프라를 어떻게 이용하여 창업을 시도해야 할까?

- 캠퍼스에서 시작하여, 교내 소비자에게 먼저 서비스하라

페이스북의 성공은 크게 보면 대학에서 출발한 덕분이라고 할 수 있다. 페이스북의 창업에 동참했던 하버드생 더스틴 모스코비츠Moskovitz의

말에 따르면, 대학은 소셜네트워크라는 사회망이 가장 밀집되어 있어 일생 중 가장 많은 친구를 사귀는 곳으로, 이러한 조건이 페이스북이 대학 내에서 빠르게 발전할 수 있었던 이유라고 설명했다. 페이스북은 하버드에서 성공한 후 서비스 대상을 아이비리그 전체로 확대했고, 그 결과 기숙사에서 서버 한 대로 운영되던 페이스북이 전 세계 10억 명 이상의 사람이 사용하는 소셜네트워크로 성장할 수 있었다.

마이크로소프트의 성공 역시 하버드의 우수한 컴퓨터 부문 인프라 덕분이었다. 마이크로소프트의 첫 번째 소프트웨어 제품은 하버드 컴퓨터 강의실에서 탄생했다. 만약 하버드의 컴퓨터 인프라가 없었다면 빌 게이츠도 마이크로소프트 최초의 소프트웨어를 그렇게 순조롭게 개발하고 회사를 설립하지 못했을 것이다. 대학생들은 캠퍼스 내 인프라를 충분히 활용하여 '교내 소비자'에게 우선 서비스를 제공한 다음 사회 진출을 노릴 수 있다.

- **캠퍼스 내 구매대행을 시도하라**

캠퍼스 내 구매대행은 대체로 경험이나 자본금 면에서 요구조건이 높지 않다. 대학생들은 개인 시간을 활용하여 캠퍼스 내 베스트셀러 물품 구매대행을 통해 시장 경험을 쌓고 창업 능력을 키울 수 있다. 또한 구매대행은 성공과 실패의 구분이 없고, 학생에게는 다다익선이기 때문에 결과가 좋다면 어느 정도의 자금을 모으고 졸업 이후 창업의 길을 위한 물질적, 정신적 준비를 할 수 있다.

• 하이테크와 관련한 분야의 창업에 도전하라

하이테크 기술의 최전선에 있는 대학생들은 이 분야에서 천부적인 강점을 가지고 있다. 마이크로소프트, 구글, 페이스북과 같은 하이테크 기업들도 대학교 기숙사에서 시작되었고, 판소(Fanso, 易得方舟, 중국 인터넷 교육 벤처기업 - 옮긴이)나 시마일(SEEMILE, 視美樂, 중국 하이테크 벤처기업 - 옮긴이) 등 대학생 창업 기업들 역시 창업가의 우수한 기술력 덕분에 성공할 수 있었다. 하이테크 분야에서 창업하고 싶은 대학생은 각종 창업경진대회에 적극적으로 참여하여 남다른 기회를 얻는 동시에 벤처 투자를 받을 수도 있다. 소프트웨어 개발, 홈페이지 제작, 인터넷서비스, 모바일게임 개발 등도 주목받는 분야다.

• 지적 서비스 분야의 창업에 도전하라

지성은 대학생들이 가진 최대의 자본이라고 할 수 있다. 지적 서비스 분야를 선택하면 대학생들의 단점은 가리고 장점은 부각시킬 수 있다. 신둥팡(新東方, 중국 종합교육 기업 - 옮긴이)의 성공 사례가 대표적이다. 일반적으로 지적 서비스 분야는 창업 원가가 비교적 낮은 편으로, 책상 하나와 전화기 한 대만 있으면 시작할 수 있다. 개인교사, 개인교사 중개, 설계사무실, 번역 에이전시 등이 괜찮은 선택이 될 수 있다.

• 인터넷 쇼핑몰에 도전하라

인터넷 쇼핑이 빠르게 보급되면서 이에 대한 적절한 환경이 조성되었다. 인터넷 쇼핑은 자본금이나 장소에 대한 제약도 크게 없기 때문에 인터넷 쇼핑몰은 대학생 형편에 매우 적합한 분야라고 할 수 있다. 실제로 적지 않은 대학생들이 인터넷 쇼핑몰 창업에 도전하고 있다.

앞에서 제시한 몇 가지 방법 외에도 학생들은 책이나 인터넷을 통한 정보, 창업가와의 교류와 같은 방식으로 자신에게 적합한 기회를 찾을 수 있다. 가장 중요한 점은 대학생 신분에서 창업가로 역할이 변함에 따라 마음가짐도 성숙해져야 한다는 것이다. 빌 게이츠, 마크 주커버그와 같은 인물들은 창업 당시 심적으로도 이미 상당히 성숙했다. 그들은 사람, 일, 사물에 대한 견해가 뚜렷했고 사람들의 성격과 사회적 흐름을 파악하여 기업의 전략과 발전방향을 설정할 줄 알았다. 또한 인간관계와 경영관리 측면에서도 자신만의 독특한 방법이 있었다.

많은 대학생이 겉으로는 자신의 사업을 하는 것처럼 행동하지만, 마음가짐이나 행동은 여전히 학생 때의 습관을 버리지 못해 창업 실패의 근본적인 원인이 되는 경우가 있다. 하버드를 졸업하고 이취왕(易趣網, 중국판 이베이eBay - 옮긴이)을 설립한 샤오이보邵亦波 회장은 자신을 영원한 창업가라고 소개한다. 대학생의 성공적인 창업은 먼저 자신을 창업자로 인식하는 데서부터 시작한다.

습관은 한 사람의 생각과 행동의 인도자다.
— 랄프 왈도 에머슨

마음이 변하면 태도가 변하고, 태도가 변하면 습관이 변하고
습관이 변하면 성격이 변하고, 성격이 변하면 인생이 변한다.
— 에이브러햄 해롤드 매슬로Maslow

습관이 인생의 주재자主宰者라면,
당연히 좋은 습관을 얻기 위해 노력해야 한다.
— 프랜시스 베이컨Bacon

처음에는 우리가 습관을 길렀다면,
이후에는 습관이 우리를 만든다.
— 오스카 와일드Wilde

최고를
습관화하라!

■ 하버드 학생들이 졸업하면서 지식과 능력 외에 얻는 더 중요한 것 중 하나는 바로 '우수함'이라는 '습관'이다. 하버드에서는 언제 어디서나 자신에게 높은 수준의 기준을 적용하고, 무엇이든 완벽하게 처리해야 한다. 캠퍼스를 떠나서도 이런 방식으로 일에 임하기 때문에 회사에서도 최고의 결과를 만든다. 우수함을 자신의 습관으로 만들 줄 아는 사람은 대체로 리더나 엘리트가 되어 항상 남보다 더 많은 기회를 얻는다.

하버드 총장 로렌스 서머스는 졸업연설에서 우수한 성적으로 하버드에 입학했던 것처럼 졸업할 때도 우수한 습관을 지니고 캠퍼스 밖의 세상에서 최고의 자리에 오를 수 있도록 끝까지 '우수함'을 '유지'하라고 말한 바 있다.

"오늘 오후 저는 여러분에게 절대적 확신을 갖고 이렇게 단언할 수 있습니다. 제가 하버드 총장으로 재임하는 동안 여러분은 저에게 가장 깊은 인상을 주었고, 가장 똑똑했고, 가장 멋지게 꾸밀 줄 알았고, 가장 우아했으며, 가장 자부심을 느끼게 한 뛰어난 졸업생입니다. 입학 당시 신입생 모집 사무실에서 들려준 여러분에 대한 설명과 실제 여러분이 성취한 성과를 바탕으로 저는 이렇게 단언할 수 있습니다. 여러분이 작성한 리포트, 연출한 연극, 불패의 럭비리그를 비롯하여 여러분이 받은 장학금과 뛰어난 공익활동, 그리고 여러 주제의 뛰어난 논문들이 바로 스스로 인재임을 증명한 결과물입니다. 하버드에서 우리는 매우 높은 기준으로 학우들을 평가합니다. 생각해보십시오. 아이작 뉴튼Newton과 아인슈타인은 20대부터 중대한 물리학 문제를 생각하기 시작했고, 알렉산더 대왕은 서른 살에 세계의 절반을 정복했습니다. 모차르트는 여러분의 나이에 이미 바이올린 협주곡을 완성했고, 제 나이가 되기 14년 전에 세상을 떠났습니다. 이번 주 며칠은 편하게 쉬고, 졸업식도 잘 마치길 바랍니다. 그리고 금요일 오전부터 새로운 일을 하십시오!"

다른 사람보다 우수해야 한다는 것이 바로 하버드의 문화다. 우수함에 대한 추구는 하버드인들에게 내재된 생각이자, 특징이다. 하버드의 건학 취지를 보면 미국을 전 세계에서 가장 부유하고 자유로운 땅으로 만들고 그에 맞는 엘리트를 배출하는 것이다. 이러한 사명감을 부여받은 하버드인들은 우수해야만 한다.

1930년대 영국의 한 이름 없는 작은 마을에 어려서부터 엄격한 가정교육을 받은 마가렛이라는 아가씨가 있었다. 아버지는 그녀를 매우 엄하게 교육하였고, 항상 어떤 일에서든지 최고가 되어야 한다고 했다. 또한 언제나 다른 사람보다 앞서야 하고, 버스를 타더라도 늘 첫 번째 줄에 앉아야 한다고 주입했으며, "못하겠어요" "너무 어려워요" 같은 말은 입 밖으로 꺼내지도 못하게 했다. 그녀는 아버지의 혹독한 교육으로 최고가 되어야 한다는 결심과 자신감을 키웠다.

그녀는 자신의 노력으로 옥스퍼드대학교에 합격했고, 시험성적도 항상 탁월하게 선두를 유지했다. 학업성적만이 아니라 체육, 음악, 연설 및 다른 방면에서도 군계일학과 같았다. 아버지의 가르침을 깊이 새긴 그녀는 자신에게 닥친 모든 어려움을 이겨내고, 맡은 바 일을 최고로 처리했다. 그녀는 "영원히 최고의 자리에 앉아라"라고 한 아버지의 말씀을 실천에 옮겼다.

40년 후 영국을 비롯한 전 유럽 정계에 혜성처럼 나타나 1979년 영국 최초의 여성 수상으로 등극하여 11년간 정계를 주름잡으며 세계로부터 '철의 여인'이라 불린 마가렛 대처 Thatcher 의 이야기다.

'영원히 최고의 자리에 앉아라'라는 말은 다른 사람들보다 뛰어난 정신을 가지라는 의미였다. 22대 하버드 총장 애버트 애버트 로렌스 로웰 Lowell 은 "어떤 이들은 남들에게 잘난 척한다는 인상을 주는 것이 두려워 남보다 더 잘나고 싶어 하지 않습니다. 하지만 이는 쓸데없는 걱정으로 인간관계의 기본적인 정신과 상호신뢰를 떨어뜨릴 뿐입니다."라고 말했다. 다른 사람들보다 우수하다는 이유로 조롱과 냉대를 받을지언정 이것이 두려워 스스로에 대한 기대치를 낮춰서는 안 된다.

하·버·드·의

사·생·활

Part 2

강의실 밖에서 무엇을 배워야 하는가?

way to learn more

실현 가능한 목표를 세우는 것이
발전을 향한 첫걸음이다.
— 조앤 K. 롤링

목표를 정하고 계획을 세우는 것은
학습계획을 위해 빠져서는 안 되는 과정이다. 목표가 앞으로 나아가기 위한
등대라면, 계획은 실행을 위한 방안이다. 목표가 없다면 계획도 정확한 방향을
잃어버린 채 여기저기 흔들리며 부딪히게 될 뿐이다. 마찬가지로, 계획이 없다면
목표는 그 어떤 현실적인 의미도 가지지 못하는 헛된 말에 불과하다.
— 로렌스 서머스 하버드 전 총장

만약 한 사람이 행동을 취하기 전에 왜 이 목표를 실현해야 하며
이 성공이 그에게 어떠한 영향을 미칠지 생각해보지 않았다면,
십중팔구 결국에는 시간을 놓치고, 노력을 낭비하게 된다.
— 하버드 경영대학원 교수 하워드 스티븐슨

과거는 죽음의 신에게 속해 있고, 미래는 자신에게 달려 있다.
— 퍼시 셸리Shelley

10년 후
무엇을 하고 싶은가?

■ 로렌스 서머스 전 총장은 한 연설에서 학생들을 상대로 진행했던 표본조사 결과를 예로 들며, 뚜렷한 목표를 세우고 미래에 대한 명확한 계획을 세운 학생들의 졸업 후 성과가 그렇지 않은 학생들에 비해 훨씬 뛰어났음을 이야기한 바 있다.

"하버드에서 100명의 학생을 대상으로 표본조사를 진행한 바 있습니다. 10년 후에 어떤 곳에서 어떠한 일을 하고 싶은가에 대한 질문에 조사에 응한 학생 대부분은 재력과 명예를 얻고, 대기업을 경영하거나, 세계에 지배력이나 영향력을 미칠 수 있는 중요한 일을 하고 싶다고 대답했습니다. 하지만 100명의 젊은이 중 열 명만이 정확한 목표와 언제까지 어떠한 결과를 이루겠다는 계획, 그에 대한 이유를 써냈고, 이들을 제외한 나머지 학생들은 그렇게 하지 않았습니다. 10년이 지나고 조사팀은 응답자 100명 중 그때 정확한 목표와 계획을 써냈던 열 명의 자산이 100명의 전체 자산에서 96퍼센트의 비중을 차지한다는 사실을 발견했습니다. 이는 그 열 명의 학생이 이룬 성공률이 다른 학생들보다 열 배는 높다는 것을 의미합니다."

서머스 총장은 연설에서 이 표본조사의 사례를 들며 젊은 학생들에게 학교에서 자신의 미래에 대해 뚜렷하고 실행 가능한 목표와 계획을 세우라고 당부했다. 그는 공부가 한 사람의 운명을 결정할 수 있다고 생각했다. "어떤 사람이 될지, 앞으로의 인생이 어떨지는 모두 여러분이 어떻게 공부하는가로 결정됩니다. 공부가 자신의 운명을 결정한다는 사실을 깨닫는 순간 여러분에게 공부는 미래를 계획하는 수단일 뿐, 더는 부담으로 다가오지 않을 겁니다."

존 데이비슨 록펠러^{Rockefeller}는 사업에 대한 적극적 마인드와 대담한 계획에 따라 경쟁회사와의 출혈경쟁 구도를 바꾸었다. 그는 스탠더드 오일^{Standard Oil}로 경쟁회사를 하나씩 귀속시키는 방식으로 그만의 석유제국을 건설했다. '행운을 설계하는 것이 바로 인생을 설계하는 것'이라고 생각한 록펠러는 '행운의 계획과 실행'을 사업의 성공비결로 여겼을 뿐 아니라, 아들에게도 이를 바탕으로 인생을 설계하도록 가르쳤다.

하버드 졸업생 랜트는 성공한 기업가로 남들이 부러워할 만한 재력과 존경받는 지위, 그리고 화목한 가정을 누리고 있다. 마치 운명이 그에게만 특별한 은혜를 베풀기라도 하는 것처럼 그는 언제나 원하는 것들을 손쉽게 얻었다. 그러나 정작 랜트는 자신에게 주어진 행운이 '하나님이

보우하는' 신비로운 힘 같은 것이 아니라, 고등학교를 졸업하던 때에 아버지가 하신 말씀 덕분이라고 생각한다.

고등학교를 졸업하던 날, 그는 아버지에게 성공한 사업가가 되고 싶다는 자신의 뜻을 전했다. 그의 아버지는 랜트가 그럴 만한 기질을 가지고 있음을 알았지만, 이상과 기질만으로 사업가로 성공할 수는 없다고 생각했다. 랜트의 지식은 아직 협소했고, 사회와 사람들에 대한 이해도 적었다. 아버지의 눈에는 자신의 이상에 빠진 열혈 소년에 불과했다. 아버지는 그에게 누구나 생각하는 것은 어렵지 않지만, 그것을 행동으로 옮기는 것은 매우 어렵다고 알려주었다. "근면 성실한 것도 당연히 중요하지만, 생각을 거쳐 자기의 걸음을 이끌어갈 수 있는 인재야말로 지혜로운 사람이다. 진정한 의미에서 성공은 반드시 두 가지를 이루어야 완성된단다. 첫 번째는 자신의 생각으로 인생의 청사진을 그리는 것이고, 두 번째는 계획과 행동을 통해 생각을 현실로 만드는 것이다. 사람은 두 부류로 나뉘는데, 실속 없는 계획만 가지고 이것을 어떻게 실현할지는 생각하지 않는 부류는 쉽게 자기기만에 빠지지. 이 부류는 점차 세월이 흐르면서 자신을 속일 능력도 점점 잃어가고, 꿈을 이루어본 적이 없어 자기 자신조차 믿지 못하는 인생 최대의 비극을 맛보게 될 게다. 다른 한 부류는 분수에 맞추어 성실히 노력만 하고 자신의 인생을 어떻게 계획할지 모르는 사람들이다. 그들은 매우 좋은 밑천이 있음에도 불구하고 어떻게 경영해야 할 줄 모르는 어리석은 사업가와 같아서, 결국 자신을 헐값에 팔아버리기도 한단다. 언급한 두 부류의 사람들은 인생에 대한 계획이 없다는 공통점이 있다. 자신의 인생을 어떻게 계획할지 몰라 다른 사람들

손에 자신의 운명을 맡긴다는 말이다. 그리고 이에 대한 대가로 모든 일에서 다른 이의 제약을 받고, 그들의 뒤만 쫓게 된단다. 계획할 줄 아는 사람들이 가장 좋은 선택을 '선점'해버리고, 그렇지 않은 사람들에게는 차 순위, 심지어 선택권이 없어지기도 하지. 사회 곳곳에 존재하는 이런 사람들은 온종일 힘들게 일하고, 필사적으로 잔업을 하면서도, 하루아침에 회사에서 해고될까 봐 전전긍긍한단다. 그들은 불공평한 사회 때문이 아니라 스스로 인생을 계획하지 못하고, 그 계획을 현실로 바꿀 능력도 부족했기 때문에 오직 생존을 위해서만 노력을 해야 하는 이런 상황을 돌아보지 못하더구나."

아버지의 조언을 들은 아들 랜트는 순간 심장이 덜컹 내려앉는 듯했다. 그는 어려운 환경 속에서도 열심히 노력한 이들을 보면, 베토벤처럼 '운명의 목을 움켜쥔 사람'이라고 여기며 존경했지만, 이제는 다른 각도에서 생각하게 되었다. 어려운 환경이 실은 자신의 계획성 부족으로 인한 것이라고 말이다. 사전에 계획을 세우지 않아 어려운 처지에 처하고 지금에 와서야 벗어나기 위해 사력을 다하는 것이라 말할 수도 있지 않을까? 이러한 시각으로 보면 흡사 전략적 안목 없는 장군이 자신의 병사를 절망의 땅으로 끌고 간 것처럼, 계획을 세우지 않았기 때문에 현재의 처지를 스스로 옥죄게 만든 것이다.

생각이 여기까지 이르자 랜트는 자신이 아직 젊다는 사실이 다행으로 여겨졌다. 젊음과 새로운 마음가짐은 자신의 인생을 다시 생각하는 데 있어 충분한 자원이기 때문이다. 그는 밖으로 나가 즐기려는 생각을 버리고, 아버지와 방 안에 앉아서 성공한 사업가가 되기 위해서는 어떻게 해야 할지 함께 고민하고 계획했다. 모든 성공한 사업가들은 사회와 사람에 대한 깊은 이해와 사람들과 소통하는 법에 정통하다. 더욱이 성공한 사업가라면, 어느 정도의 전문지식을 포함하여 생산 · 관리 · 마케팅 법률 · 역사 · 예술 등 다방면에 대한 이해가 있어야 하며 자신만의 독특한 철학과 문제 해결 방법이 있어야 하는데, 랜트는 이런 면이 부족했다. 그래서 랜트 부자는 4단계로 나눈 장기간의 학습계획을 함께 세웠다.

1단계 : 이공계 학사 과정을 전공하라

랜트는 하버드에서 기계제조를 전공하면서, 사업경영에 필요한 전문 이론 지식을 습득하여 대부분의 제품이 생산 · 제조되는 원리와 프로세스를 이해할 수 있었고, 신중하고 이성적인 과학적 사고능력 또한 키울 수 있었다.

4년간의 하버드 재학 동안 랜트는 화학, 건축, 전자 등 선택과목을 활용하여 다른 전공 과정도 들었고, 이러한 지식이 기반이 되어 훗날 사업 활동에서도 더욱 풍부한 지식을 쌓을 수 있었다.

2단계: 경제학 석사 과정을 전공하라

랜트는 3년간 하버드에서 경제학 석사 과정을 통해 경제 활동에 영향을 미치는 여러 가지 요인, 그리고 비즈니스의 사회적 지위와 역할에 대해 이해하는 등 경제학의 기본 배경지식을 갖추었다. 이 시간 동안 랜트는 경제법을 특히 열심히 공부했으며, 관리학을 배우는 데 집중했다.

3단계: 사회 경험을 반드시 쌓아라

하버드를 졸업한 후 랜트는 사업을 하겠다고 성급히 달려들지 않았다. 오히려 정부공무원에 먼저 도전하여, 5년간 미국 정부와 사회의 운영방식을 이해하고 사람들과 어울려 살아가는 방법을 배웠다. 이 기간에 그는 어떻게 자기 자신을 보호하고 각계 인사들과 광범위하게 사귀며 인맥을 쌓는지 배우게 되었다.

4단계: 업계 동향을 파악하고 업무에 익숙해라

5년 후, 랜트는 공무원직을 떠나 세계적인 대기업에 입사했다. 그는 이곳에서 좋은 경험을 쌓고 글로벌한 시각과 숙달된 비즈니스 기술을 익힐 수 있었다. 2년 후 고액 연봉을 제시하며 퇴사를 만류하는 회사를 뿌리치고, 자기 회사를 차려 꿈에 그리던 사업가의 길을 걷기 시작했다.

랜트의 4단계 공부 계획은 무려 14년이라는 시간이 소요되었지만, 단계별 목표와 임무가 구체적이고도 명확했다. 이러한 계획 덕분에 14년 동안 랜트는 노력해야 하는 이유를 잃거나, 시간을 헛되이 낭비하거나, 먼 길을 돌아오지 않을 수 있었다. 단계별로 최종 목표를 향하여 맞춤형으로 자신의 능력을 키웠고, 합리적인 계획을 세워 학업 효율과 시간이용률을 크게 높였다. 그리고 14년이라는 장기간의 학업 계획이 끝났을 때 그는 이미 사업가로서 성공하기 위한 충분한 준비가 되어 있었다.

랜트의 성공은 일찌감치 자신의 인생을 설계했던 덕분이다. 그의 인생 설계 방법은 많은 깨달음을 준다. 이를 토대로 종합해보면 인생을 설계하기 위해서는 다음과 같은 부분부터 시작해야 함을 알 수 있다.

• 자신의 목표를 찾아라

"목표가 없는 배에 부는 바람은 방향과 상관없이 모두 역풍이다"라는 말처럼 목표가 없는 사람은 바다 위에서 바람에 따라 이곳저곳 표류하는 배와 같아서, 절벽에 기댈 수도 없고 언제든지 풍랑에 침몰할 위험에 놓여 있다. 영화 〈그래비티Gravity〉를 보면 우주에서 회항하는 우주 비행사들의 목표는 단 하나, '지구'다. 그들은 자신과 목표의 위치 및 거리를 알아야 하며, 그렇지 않을 경우 지구로 돌아오지 못한 채 무한한 우주공간으로 휩쓸려 들어간다. 현실 속 우리 인생도 이와 마찬가지로 명확한 목표가 없다면 부질없는 분주함 속에서 생명력이 점점 소모될 뿐이다.

• 목표에 따라 능력을 키우는 계획을 만들어라

운동선수들은 올림픽 금메달이라는 하나의 목표만을 바라보고, 힘들게 훈련하며 자신의 기술 수준을 끌어 올린다. 우리도 마찬가지로 목표에 따라서 자신의 능력을 키울 수 있는 계획을 세워야 한다. 목표를 위해서 어떤 행동을 취해야 하는지, 목표를 실현하기 위해서 어떤 능력을 어떻게 키워야 하는지 자문해 보아야 한다.

• 목표를 위해 자원과 조건을 만들어라

목표 실현을 위해서는 어느 정도의 자원과 조건이 갖춰져야 한다. 그러므로 목표 실현을 위해 우리는 필요한 자원과 조건을 만들어 놓아야 한다. 자신의 목표를 실현하기 위해서 어떤 자원과 조건이 필요하며, 어떻게 그것들을 구할 수 있는지 자문해 보아야 한다.

• 목표 실현 이후의 모습을 상상하라

목표를 확립하고 나면 목표 달성 후 자신이 어떤 모습일지 상상력을 발휘해 보라. 이런 방법을 통해 목표를 자신의 '비전'으로 삼는다면, 그것의 의미를 더 깊이 이해하고, 실현한 다음 느끼게 될 즐거움과 행복감도 미리 누릴 수 있다. 이는 우리가 목표를 향해 완주할 수 있는 원동력이 된다.

• 계획을 행동으로 옮겨라

목표를 실현하기 위해서 랜트와 같이 일정 기간의 학습 목표, 진도, 방법 등을 조정하고 안배해야 한다. 이것이 계획이다.

• 적극적인 태도 또한 계획이다

계획은 단지 목표를 적은 리스트가 아니다. 적극적인 태도와 노력을 위한 동기도 계획에 포함된다. 뚜렷한 계획이 확정되기 전에 적극적인 태도를 유지하는 것도 일종의 계획인 것이다. 우리는 이런 적극적인 태도를 통해 더욱 분발하여 의미 없는 일에 시간을 보내지 않을 수 있다. 아시아출신으로는 첫 번째 미국 노동부 장관인 일레인 차오^{Chao}는 자신의 성공 경험을 이렇게 회고했다.

"저는 삶이 매우 재미있다고 생각합니다. 단계마다 정성 들여 계획을 세우기란 매우 어렵습니다. 대략적인 큰 계획은 세울 수 있겠지만, 걸음마다 어떻게 갈지 정성껏 계획하기란 매우 어렵고, 소위 말하는 기회가 어디에 있는지도 알 수 없기 때문이죠. 이런 경우 저는 태도가 중요하다고 생각합니다. 자신감을 가지고 낙관적으로 앞을 바라보아야 해요. 그래서 저는 과거에 제가 겪었던 일들이 모두 재미있었다고 말하곤 합니다. 많은 일들이 제가 정성껏 계획을 세우기도 전에 자연스럽게 발생하곤 했습니다. 어떻게 그럴 수 있었을까요? 그건 바로 저에 대한 요구치보다 더 훌륭하게 해내기 위해 늘 노력했기 때문입니다. 그리고 다른 사람들은 저의 이런 면을 눈여겨보고 있다가 기회가 있을 때면 바로 저를 떠올렸습니다. 그래서 저는 인생의 계획을 세우기가 무엇보다 중요하지만 모든 단계를 다 계획할 수는 없는 만큼, 스스로에 대한 자신 있게, 자기가 하는 일에 열정과 애정을 가지고 진정으로 흥미를 느끼는 것이 가장 중요하다고 생각합니다."

학교를 막 졸업하고 회사에 발을 디뎠을 때만 해도 일레인 차오는 명확한 직업적 목표가 없었다. 그저 비즈니스나 정치에 종사하겠다는 생각만 가지고 있었을 뿐이었다. 그렇지만 그녀에게는 두 가지 중요한 동기가 있었다. 첫 번째는 부모에게 효도하고 자신을 자랑스럽게 생각하도록 하는 것이었고, 둘째는 사회에 봉사하며 자신의 역량을 다른 사람을 돕는 일에 쓰고 싶다는 생각이었다. 이 두 가지 동기가 스스로에 대해 끊임없이 도전하도록 자극하고, 다른 사람을 뛰어넘어야 한다는 갈망을 가지게 했다. 그 결과 그녀는 항상 노력하는 자세로 다양한 인생을 만들어 나갔다.

목표는 내적인 추구이자 가치관의 외형이다. 이 내적인 추구와 가치관에 변화가 생기면 목표와 계획도 끊임없이 수정해야 한다. 연방준비제도이사회FRB 전 의장 벤 버냉키Bernanke가 "거의 모든 사람이 원래의 계획과는 다른 삶의 계획을 따라 삽니다. 당신의 삶을 미리 그려볼 수도 있겠지만, 결국엔 그 모습이 되지 않을 수도 있죠."라고 말한 것처럼 인생을 설계하는 진정한 의미는 정확하고 오차 없는 직업노선도를 그리는 것이 아니라, 자아를 인식하고 무엇이 자신에게 의미 있는가를 생각하는 데 있다.

우리는 목표와 계획을 자아를 찾는 1차 과정으로 삼고, 한 차례씩 시도를 통해 자신의 꿈을 인식하고, 잠재력을 발휘하여 우리의 계획을 지속적으로 수정해야 한다. 계획은 수동적인 과정이기 때문에 우리가 자아를 탐색하는 과정에 따라 끊임없이 조정된다. 비록 인생이 우리가 생각했던 계획대로 진행되지 않더라도 자신의 삶을 그려보고 일찍 준비할 필요가 있다. 계획을 빨리 세울수록 인생에 대한 아쉬움도 줄어들기 때문이다.

프랑스의 한 신부는 빈부격차를 떠나 모든 사람들에게 높은 덕망과 위엄을 가지고 있었다. 그는 평생 1만 번 이상 임종 직전의 사람들을 직접 찾아가 그들의 참회를 들어주었다. 그리고 인생 후반에 임종 직전의 참회를 기록한 60여 권의 일기를 책으로 편찬하였으나, 리옹 대지진으로 하루아침에 죽음을 맞이했다. 목사는 서거 뒤 세인트 폴 대성당에 안치되었다. 그의 묘비에는 반듯하고 곧은 필체로 '시간이 거꾸로 흐른다면 세상의 절반은 위인이 되었을 것이다'라는 문구가 새겨져 있다.

그의 묘비명에 대한 명확한 설명은 없다. 만약 우리가 임종 전의 참회를 50년, 40년, 30년 전에 하게 된다면 전 세계 사람들의 절반은 아마 위대한 인물이 될지도 모른다. 모든 사람은 마지막이 되어서야 참회를 한다. 그래서 최후의 순간이 되기 전까지는 누구도 참회의 내용을 알지 못한다. 하지만 그 생각을 몇십 년 일찍 하게 된다면, 50퍼센트 이상의 사람들이 자신을 대단한 사람으로 만들 수 있을 것이다.

당신이 과거에 무엇을 했는가보다 앞으로 무엇을 할 것인지가 더욱 중요하다. 많은 사람이 고등학교를 졸업하고 대학에 입학해서야, 혹은 캠퍼스를 떠나 사회에 발을 디딘 후에야 인생 설계를 고민하기 시작한다. 고등학생 때는 대학입시에만 매진하고, 대학입학 후에야 모든 일에 의미를 부여하기 때문이다.

대학에 입학하는 순간, 우리는 '자유의 세상'에 도착한 것 같은 느낌을 받는다. 사회와 접할 기회가 늘어나고 점점 더 많은 달콤한 유혹과 뼈아픈 시련을 겪으면서 화살촉처럼 빠르게 지나가는 나날을 보낸다. 그리고 계획을 채 세우기도 전에 대학생활은 끝을 보이기 시작한다. 갑자기 맞이한 '자유'를 충실하고 행복한 대학생활로 바꾸고 싶다면, 랜트처럼 대학생활에 대한 알찬 계획을 세워야 한다.

내가 무엇을 배운다면, 이는 다른 이들을 가르치기 위해서가 아니라
오로지 스스로를 알기 위함이다. 나는 항상 다른 이들을 가르치기 전에
자기 자신부터 충분히 알아야 한다고 생각한다.
― 장 자크 루소Rousseau

공부를 의무라고 생각하지 말라. 공부는 다른 이들이 부러워하는 기회다.
자기 자신의 즐거움과 앞으로 속하여 일하게 될 사회의 이익을 위해 공부하라.
― 에리히 프롬Fromm

무엇을 배울지
스스로 결정하라

■ 무엇을 공부할지 스스로 결정하는 것이 하버드 학생들의 학습 과정에서 나타나는 가장 뚜렷한 특징이다. 매 학기 첫 주는 '쇼핑 위크Shopping Week'로 수강신청 시스템 속, 수천 과목의 학과별 강의가 학생들의 선택을 기다린다.

학생들은 자신이 관심 있는 모든 과목을 자유롭게 청강할 수 있다. 모의 강의시간표로 여러 과목을 청강해보고 어떤 강의가 자신의 예상과 비슷한지 확인한 후 정식으로 수강신청을 한다. 마트에서 물건을 고르듯 각 교수의 강의를 먼저 들어본 후 선택하는 방식이다. 인기가 많은 몇몇 과목은 신청인원이 강의실 수용인원보다 훨씬 초과하는 때도 있다. 이런 경우에는 추첨을 통해 결정한다. 학생들은 개강 이후 5주차까지 강의를 추가하거나 삭제할 수 있고, 학기별로 최대 다섯 개의 강의를 수강할 수 있다.

한 학생은 자신의 '쇼핑 위크'에 대한 생각을 이렇게 설명했다. "강의 리스트를 대충 훑어본 후 강의시간표를 일단 작성해 봅니다. 주머니 안에 1달러를 가지고 사탕 가게에 들어선 것과 같죠. 다 좋아 보여서 종류별로 하나씩 맛보고 싶은데, 수중에는 1달러밖에 없다면 어떻게 해야 할까요? 하지만 매우 감사하게도 하버드는 모든 사탕(최소한 괜찮다고 느껴지는 일부분)을 맛볼 기회를 줍니다. 그런 다음 내가 무엇을 원하는지 다시 결정할 수 있죠. 모든 강의는 고정된 시간에 진행되어 듣고 싶은 만큼 들어볼 수 있어요. 구체적으로 한 과목을 최종 선택하고 나면 다음 학기 내내 '쇼핑 위크' 동안 내가 한 결정에 대한 모든 책임을 져야 합니다. 그 외에 강의 리스트에서 괜찮아 보이는 과목을 청강했는데 생각했던 것과 다르다면 그냥 강의실을 빠져나오면 돼요. 두 번 다시 뒤 돌아볼 필요가 없어요. 이것이 '쇼핑 위크'의 매력이라고 생각합니다."

실제로 매년 6월 말부터 하버드는 입학 예정인 신입생들에게 온라인으로 작문, 수학, 화학, 외국어 등 일종의 학력테스트를 진행한다. 그리고 시험 결과에 따라 모든 예비 신입생들에게 어떤 레벨의 강의를 선택하면 좋은지 제안한다.

하버드 재학생 천지스陳吉詩는 "대부분의 교수는 자신을 찾아온 학생들과 대화하는 것을 즐기고, 그들의 선택에 도움 주기를 마다치 않습니다. 편하게 강의실에 들어가서 청강해 볼 수 있고, 많은 선배와 지도교수들도 최선을 다해 도와주죠. 하지만 마지막 결정은 당연히 자신이 해야 합니다."라고 말했다.

수강선택 과정을 통해 하버드에서는 교육의 자가설계가 가능함을 알 수 있다. 학생들은 자신이 수강하고자 하는 강의를 자세히 살핀다. 강의를 선택하는 것에 불과해 보이지만, 사실 이는 자신의 미래의 삶을 설계하는 것과 같다.

로렌스 서머스 총장은 이런 말을 했다. "수많은 기자와 교육계 인사들은 제게 '하버드의 특징을 가장 잘 드러내는 것이 무엇인가?'라는 질문을 합니다. 저는 '하버드에서는 학생들이 스스로 무엇을 배울지 결정합니다. 우리가 학생들에게 이렇게 큰 자유를 부여하는 이유는 자신과 세계를 바라보는 다양한 시각을 키워주기 위함이죠. 우리는 학생들이 지식, 기술, 사고력과 기본 생활력을 키워 평생학습에 대한 개념을 세우기 바랍니다. 그리고 이를 통해 살아가는 동안 어떠한 외부 환경의 변화가 일어나더라도 잘 적응할 수 있기를 바라죠.'라고 대답합니다. 사실 하버드는 학생들에게 특별한 무엇인가를 가르친 적이 없습니다. 우리는 그저 학생들이 공부할 수 있는 환경을 만들어서, 그들의 위기의식을 자극하고, 미지의 영역에 대한 호기심과 광범위한 분야에 대한 흥미를 일깨워 줄 뿐입니다. 학생들은 자신의 목표와 흥미 등 여러 가지 요소를 바탕으로 스스로 강의를 선택하기 때문에 매우 강력한 학습 동기와 학습 욕구를 가지게 됩니다. 하버드를 떠나더라도 스스로 공부하며, 자기 자신에게 끊임없이 새로운 지식을 주입할 수 있게 되죠."

좋은 교육을 받은 사람은 반드시 광범위한 영역을 섭렵하고
전공분야를 가진다.
— 애버트 로렌스 로웰

현대의 대학은 정식 교육을 중요시할 뿐만이 아니라,
인류의 전반적인 발전을 촉진하는 데 더 큰 책임을 지고 있다. .
— 하버드 전 총장 데릭 복Bok

비 전공이
능력 있는 사람을 만든다

■ "어떤 과목을 수강하고 싶습니까?" 입학 신청서를 작성할 때면 모든 하버드 신입생에게 주어지는 질문이다. 이 질문은 하버드에서 어떤 전공을 선택하고 싶은지 결정하라는 뜻이 아니다. 곧 입학하게 될 신입생들의 전반적인 학업 관심 분야를 이해하기 위한 통계를 목적으로 한다.

하버드 졸업생 왕커는 "하버드에서는 '전공'이라는 말이 없습니다. 대신 'concentration'이란 말이 전공과 같은 의미로 사용되고 있습니다. 하버드 학부생들은 '전공'을 따로 구분하고 있지 않습니다. 모든 학생은 교양과목을 수강한 후에 2학년 2학기부터 자신의 전공 방향을 결정합니다."라고 말했다.

로렌스 서머스 전 총장은 "하버드는 1학년생들의 학과와 전공을 구분하지 않습니다. 우리는 학생들이 1년간의 학습과 여러 가지 시도를 통해 자기가 정말로 흥미를 가지고 있는 분야를 발견하거나 확인하기 바랍니다. 2학년이 시작되면 40여 개의 학과 중에서 전공을 선택하거나 변경할 수도 있습니다."라고 소개한다. 하버드에서는 많은 학생들이 전공을 바꾼다. 끊임없는 탐색을 통해서 자기가 가장 관심을 가진 분야를 발견한 후에 학습 목표를 설정하는 것이다. 서머스 총장은 하버드에서 비교적 일반적이고 대표적인 케이스라고 할 수 있는 문리대학Faculty of Arts and Sciences의 한 학생을 예로 들었다.

이 학생은 1학년 때 대부분 과학 관련 강의를 들으며 이론물리학을 전공할 생각이었다. 2학년이 되자 그는 갑자기 공식과 비율 및 이상적인 개념과 같은 물리학의 추상적인 부분에 매력을 느꼈다. 결국 그는 진정으로 자신의 마음을 움직이는 것은 물리학 중 수학이라는 판단을 내리고, 전공을 바꾸었다. 3학년이 된 그는 다시 새로운 생각을 하게 됐다. 수학의 질서 정연함을 좋아했지만, 수학이 가진 차가운 느낌을 견딜 수가 없었던 그는 예술로 전향했다. 4학년이 되어서야 마침내 자신의 학습 목표를 찾아냈다. 건축사가 되기로 말이다.

서머스 총장은 "하버드는 학생 스스로 학습 방향을 설정하도록 합니다. 덕분에 이 젊은 학생도 자신에게 가장 적합한 목표를 찾아낼 수 있었죠. 하버드 재학 4년 동안 이 학생이 그저 다른 과들을 이리저리 옮겨 다니면서 많은 시간을 낭비했을 뿐이라고 생각할 수도 있을 겁니다. 하지만 그가 그 동안 배운 모든 내용이 최종 목표를 위한 든든한 기반이 되었습니다. 제일 먼저 배운 물리학으로는 물체 결합 원리를, 수학을 통해서는 도량과 질서를 이해하게 되었습니다. 예술과목은 그의 예리한 안목과 민첩한 재능을 갈고닦게 해주었죠. 그는 현재 우수한 건축사가 되었습니다."라고 말했다.

왕커는 전공 선택에 대해 이렇게 말했다. "전공을 선택하기 위해서는 해당 학과에 대한 열정뿐 아니라 교과과정, 교수, 학과가 요구하는 제반 상황 및 학습 방법을 한데 묶어서 종합적으로 고려해야 합니다. 전공을 선택하는 과정은 비판적인 사고를 통해 이루어지는 한 번의 실제 행위입니다. 이 과정은 창조적 탐색이자, 하나의 예술이며, 과학이기도 합니다. 하버드는 학생을 스스로 학습할 수 있을 만큼 똑똑하다고 여깁니다. 학생에게 무엇을 해야 할지 가르쳐주지 않죠. 돌이켜 보면, 전공분야에서 가장 성공하고 즐거움을 느낀 사람은 다른 사람이 어떻게 하는지에 관심을 두지 않고, 자신의 관심과 취미에 귀를 기울인 사람들이었습니다."

'사람이 전공을 구분했지만, 비非전공이 능력 있는 사람을 만든다'는 말이 꽤 일리 있어 보인다. '다중지능이론'(여러 가지 복합적인 요소에 의해 인간의 지능이 구성된다는 이론 - 옮긴이)에 따르면, 모든 사람이 각자 자신만의 독특한 재능을 가지고 있지만 이 재능은 미로 속에 숨겨진 보물과 같아서 끊임없이 탐색해야 겨우 발견할 수 있다고 한다. 많은 대학생이 졸업 후에도 자신의 재능이 무엇인지 알지 못하고, 앞으로 어떤 길을 가야 할지 결정하지 못한다. 그래서 전공을 일찍 선택해 배우는 것이 큰 의미가 없다. 하버드처럼 미국의 많은 대학은 신입생 때가 아닌 2학년, 혹은 3학년이 되어서야 자신의 흥미에 따라 전공을 선택하도록 하고 있다.

학생들 역시 상황에 따라 언제든지 전공을 바꿀 수 있다.

대학에서는 전공보다 능력을 키우는 일이 훨씬 중요하다. 결국 앞으로 사회에서 경쟁할 수 있는 능력을 키우기 위해 전공을 선택하기 때문이다. 그렇다면 우리는 대학에서 어떤 능력을 키워야 할까?

• 문제 해결 능력을 배워라

하버드 총장을 역임한 닐 레온 루덴스타인Rudenstine은 "하버드는 학생들의 공부 방법과 문제 해결 능력을 키워줍니다. 당연히 문제 해결 방식도 공부에만 국한되지 않고 생활과 업무에도 동일하게 적용되죠."라고 밝혔다.

하버드에는 사례 강의를 많이 진행하여 학생들의 의사결정 방법을 훈련한다. 이를 통해 제한된 시간, 자원, 인력 등과 같은 한정된 환경 속에서 독립적인 판단을 하고, 의사결정을 내릴 수 있는 능력을 키운다. 교수들은 일부러 사례의 앞뒤를 마구잡이로 뒤섞어 어렵게 만든 다음, 그 난제를 학생들에게 던진다. 그리고 학생들이 자신의 능력을 총동원하여 문제를 이해하고 분석하여 해결하도록 압박한다. 이런 방식으로 학생들이 자기만의 합리적인 의견을 도출하도록 하는 것이다. 기이하고 다양한 사례들의 맺음말은 항상 묵직한 질문으로 끝난다. "여러분이라면 어떻게 하시겠습니까?"

일레인 차오Chao는 하버드 경영대학원에서 공부한 2년 동안 동기들과 약 800건에 달하는 사례를 분석했다. 이 길고 힘든 과정으로 그녀는 양적인 학습에서 질적인 학습으로의 변화를 이루며, 상아탑에서 사회로 나가는 다리를 건널 수 있었다. 이렇게 강도 높은 훈련과 양성을 통해서 일레인 차오는 문제의 본질을 꿰뚫고 핵심요소가 무엇인지 제대로 파악하는 분석력을 키웠다. 그리고 이 능력을 바탕으로 사회에서도 업계의 현황을 제때에 진단하고, 그에 맞는 약을 처방하면서 자신만의 의사 결정 능력 및 문제 해결 능력을 키우는 훈련을 했다. 졸업 이후 그녀는 다양한 역할을 맡았지만, 항상 모래알처럼 번잡하게 마구 흩어져있는 일을 질서정연하게 정리하고 본질을 파악하여 정확한 선택을 했다. 그녀는 눈앞의 성공에 연연하거나 일을 우유부단하게 처리하지 않았다. 이렇게 일레인 차오는 훌륭한 관리자로서 두각을 나타냈다. 이는 그녀가 열심히 최선을 다한 이유도 있지만, 하버드에서 어렵고 힘든 훈련을 거치면서 견실한 기반을 닦아온 덕분이었다.

- 다른 사람들과 어울리는 능력을 배워라

  닐 루덴스타인 하버드 전 총장은 "하버드는 사람들 사이의 상호이해와 상호학습을 강화하여 타인에 대한 인문학적 접근을 하도록 하는 교육적인 실험을 하고 있습니다."라고 말하며 한 가지 사례를 소개했다. 하버드에는 아랍권 국가에서 온 학생도 있고, 힌두교를 종교로 둔 학생과 유대인 학생도 있다. 중동 정세가 긴박했던 어느 해에는 하버드 안에 정치적 관념과 종교적 신앙의 차이에서 비롯된 두 시위 대열이 형성되었다. 하지만 시위대 양측 모두 충분한 사상의 교류와 소통강화를 통해 상대방의 견해를 알게 되었기 때문에 시위는 매우 평화적으로 진행되었다. 이것이 바로 하버드가 가르치는 문제 해결 방법이다.

대학 안에서 학생들은 다른 성격의 학우들과 함께 공부하고 생활하면서, 사람 사이의 교류 방법을 익히고 다른 사람들과 어울리는 등의 유익한 경험을 하게 된다. 이렇게 캠퍼스 안에서 형성된 사람과 사물에 대한 견해가 미래의 처세 방법이 될 가능성은 매우 크다. 따라서 다른 동기들과 생활하는 대학 시기를 사회 진출 전에 인성을 기르는 과정으로 충분히 활용해야 한다.

- 사고 능력을 함양하라

하버드는 단순한 지식암기가 아니라, 학생들의 사고 능력 함양에 더 큰 중점을 둔다. 이곳에서는 학생들의 독립적인 사고능력을 높이기 위해 교수가 하루 전날 책을 한 권 주고, 다음날 바로 그에 대한 생각을 물어보곤 한다. 단순한 쪽지시험은 절대 보지 않는다. 교수들이 던지는 질문 중 대부분은 정해진 모범답안이 없는 경우가 많다. 이 또한 학생들이 다른 시각에서 문제를 바라볼 수 있는 능력을 키워주기 위해서다.

- 전공에 국한되지 마라

하버드는 전공 및 선택과목이 앞으로의 업무와 어떤 직접적인 연관성을 가질지에 대해 크게 신경 쓰지 않는다. 의학법률을 공부하는 학생도 일련의 전공수업 외에 인문학과 사회과학까지 두루 섭렵해야 한다. 하버드는 학생들이 다른 교과과정, 다른 분야의 지식, 다른 방식의 문제 해결법을 배워 계속해서 공부할 수 있는 능력을 갖추도록 할 뿐이다.

루덴스타인 총장은 이에 대해 멋진 설명을 덧붙였다. "하버드 법학과

학생들은 졸업 후에 교직원으로 입사하거나, 회사에 취직합니다. 또 일부는 사회기구의 회원이 되기도 하죠. 단 30퍼센트의 학생만이 자신의 전공분야에 종사합니다. 법학과 학생들과 마찬가지로 졸업 후에 자신이 어떤 업계에 종사할지 아는 의약 전공 학생도 매우 드뭅니다. 이는 그들이 우수하지 않다는 뜻이 아닙니다. 왜냐하면 이 학생들은 이미 훌륭한 학습 방법과 문제 해결 방식을 알고 있기 때문입니다. 이것이야말로 대학이 학생에게 해야 하는 교육이라고 생각합니다."

- **100가지에 능통하고, 한 가지에 통달하라**

미국의 모든 대학생은 졸업 전 특정한 전공을 공부하지 않는다. 그리고 실제로 공부 내용도 매우 포괄적이다. 미국의 유명한 화교 학자 쉬에 융薛涌은 이렇게 이야기했다. "하버드에는 관리계열, 법학계열이라는 전공이 없습니다. 실제로 이런 업종에 종사하고 싶은 학생들은 졸업 후 전공분야로 진출하기 위한 발판을 다지기 위해 가장 근접한 분야의 추상적인 과목을 수강하는 수밖에 없습니다. 이런 '모호'하고 추상적인 대학의 교육이 학생들이 삶을 가장 현실적으로 준비할 수 있게 합니다. 실제 통계에서도 하버드 의학대학원은 과학 관련 전공자와 문과 전공자에게 동일한 입학의 기회를 주는 것으로 나타났습니다. 그들이 무엇을 전공했는가 보다는, 어떤 소양을 가진 사람인가를 먼저 보는 것이죠."

하버드는 학생들이 강의실 밖에서 배우는 내용과 캠퍼스 밖의 생활, 그리고 졸업 후의 삶을 연결해주는 '멀티교육'을 제공한다. 하버드 학생들의 과외 활동은 매우 풍부하고 다채롭다. 조별 토론과 협력을 통한 공부 방법이 하버드 교육의 가장 큰 특징이다. 학생들은 여러 종류의 친목회와 대규모행사, 학술회의를 조직하고 참가할 뿐만 아니라, 각종 사회활동도 빠트리지 않는다. 하버드생들의 학업 정신, 리더십, 개성이 바로 이런 학교 밖, 과외 학습 생활을 통해 길러진다.

하버드의 '멀티교육'은 한 개인이 전반적으로 발전해야 지식, 사상, 재능 등 각 측면에서도 완숙한 인간으로 거듭날 수 있고, 사회의 요구에 더욱 잘 적응할 수 있음을 우리에게 시사한다. 업무처리를 위해서라면 특정한 지식만 있으면 될지 모른다. 그렇지만 장기적으로 무언가를 성취한 사람이 되기 위해서는 협소한 분야에만 관심을 기울일 것이 아니라, 자기 자신을 '멀티플레이어'로 만들어야 한다.

- **'완숙한 인간'이 되라**

애버트 로렌스 로웰 하버드 전 총장은 "대학이 시류에 순응하지 않는 것이 아닙니다. 사회가 학교를 휘두르는 지휘봉이 되도록 지켜볼 수 없을 뿐입니다. 대학은 학생들이 평생 사용할 수 있는 사상과 지식, 방법을 전해주는 곳입니다. 학생을 진정한 의미의 인간이 될 수 있도록 육성해야지, 미래 사회의 노동을 위한 도구로 키워서는 안 됩니다."고 말했다.

미래의 직업 생활이 요구하는 바를 충족하기 위해서는 당연히 전문적인 기술도 습득해야 한다. 하지만 직업과 기술이라는 한계를 뛰어넘어, 보다 '완숙한 인간'이 될 수 있도록 자신의 학업에 대해 고민해야 한다. 케네디, 오바마 등 하버드 출신 인물들은 출중한 재능을 가지고 있었다. 그리고 인격적으로도 특별한 매력이 있었다. 그들은 틀에 박히고 정형화

되지 않은 자신들만의 정서를 가지고 생활의 품위를 지켰다. 일, 공부, 인생에 대해서도 나름의 깊은 견해를 가지고 있었다. 이런 요소들은 그들의 공부와 생활, 특히 과외 활동과 사교 활동에 적극적으로 참여하면서 조금씩 길러진 것이다.

특정한 지식을 얻는 능력이 아니라,
독립적인 사고와 종합적인 판단 능력을 우선시해야 한다.

— 앨버트 아인슈타인

독립적으로 사고하는 방법을
체득하라

■ '당신은 어떻게 생각하는가?'와 같은 질문들은 우리에게 반드시 독립적인 사고방식을 배워야 한다는 사실을 일깨운다.

일찍이 100여 년 전, 하버드 출신의 저명한 철학가이자 심리학가인 윌리엄 제임스James는 "자유롭고 독립적인 사상을 키우는 데 있어서 하버드만 한 곳은 없습니다. 하버드의 환경은 학생들 스스로 독립적이고 독자적인 행동과 사상을 바탕으로 즐거움을 찾도록 허락하고, 권장하고 있습니다. 만약 하버드가 하루아침에 자신의 교육이념을 바꾸어 획일화되고 고착화된 학생을 키우고자 한다면 그때가 바로 하버드의 마지막 날이 될 것입니다."라고 말한 적이 있다. 하버드는 오늘날까지 엄격하게 이 원칙을 지키고 있다. 학생들은 입학하자마자 "여러분은 돈을 벌기 위해 이 곳에 온 것이 아닙니다. 생각하기 위해서, 그리고 생각하는 법을 배우기 위해서 이곳에 온 것입니다."라는 말을 반복적으로 듣는다.

하버드는 진정한 지식을 얻기 위해 독립적으로 사고하라고 장려한다. 교수들이 학생을 지도할 때 "다른 사람들이 말하기를……."이라는 말을 입에 달고 사는 학생들에게 '다른 사람'이 누구냐고 물어보면, 학생들은 당황하여 꿀 먹은 벙어리처럼 아무 말도 하지 못한다. 하버드는 책이나 권위자의 말을 그대로 받아들이지 않는다. 사람들은 대개 기정사실화 된 권위자의 말이나 책에 나온 정론定論을 곧이곧대로 믿는 경향이 있다. 하지만 하버드는 이를 최대한 피하고자 한다. 하버드에서는 그 어떠한 권위에도 도전할 수 있고, 교수와 학생의 관계도 매우 평등하다. 교수들은 토론수업에서 독자적인 시각으로 창의적인 의견을 내고, 교수에게 의문을 품는 학생을 눈여겨본다. 그리고 학생들이 도전하지 않는 강의를 가장 답답하고 재미없다고 느낀다. 하버드에서 교수와 학생의 관계는 수직적이기보다는 상호 협력적이다.

하버드는 토론식 강의를 중요시하기 때문에 학생들의 토론 참여에 대한 부분이 전체 성적에서 꽤 큰 비중을 차지한다. 학생들은 강의시간 동안 교수의 사고방식을 이해하고, 토론에 참여하기 위해서 충분한 지식을 쌓고, 내용에 대해 생각해야 한다. 따라서 강의 전에 엄청나게 방대한 자료를 읽어야만 한다. 그렇지 않으면 교수의 강의 내용을 이해하지 못하고, 토론에 참여하기는 더욱 어렵다. 게다가 어떤 강의는 토론이 전체 성적의 60퍼센트를 차지할 만큼 반영 비율이 높다. 그래서 학생들은 일반적으로 강의 당 평균 130페이지 정도의 자료를 읽어야 하는데, 이 정도가 보통 분량이다. 조금 적은 경우가 90페이지 정도라고 한다. 밤을 새우지 않고서는 이렇게 많은 분량의 학습과제를 제대로 완성하기 어려운 만큼 학생들의 일일 평균 수면시간은 다섯 시간이 채 되지 않는다. 그래서 학생들은 하버드를 '연옥煉獄'이라고도 부른다.

토론수업은 학생들이 독자적으로 사고할 수 있는 능력을 키운다. 하버드는 책을 읽기만 하고, 생각하지 않는 사람을 싫어한다. 서머스 전 총장은 "교수가 가르치는 내용을 기계적으로 기억한 채 창의적인 사유를 통한 독립적 사고를 하지 않는 학생은 공부의 노예밖에 되지 않습니다. 마찬가지로 창의력이 없는 학생은 아무리 풍부한 지식을 가지고 있더라도 영원히 모방과 표절만을 할 뿐이죠."라고 말한 바 있다.

하버드의 치열한 경쟁에서 살아남고 싶다면 독립적인 사고를 배워야만 한다. 어떤 학생들은 고등학교 시절의 학습 방법을 대학까지 이어오지만, 곧 이 방법이 통하지 않는다는 것을 깨닫는다. 고등학교 때의 학습 방법은 지식을 외우기만 하면 됐지, 독립적으로 사고하는 방식은 큰 비중을 차지하지 않았기 때문이다. 하버드의 1학년 학생 한 명이 이런 문제를 겪은 적이 있다.

"저와 같은 기숙사를 쓰는 네 명은 모두 경제학도였어요. SAT 점수가 다들 비슷했기 때문에 저는 네 명의 아이큐가 막상막하라고 자신할 수 있었죠. 우리 네 명은 함께 경제학 방면의 자료를 읽고 토론하곤 했습니다. 그런데 시험을 보면, 다른 친구들은 A학점을 받았지만 저는 항상 C학점이었어요. 도대체 왜 이런 결과가 나오는지 도무지 이해할 수 없었어요. 마지막에 저는 거의 미치기 일보 직전이었죠. 결국 하는 수없이 기숙사 지도교수에게 도움을 구했어요. 교수님은 내 강의 노트를 열심히 훑어본 후 노트에 나온 내용을 토대로 제게 몇 가지 질문을 던졌지요. 그 질문을 통해서야 제가 그저 기본 원리만을 외웠을 뿐, 이 원리를 새로운 상황에는 적용하지 못하고 있다는 중요한 사실을 깨달았습니다. 고등학교 시험은 간단한 정답이 있을 뿐이지만, 대학에서의 시험은 수험생들이 기본원리에 따라 새로운 문제를 분석하도록 요구합니다. 제겐 이 두 가지 방식의 괴리감이 너무도 컸던 거죠. 이런 상황에서 고등학교 교육 방식을 원망해본들 전혀 소용없어요. 지도교수의 도움을 통해 목표를 확인하고 새로운 학습 방법을 찾아야 했죠. 저는 그 후에도 여전히 A학점은 못 받았지만, 최소한 B이상은 유지할 수 있었어요. 만약 그때 도움을 구하지 않고 고교 시절의 옛날 방식으로만 공부했다면, 결과가 어떻게 됐을지 상상조차 두렵습니다."

이 학생이 공부와 관련해 직면한 문제는 고등학교 시절 책만 읽고 사고는 하지 않았던 학습 방식을 바꾸지 못했기 때문이었다. 읽기만 하고 사고하지 않는 방식은 하버드에서도 통하지 않으며, 졸업 후 사회에 진출하더라도 결국은 벽에 부딪히고 만다. 하버드가 학생들에게 독립적으로 사고하라고 적극적으로 권하는 이유도 바로 이 때문이다.

- **지식인들의 견해가
  독립적인 사고를 대신할 수는 없다**

하버드 로스쿨을 졸업한 유명한 투자자인 찰스 멍거는 사람들에게 독립적인 사고를 배워야 한다고 주장한다. "만약 다른 사람의 생각에 의지하고, 돈으로 전문가의 의견을 구하기만 한다면 자신의 분야를 조금만 벗어나도 큰 문제를 경험하게 될 겁니다." 물론 찰스 멍거는 의료자문이 필요할 때는 의사를 찾아가야 하고, 회계사나 다른 전문가의 협조를 구해야 할 때도 있다고 인정한다. 그렇지만 그는 전문가의 말을 100퍼센트 받아들이지 않고 그들이 한 말을 곱씹는다. 그리고 다른 사람의 의견도 구하며 계속 생각한 다음 최종적으로는 스스로 결론을 내린다. 찰스 멍거의 파트너이자 주식의 신이라 불리는 워런 버핏도 같은 의미로 "당신의 머리를 다듬어야 하는지 어떤지, 미용사에게 영원히 묻지 말라."고 말한 바 있다.

- 쉽게 맹신하지 말고 사실을 말하라

독립적인 사고를 하는 사람들에게는 어떤 상황에서도 쉽게 맹신하거나 주관적인 추측을 하지 않고 사실을 이야기하는 특징이 있다. 주커버그가 아주 좋은 예이다.

주커버그의 하버드 시절 동기는 그가 항상 수줍음과 교만함이 함께 섞인 냉담한 얼굴을 하고 있었다고 기억한다. 주커버그는 흥미가 있는 화제에 대해서는 엄청나게 빠른 속도로 끊임없이 이야기했지만, 흡입력이 없는 주제에 대해서는 다른 곳에 신경을 팔거나 건성으로 대답만 했다. 심지어 다른 사람들이 한참을 이야기한 화제를 잊어버릴 때도 있었다. 그래서 어떤 사람은 그를 "과도하게 프로그래밍 된 로봇"같다고 표현하기도 했다.

주커버그의 아버지는 언론과의 인터뷰에서 "아마 다른 아이들에게는 단호한 어투로 '안 돼!'라고 잘라 말하는 방법이 통할지 모른다. 하지만 마크를 설득하려면 구체적인 사실, 이유, 직접 겪은 경험 등을 한참 열거해줘야 억지로나마 당신이 말한 내용을 인정할 것이다. 나는 그 아이가 나중에 백전백승의 변호사가 될 수도 있다고 생각한다."고 말했다. 주커버그도 가끔 스스로를 괴물이 틀림없다고 인정한다.

- 질문을 던져라

우수한 인재는 일반적으로 질문을 잘하는 사람이다. 외국 대학은 학생들이 질문을 던지도록 유도함으로써 그들의 사고력을 키우는 교육방식을 채택한다. 중국의 한 의과대학원 학생이 하버드 의대 매사추세츠 종합병원Massachusetts General Hospital에서 실습하면서 겪었던 일을 이야기해주었다.

"의대생으로 저는 이곳의 교육만이 아니라, 외과의사 양성제도를 보며 느낀 점이 많습니다. 외과의 수업 분위기는 매우 개방적이었습니다. 항상 토론식 진행을 하며 질문이 있는지 먼저 물어보았죠. 학생이 질문한 내용에는 보통 '좋은 질문이에요!'라는 긍정적 반응을 보입니다. 그런 다음 질문에 대한 거침없는 토론을 시작하죠. 당연히 당신도 다른 의견을 제기할 수 있어요. 교수님도 그 의견의 가능성에 대해 당신과 열심히 토론합니다. 수술대에서 환자에게 사용되는 무균 마커 펜은 수술위치 확인보다는 집도의가 상황을 설명하기 위해 수술도안을 그리는 용도로 더 많이 사용하더군요. 처음 수술실에 들어간 외국인 학생인 제게는 수술 장비의 영문명이 굉장히 낯설었습니다. 그래서 동결조직 병리 검사 보고를 기다리며 쉬는 동안 수술실 간호사에게 각종 수술 도구의 이름을 가르쳐 달라고 부탁했어요. 그 간호사는 제게 열심히 한번 설명해 준 다음 제가 완벽하게 외웠다고 생각될 때까지 간단히 테스트를 해주었지요. 제 레지던트 실습의사도 수술이 끝나고 나면 제일 먼저 제게 '나한테 질문 있어요?'라고 물어봐주었습니다. 이런 방식의 학습지도가 시시각각 이루어지는 만큼, 제가 질문을 던지기만 하면 누군가는 꼭 열심히 설명해주었죠."

이 학생은 이야기의 마지막을 이렇게 정리했다. "교수들 사이에서는 '지도 의식'이 항상 중요한 키워드로 통하죠. 사실 학생들도 '질문 의식'를 키워드로 삼아야 합니다." 이는 질문이 있어야 답도 있기 때문이다. 스승과 제자가 가르치고 배우는 과정에서 서로 같이 성장한다는 뜻의 교학상장教學相長은 아마 이런 의미일 것이다. 질문 의식은 독립적인 문제 사고에서 비롯되고, 질문을 잘하는 사람들이 문제의 본질을 더 잘 파악한다. 아인슈타인은 "문제를 잘 발견하고 의문을 가지는 사람만이 창의적인 자극을 받을 수 있다. 그렇기 때문에 질문을 던지는 것이 문제 해결보다 훨씬 중요하다."고 했다.

- **정답보다 사고思考가 훨씬 중요하다**

정답보다 사고가 훨씬 중요하다. 정답을 외우기만 하고 사고하지 않는 사람들은 영원히 사고하는 방법을 배우지 못한다. 각 분야에서 최고의 성적을 내는 사람들은 자신의 사고력을 키우는 것을 매우 중요하게 생각한다.

아인슈타인은 열네 살에 독학으로 기하학과 미적분을 터득했다. 독학으로 공부하다가 어려운 문제에 봉착하면 항상 세심하고 깊은 사색을 통해 반복적으로 사고해보고, 그래도 계산이 되지 않을 경우에만 다른 사람들에게 "방향 좀 가르쳐주세요!"라며 가르침을 청했다. 그렇지만 아인슈타인은 그 사람들이 대답을 하기도 전에 항상 "답을 전부 가르쳐 주지 마시고 제가 생각할 여지를 남겨주세요!"라고 먼저 요구했다. 알다시피 그는 뛰어난 과학자가 되었다. 사람들이 인류를 위해 큰 공헌을 한 아인슈타인을 칭송할 때면 그는 "하나의 지식을 배우기 위해서는 생각에 생각을 거듭해야 합니다. 저는 이 방법으로 과학자가 되었습니다."라고 웃으며 말했다.

헨리 키신저Kissinger는 매일 〈뉴욕 타임스〉와 〈보스턴 글로브〉 지를 읽는다. 하지만 독립적인 사고를 통한 자신만의 관점을 세우기 위해 사설은 절대로 읽지 않는다. 그러한 방식으로 독립적인 사고방식을 키운 그는 훗날 미국의 유명한 정치가이자, 국제문제 전문가로 거듭났다.

- **논쟁을 두려워하지 말라**

또래보다 조숙했던 열한 살의 빌 게이츠는 외교, 경제 및 인생 문제 등으로 부모를 괴롭혔다. 그의 아버지는 "빌은 모든 일에 자신만의 독특한 생각을 가지고 있었습니다. 우리 가족들은 빌과 이리저리 논쟁하지 않았습니다. 결국에는 아들이 이길 걸 알고 있었기 때문이었죠."라고 했다. 문제의 핵심은 논쟁의 승패가 아니라, 어린 빌 게이츠가 가족들과 논쟁을 했다는 것이다. 이 자체로 빌 게이츠가 이미 자신만의 독립적인 견해를 가지고 있었음을 뜻하기 때문이다. 그리고 이는 훗날 그의 성공에 매우 중요하게 작용했다.

진리는 논할수록 명확해진다. 로렌스 로웰 전 총장은 "사람은 각자 다릅니다. 분명히 다르고, 또 달라야만 하죠. 올바른 사고가 모든 사람의 책임이라는 것을 인지해야 합니다. 대다수의 사람들처럼 잘못된 생각을 하는 것은 혼자서 잘못을 저지르는 것과 같이 끔찍한 결과를 낳거나, 훨씬 더 끔찍한 결과가 나오기도 합니다." 논쟁은 독립적인 사고를 하고 있다는 증거다. 그러니 다른 사람과의 논쟁을 두려워하지 말라.

흥미가 모든 일의 가장 좋은 선생님이다.
흥미는 책임감을 훨씬 뛰어넘는 것이다.
− 앨버트 아인슈타인

공부를 위해서도 흥미는 억압해서는 안 되는 열정이자 힘이다.
당신이 진정으로 흥미를 느끼는 분야를 찾아야만
탐구욕을 최대한 자극할 수 있고,
결국에 그 분야에서 성공을 이룰 수 있다.
− 로렌스 서머스

네가 가장 흥미를 느끼는 것에 너의 인생의 비밀을 숨겨 놓거라.
− 매디슨 중학교 학생에게 보낸 빌 게이츠의 답장

흥미興味를 찾아라!

■ 지금까지 음악 분야에서 요요마의 예술 수준을 뛰어넘은 중국계 예술가는 없다. 그는 70여 장의 앨범을 발표하고, 그래미 상 Grammy Awards 을 17차례나 받았고, 클래식 예술계 최고의 영예인 글렌 굴드 상 Glenn Gould Prize 까지 수상했다. 그는 음악으로 인종과 문화 차이를 좁혔고, 그로 인해 UN의 평화 대사로 두 차례나 임명된 바 있다.

요요마의 성공은 천부적인 음악적 재능과 더불어 음악에 대한 커다란 '흥미' 덕분이다. 요요마의 모친 마리나 마 Marina Ma 여사는 회고록 『내 아들 요요마 My Son, Yo-Yo 』에서 요요마가 태어날 때부터 놀라운 기억력을 가지고 있었다고 기록하고 있다. 그는 두 살 때 음조의 높낮이를 구분했고, 세 살 때부터는 피아노로 미묘한 음색을 낼 수 있었다고 한다. 한번은 요요마가 아버지를 따라간 음악회에서 무대 위에 있는 커다란 콘트라베이스를 보고 "내가 원하는 게 바로 저거에요."라고 말했다고 한다. 네 살 때부터 첼로를 배우기 시작한 요요마는 천부적인 음악적 재능으로 많은 음악가를 놀라게 하며 음악 신동으로 불렸다.

세계적 명성을 지닌 천재의 어머니 마리나 마 여사는 이렇게 말한다. "저는 아들의 선한 마음과 진실함이 그가 첼로를 연주하며 얻은 성공보다 훨씬 더 중요하다고 생각합니다. 요요마는 제 아들이지 기계가 아니기 때문이죠. 첼로는 그가 좋아하는 일이고 요요마는 첼로를 통해 자신의 사랑을 전합니다. 그리고 저는 그의 이런 면을 가장 좋아합니다. 요요마는 음악을 매우 좋아하죠. 만약 좋아하는 음악이 있으면 당신이 하는 말 귀에 들어오지 않을 거예요. 온신경이 음악에 쏠려있기 때문에 귀가 닫히고 외부의 소리는 듣지 못하게 되어버리거든요. 그 아이는 어릴 때부터 슈베르트, 하이든을 특히 좋아했는데 한번 연습을 시작하면 멈출 줄 몰랐어요."

음악에 푹 빠져 있었던 요요마의 음악에 대한 이해는 다른 사람들과 다르다. 그는 "음악은 인성의 표현입니다. 만약 당신이 내 음악에서 무언가를 느꼈다면, 바로 나의 마음을 본 것이죠. 이것이 내가 이 세계에 공헌하는 방식입니다."라고 말했다.

2011년 2월 15일 요요마는 워렌 버핏과 함께 '대통령 자유훈장Presidential Medal of Freedom'을 수여받았다. 오바마 대통령은 요요마와 크게 포옹하며 "지금껏 만난 사람 중 가장 즐거운 사람"이라고 말했다.

요요마의 음악적 성공과 음악에 대한 애정은 서로 떼려야 뗄 수 없는 관계가 있다. 음악에 대한 흥미가 있었기에 음악 세계에 더욱 전념했다. 그 결과 화려하고 정교한 연주법 구사가 가능했으며, 다른 이들보다 더 깊이 음악을 이해할 수 있었다. 그래서 그의 음악은 다채로운 색채로 사람들의 마음을 울린다. 음악은 요요마에게 최고의 영예와 성공을 안겨주었을 뿐 아니라, 사업적으로 그리고 정신적으로도 그를 더욱 풍요롭게 해주었다.

'흥미'에는 한 사람의 비전vision, 특기, 그리고 가치 등이 숨겨져 있다. 흥미를 찾게 되면 자기 자신을 더 이해하고, 재능을 찾는 데도 도움이 된다. 하버드에는 학생들의 흥미와 취미에 따라 축구, 테니스, 골프, 요트, 등산, 사교댄스, 심지어 포커클럽과 식도락클럽까지, 생각할 수 있는 거의 모든 활동이 존재한다. 미국의 교육은 학업성적보다는 학생들의 내면, 즉 그들에게 잠재된 흥미와 추구하는 바를 더욱 중요하게 생각한다. 그것이 바로 빌 게이츠, 스티브 잡스, 마크 주커버그, 제레미 린, 요요마처럼 세계적 명성을 떨친 인재들을 대거 배출할 수 있었던 원인이다.

• 당신의 흥미는 무엇인가?

하버드는 학생을 평가할 때 학업 수준과 전공기술 외에 학생 내면의 가장 진실한 흥미도 중요하게 여긴다. 미국 명문학교들은 학업성적 외에 입학 지원자들이 '개성'을 가졌는지 여부를 더 살펴본다.

중국의 이과계열 대입시험 수석이었던 한 학생은 학교에서 반장, 학생회 회장, 교내 모의 UN총장까지 맡았고, 전국수학경진대회에서 세 차례나 우승을 차지했다. 이렇게 우수한 그가 미국 상위 20개 대학 중 11개

학교에 지원했는데, 놀랍게도 모든 대학에서 거절당해 당시 여론이 시끄러웠던 적이 있었다.

이에 대해 한 하버드 입학사정관은 이렇게 설명했다. "하버드는 공부만 할 줄 아는 사람을 원하지 않습니다, 학생회 회장, 수학경진대회 우승과 같은 타이틀도 관심 깊게 보지 않아요. 하버드는 학생의 종합적인 소양을 가장 중요하게 봅니다. 특히 학생 내면세계의 가장 진실한 부분, 그리고 학생이 가장 흥미를 느끼는 부분을 눈여겨보죠. 우리는 자신만의 독특한 방식으로 꿈을 좇는 학생에게 더 많은 관심을 둡니다. 우리가 원하는 학생은 특별한 개성을 가진 학생이에요. 하버드는 학생들이 진정한 자아를 발견할 수 있고, 흥미를 느끼는 것을 추구할 수 있기를 바랍니다." 대부분의 사람은 자신이 무엇에 흥미가 있는지, 관심사가 무엇인지 잘 모르기 때문에 자신이 어디에 어울리고, 어떤 특기를 가지고 있는지 제대로 파악하지 못한다. 똑똑한 사람이라면 꿈을 세우기 전에 스스로가 무엇을 좋아하는지부터 정확하게 짚어야 한다.

제레미 린의 어머니인 슈에리雪莉 여사는 아들이 농구선수로 활약할 것이라고는 거의 기대하지 않았다. 키가 너무 작았기 때문에 오히려 음악이나 의학을 배우도록 유도했다. 제리미 린이 음악에 할애하는 시간이 많지는 않았지만 피아노면 피아노, 바이올린이면 바이올린 모두 곧잘 쫓아가곤 했기 때문이다. 하지만 제레미 린 본인은 스스로 음악적 재능이 없고, 농구에 관심이 더 많다고 말했다. 다행이 슈에리 여사는 흥미와 타고난 자질이 합쳐져야만 천재로서의 길이 열린다고 굳게 믿던 사람이었다. 그래서 그녀는 자신이 아들의 흥미를 가로막는 '장애물'이 되기보다, 그가 농구를 계속할 수 있도록 지원하기로 했다. 대신 제레미에게는 문화계열의 공부를 더 열심히 하도록 요구했다. 그녀는 아들에게 "우리 모두 너의 농구선수 생활을 지지하지만, 직업에 대한 준비도 해야 한단다. 농구는 얼마든지 하렴. 다만 학업 성적이 떨어진다면 농구에 할애하는 시간도 조절해야 할 거야."라고 말했다. 슈에리 여사는 아들을 위해 두 가지 역할을 맡았다. 우선 그가 농구를 하거나 시합에 참가할 수 있도록 운전을 해주면서 농구 때문에 학과 과목에서 멀어지지 않도록 지켜보았다. 그리고 성공을 위한 자본인 건강을 위해 많은 운동량에 적합한 보양 음식을 준비했다. 농구를 위해서 제이미는 어머니의 뜻을 성실히 수행하는 '착한 아이'가 될 수밖에 없었다.

• 자신의 흥미를 쫓아라

하버드 교수들은 학생들에게 학문과 자신의 흥미가 부합해야 한다고 가르친다. 오바마 정부의 에너지부 장관을 역임하고 노벨 물리학상을 수상한 하버드 출신 스티븐 추Steven Chu는 하버드 졸업식 연설에서 청년들에게 이런 충고를 했다. "삶의 새로운 단계가 시작될 때면 자신의 흥미를 쫓으세요. 만약에 흥미가 없더라도, 포기하지 말고 자신이 흥미를 갖는 것을 찾아야 합니다. 인생은 짧아서 빈손으로 보내선 안 됩니다. 반드시 한 가지에 여러분의 마음과 정성을 쏟아야 해요. 여러분의 나이였을 때 저는 엄청나게 질긴 고무와도 같았습니다. 당시 저는 무조건 물리학자가 되겠다는 목표를 세웠습니다. 그렇게 학부를 졸업한 뒤 UC버클리에서 8년을 지내며 석사와 박사를 마치고, 또다시 벨 연구소Bell Laboratories에서

9년을 보냈습니다. 이 시간 동안 제가 관심을 가진 중심 주제나 직업적인 즐거움 모두 물리학에서 비롯했습니다."

J. K. 롤링도 자신의 흥미를 끝까지 지켰기 때문에 유명한 베스트셀러 작가가 될 수 있었다. 어릴 때부터 문학에 관심이 많은 롤링은 작가가 되기를 꿈꾸며 대학에서 문학을 전공하려고 했다. 하지만 부모는 앞으로의 생활을 보장해 줄 수 있는 보다 현실에 도움이 되는 다른 전공을 선택하기 바라며 반대했다. 그런데도 그녀는 하버드 연설에서 말한 것처럼 부모의 의견이 아닌 자기 내면의 목소리를 따랐다.

"평생 중 절반의 시간 동안 저는 줄곧 제 내면에서 추구하는 바와 저와 가까운 사람들의 요구 사이에서 자유롭지 않은 투쟁을 계속해왔습니다. 저는 소설을 쓰는 것이 제가 유일하게 하고 싶은 일이라고 확신했습니다. 하지만 가난한 환경에서 자라 대학생활을 경험하지 못한 제 부모님은 제가 가진 이상하리만치 활발한 상상력을 그저 우스꽝스럽고 이상한 버릇 정도로 여기셨습니다. 소설을 쓰면 부동산을 저당 잡히거나, 퇴직금을 모으지 못할 거라 여기셨죠. 부모님은 전문적인 학위를 취득하기를 바랐으나, 저는 영국 문학을 전공하고 싶었습니다. 결국 외국어 전공이라는 양쪽 다 만족스럽지 못한 합의점을 도출할 수밖에 없었죠. 그렇지만 저는 부모님 곁을 떠나 대학에 오는 즉시 바로 고전문학으로 전공을 바꿨습니다. 나중에 제가 부모님께 그 상황을 어떻게 설명했는지 기억은 나지 않지만, 아마 졸업식 날 처음 아시게 되었을 거예요. 저의 부모님은 지구상에 있는 모든 과목 중에 그리스신화보다 더 쓸모없는 과목은 없다고 생각하시죠."

- **시야를 넓혀라**

자신이 무엇에 흥미를 느끼고 있는지 어떻게 찾을 것인가? 하버드 교수는 시야를 넓히고 될수록 여러 분야를 접해보라고 권한다. 다양한 경험을 해봐야 많이 시도해 볼 수 있고, 많이 시도해봐야 가장 좋아하는 것을 찾을 수 있다. 대학 캠퍼스는 학생이 여러 영역을 접해볼 수 있는 장소다. 그러니 학교 자원을 잘 이용할 줄 알아야 한다. 교과 과정 수강과 청강, 온라인 공개강좌 시청, 동아리 활동, 학교 외 교류 활동 등 다양한 방식을 통해 더 많은 영역에서 더 많은 유형의 일들을 접해보고, 더 많은 전문가와 학자들을 만나보아야 한다. 자신의 진정한 흥미와 취미를 발견한 후에는 선택수업이나 교과 외 수업 등 관련 과정, 혹은 실습 기회를 통해 업무 성격을 이해해야 한다.

- **성공은 호기심에 달려있다, 당당하게 실현해라**

'호기심, 도전에 대한 욕구, 비판적 사유 능력'은 하버드대 총장이 생각하는 대학 4년 동안 반드시 배워야 하는 덕목이다. 폴란드계 프랑스 물리학자 겸 화학자인 마리 퀴리Curie는 "호기심이 학자의 첫 번째 미덕"이라고 했다. 아인슈타인은 "만약 누군가 더는 호기심도 없고 놀라움을 느끼지도 못한다면 그는 걸어 다니는 시체와 다를 바 없고, 그의 시야도 희미해져 뚜렷하게 보이지 않을 것이다."라고 했다. 호기심은 특수하면서도, 지혜롭고, 탐색적인 능력이다. 호기심은 자아를 인식하고 세계를 이해하는 문을 열어 주어 우리가 공부하도록 무한한 활력을 불어넣는다. 또한 이는 우리를 모든 것에 도전해보도록 이끌며, 우리의 안목을 더 넓게 만들고 더 많은 것을 경험하도록 한다.

- **흥미와 사회의 요구를 접목하라**

　자신의 흥미와 사회의 요구를 접목하라. 흥미가 사업으로 이어질 수도 있다. 똑같이 컴퓨터에 빠진 두 부류의 사람들이 있다. 한 부류의 사람들은 게임이나 오락을 하면서 자신이 컴퓨터를 가지고 논다고 생각하지만, 실은 컴퓨터가 그들을 '가지고 논다'. 다른 부류의 사람은 게임이 아닌 컴퓨터 기술과 프로그래밍에 훨씬 더 열중하여 컴퓨터를 통해 자기의 사업을 이룬다. 그리고 스티브 잡스, 빌 게이츠, 마크 주커버그처럼 젊은이들이 본받고 싶어 하는 창업 선도자로 성장한다. 후자는 자신의 흥미를 사회의 필요와 접목할 줄 안다는 점에서 전자와 차이가 난다.

　주커버그를 예로 들어보자. 그는 프로그램 설계 중에서도 특히 커뮤니케이션과 게임을 좋아했다. 그는 기술 자체가 아닌 기술응용에 흥미를 느꼈고, '주크넷ZuckNet'이라는 소프트웨어 프로그램을 개발하여 의사였던 아버지가 집에서도 치과 진료와 정보교류를 할 수 있는 환경을 조성해드렸다. 이 시스템은 미국의 실시간 온라인 통신 소프트웨어의 원시 버전이라 볼 수 있다. 주커버그는 어렸을 때 이미 또래 친구들끼리 놀 수 있는 컴퓨터 게임을 개발했다. 그리고 고등학교 재학 중이던 열일곱 살에는 MP3 플레이어 소프트웨어를 프로그래밍했는데, 마이크로소프트를 포함한 수많은 회사가 그와 그의 소프트웨어를 차지하기 위해 다툴 정도였다.

　주커버그는 하버드 입학 후에도 여전히 자신의 흥미를 동기 친구들의 수요와 접목하려는 시도를 게을리하지 않았다. 그는 학생들의 수강신청 프로그램 개선의 필요성을 느꼈다. 그 결과 2학년 때 '코스 매치'라는 프로그램을 만들어 다른 학생들의 수강선택을 참고하여 과목을 선택할 수 있게 하고, 스터디팀도 구성하기 쉽게 했다. 그리고 이를 계기로 주커버그와 그의 친구들은 학생들이 사교 부분에 대한 엄청난 수요가 있음을 파악하고, 페이스북 혁신의 전신이라 할 수 있는 소셜네트워크 '페이스매시FaceMash'를 개설했다. 주커버그의 룸메이트 크리스 휴즈Huges는 "주커버그는 자신의 창의력과 기술을 활용하여 학교가 생각하지 못하는 방식으로 학생들을 만족시켰고, 그 결과 대학 홈페이지보다 훨씬 훌륭한 사이트를 구축할 수 있었다."고 말했다.

그 후 엄청난 속도로 발전한 페이스북은 구글과 견줄 정도의 인터넷 기업으로 성장했다. 페이스북의 시가총액이 천억 달러를 넘어서자 사람들은 스물셋밖에 되지 않은 주커버그가 과연 회사를 제대로 경영할 수 있을지 의혹의 시선을 보냈다. 주커버그는 이러한 의혹에 대해 이렇게 대답했다. "사실 페이스북은 그리 크지 않습니다. 저는 한 회사나 기업의 경영보다는 이용자들에게 더 많이 집중하여 어떻게 하면 그들에게 혁신적인 편의를 제공할 수 있을지에 대해 항상 생각합니다."

회사의 규모나 업무량과 상관없이 주커버그는 단 하나, 바로 자신의 흥미를 응용 가능한 분야에 접목하고 자신의 기술을 통해 이용자들에게 더 나은 서비스를 제공하는 것에 집중한다. 이를 바탕으로 그는 복잡하게 얽혀있는 수많은 일을 가볍게 처리하고 페이스북의 운영방향을 제대로 통제하고 조절한다.

만약 주커버그나 빌 게이츠처럼 성공하고 싶다면, 그들처럼 자신의 흥미와 취미를 사회적 요구와 접목해 보라. 이 시도가 우리에게 성공과 행복을 동시에 가져다줄 것이다. 그리고 이는 노벨상 수상자 스티브 추가 하버드 학생들에게 한 말과도 뜻이 통한다. "흥미와 취미도 당연히 중요하지만, 그것만을 생각해서는 안 됩니다. 백발이 희끗희끗해지고 허리가 점점 굽어 인생을 돌이켜 볼 때쯤 자신이 했던 일들에 대해 자부심을 가질 수 있어야 하죠. 물질적인 생활과 소유욕을 만족시키는 것만으로는 자부심을 가질 수 없습니다. 당신의 영향을 받아 다른 사람과 그들의 일을 변화시킬 수 있어야만 자부심을 가질 수 있죠."

• 흥미가 능동적 학습을 이끈다

로렌스 서머스는 "흥미는 학습 능력 중에서 가장 충만하고, 즐겁고, 경쾌하고, 아름다우며 활발한 특징을 가지고 있습니다. 흥미는 사기를 진작시키고, 생각을 활성화할 뿐만 아니라 목표를 향해 지치지 않고 달려갈 수 있도록 해줍니다. 하버드의 한 연구 결과를 보면, 흥미가 있는 과목을 공부할 경우 학습에 대한 적극성이 매우 높아져 자신이 가진 능력의 70~80퍼센트를 발휘한다고 합니다. 반대의 경우에는 20~30퍼센트밖에 발휘하지 못하고요."라고 했다.

이취왕(易趣網, Eachnet.com, 중국의 첫 C2C 사이트-옮긴이)을 창립한 샤오이보는 하버드대 물리 및 전자공학을 전공하여 두 개의 학사 학위를 받았고, 하버드 경영대학원에서 MBA 과정을 밟았다. 전국수학경진대회 최우수상을 열 번 넘게 거머쥐었고, 월반으로 하버드에 진학하여 전액

장학금까지 받으면서 '신동'으로 불렸다. 중학교 수학 교사였던 아버지 샤오쩐핑邵振平은 샤오이보가 아주 어렸을 때부터 수학을 접하도록 했다. 하지만 천성적으로 놀기를 좋아하는 아이를 생각하여 여러 가지 다양한 방법을 생각해냈다.

샤오쩐핑은 각종 루트를 통해 여러 가지 재미있는 수학문제들을 정성껏 모았다. 그는 수학문제를 생동감 있고 재미있는 게임처럼 느끼게 하고 싶었다. 그래서 밥 먹을 때나 산책할 때, 혹은 샤워할 때라도 아들이 가벼운 마음으로 자기도 모르게 수학을 공부하도록 각별한 신경을 쓰면서 문제를 냈다. 샤오이보가 수학에 좀 더 민감해질 수 있도록 그의 아버지는 포커 카드로 수학문제를 내는 아이디어를 생각해냈다. 포커 카드 J를 11로 하고 Q는 12, K는 13으로 하여 모든 카드를 더하면 364가 된다. 그는 매일 아들에게 카드를 처음부터 끝까지 10번씩 더하도록 했다. 그리고 가끔 그중 하나를 뽑아 남은 카드의 수를 더하거나, 그 더한 값으로 자신이 뽑은 카드를 추측하도록 했다. 샤오이보는 계산이 거듭될수록 정신이 없었고, 어지럽게 나열된 숫자들 때문에 머리가 어지러울 지경이었다. 하지만 수학에 대해 점차 민감해지고, 사고력도 뚜렷해져서 마침내 10초 만에 50장의 카드를 전부 정확하게 계산해낼 정도가 되었다.

그의 아버지가 인내심을 갖고 지도한 결과 수학분야에서 샤오이보의 재능이 점차 드러나기 시작했다. 초등학교 입학 후 시험 때마다 그는 1등을 독차지했고, 열 살이 되던 해에는 제1회 '화로경華羅庚 골든컵' 청소년 수학경진대회에 참가해 150만 명의 참가자를 제치고 금메달을 획득했다. 상하이 화동사범대華東師範大 부속중학교에 입학한 후 그는 전국 중

학생 수학경진대회에 참가하여 열 몇 차례의 특등상과 1등 상을 거머쥐며, 중국 중학수학경진대회의 스타가 되었다.

학업과 앞으로의 사업에서 좋은 성적을 거두고 싶다면 학교라는 무대를 충분히 활용하여 공부가 재밌게 느껴지도록 자신의 흥미를 발견해야 한다. 어떤 일을 하든지 노력하는 가운데서 즐거움을 찾는 습관을 기르면 평생 도움을 받을 수 있다.

• 흥미도 생활 태도 중 하나다

알려진 바와 같이 프랭클린 루스벨트는 하버드인들의 자랑거리이자, 미국 역사상 가장 위대한 대통령 중 한 사람이다. 하지만 그가 우표 수집 대가에다 평생 183장의 우표를 디자인하고, 그중 여덟 장의 우표는 상까지 받았을 만큼 높은 성과를 내는 우표디자이너였다는 사실을 아는 사람은 그리 많지 않을 것이다. 프랭클린 루스벨트가 디자인한 첫 번째 우표의 주제는 '남극탐험'이었다. 남극탐험을 준비하던 그의 지기인 리처드 버드Byrd가 자금 문제에 부딪히자, 루스벨트는 남극탐험 기념우표를 직접 디자인하고 발행하여 리처드 버드의 탐험 자금 조달을 돕기로 했다. 그는 미국 우정국에 이 기념우표가 붙은 편지를 미국의 남극기지인 리틀 아메리카Little America로 보낸 후 스탬프를 찍어 다시 보내달라고 요청했다. 우표수집가답게, 루스벨트는 우표수집가들이 남극기지의 소인消印이 찍힌 남극탐험 기념우표를 사기 위해 아낌없이 주머니를 열어줄 거라고 예측한 것이다. 그는 리틀 아메리카 기념 소인이 찍힌 봉투를 53센트에 판매했다. 그 중 3센트는 우표 가격, 나머지 50센트는 '소인 비용'이었으며, 모두 리처드 버드의 남극탐험을 후원하는 데 사용했다.

우표에 취미가 없었던 리처드 버드는 이런 고단수의 모금방법을 생각해내지 못했다. 그는 프랭클린 루스벨트에게 깊은 감사의 말을 전했고, 루스벨트는 이에 대한 보답으로 리처드 버드에게 탐험에서 돌아오는 길에 소인이 찍힌 편지봉투를 가져다 달라고 부탁했다.

프랭클린 루스벨트와 같이 위대한 인물들은 세계의 이목을 끄는 성과 외에도 자신의 취미와 흥미를 가지고 있었다. 이런 취미와 흥미는 업무로 인한 엄청난 스트레스를 해소할 뿐만 아니라, 마음을 다스리도록 도와 생활에 즐거움을 불어넣는다. 윈스턴 처칠을 그 예로 들 수 있다. 그는 20세기에 가장 중요한 정치 지도자 중 한 명인 동시에, 화가로도 활동하면서, 노벨 문학상까지 수상했다. 흥미는 자기 자신의 전반적인 발전은 물론 학업과 사업적인 성공도 돕는다. 또한 그 밖에도 더 많은 생활의 즐거움을 누리도록 해준다. 그렇기 때문에 하버드는 학생을 모집할 때 그들의 내적인 관심 분야에 주목하고, 학생들에게 흥미에 따라 대학 과정을 안배하라고 권유한다. 하버드는 이것이 앞으로 학생들의 성공과 행복을 위해 매우 중요하다고 생각한다.

대학은 인생에서 제일 중요한 단계다.
입학 첫날부터 4년간의 대학생활을 정확히 인식하고 계획을 세워라.
― 이노베이션 웍스Innovation Works 창업자 리카이푸 李開復

나는 대학 과정을 좋아했다.
내가 자퇴를 선택한 이유는
하버드가 나에게 맞지 않아서가 아니라,
MS를 이끌면서 순식간에 변화하는 발전의 기회를 잡기 위해서였다.
― 빌 게이츠

당신의 삶에 의미와 가치를 부여하고
당신이 충만함을 느낄 수 있는 사업을 찾아라.
그러면 매일 아침 침대에서 일어날 때마다
하루에 대한 기대감으로 가득 찰 것이다.
― 스티브 잡스

학교는 자신의 사업을
준비하는 곳

■ 1973년, 영국청년 콜레트는 자신의 노력으로 하버드에 입학했다. 입학 첫날 그는 이곳에서 뛰어난 성과를 만들어 내리라 조용히 다짐했다. 그는 학교에서 종종 수업을 함께 듣는 열여덟 살짜리 미국 남학생과 자주 어울려 토론하며 급속도로 친밀해졌다. 눈 깜짝할 사이에 2학년이 되었고, 어느 날 이 미국인 친구가 콜레트에게 갑작스러운 제안을 했다. "나한테 좋은 아이디어가 있는데, 같이 학교를 자퇴하고 32Bit 재무프로그램을 만들어 보자. 새로 편찬된 교재에 십진법 루트 변환 문제가 해결되었다고 나와 있는데, 같이 소프트웨어 회사를 차려보는 거야. 내가 다른 사람들이랑 이야기해보고 살펴보니, 앞으로 20년이 컴퓨터 소프트웨어 발전의 황금시기가 될 거야. 기회를 잡아

서 이 분야에서 일을 해보자. 지금이 창업을 위한 절호의 기회야."

친구의 이야기를 들은 콜레트는 매우 의아했다. 자신은 학교를 자퇴하고 사업을 할 생각을 해본 적이 없을뿐더러, 지식을 쌓기 위해 들어온 학교를 어떻게 창업하자는 말 한마디에 바로 자퇴할 수 있는지 이해가 되지 않았던 것이다. 또한 졸업 후에 창업을 고려해보는 편이 성공의 기회도 더 많아질 것이라고 생각했다.

콜레트는 미국인 친구에게 "우리가 하버드에 온 목적은 공부이지 놀기 위해서가 아니야. 나는 학교에서 더 열심히 공부해서 앞으로 졸업 후에 높은 연봉의 안정적 일을 찾는 게 우리가 가야할 길이라고 생각해. 게다가 모스박사가 Bit 시스템을 다 가르쳐 주지도 않았는데 Bit 재무프로그램을 개발하는 건 불가능해."라고 이야기하며 그의 제안을 완곡하게 거절했다.

집에 돌아온 후, 콜레트는 다시 한 번 찬찬히 생각해 보았다. 어쨌든 그도 졸업 후에 자신만의 사업을 해보고 싶기도 했고, 친구의 말이 아예 일리가 없는 것도 아니었다. 하지만 자신이 하버드에 온 목적을 생각하니 학업을 우선적으로 열심히 수행하고, 창업은 졸업 후에 다시 생각해 보는 게 옳다는 결론에 다시 도달했다.

결국 콜레트는 하버드에 남아 공부를 계속했고, 미국인 친구는 정말로 하버드를 떠나 자신의 꿈에 몸에 던졌다. 10년 후, 콜레트는 열심히 공부하여 하버드 컴퓨터 Bit 분야의 박사과정생이 되었고, 자퇴를 선택한 미국인 친구는 그해 미국 〈포브스〉가 선정한 백만장자 순위에 이름을 올렸다. 1992년 콜레트가 박사학위를 받았을 때, 미국인 친구의 개인자산은

눈덩이처럼 불어나 있었다. 그는 월스트리트의 거물 워렌 버핏의 뒤를 이은 미국의 2대 부호가 되었다.

1995년 콜레트가 32Bit 재무프로그램을 개발할 수 있을 만큼 충분한 학식을 쌓았다고 생각했을 때 그의 친구는 Bit 시스템을 훨씬 뛰어넘어 1천 500배나 더 빠른 EIP 재무 프로그램을 개발했고, 이 프로그램은 2주 만에 전 세계 시장을 장악했다. 그리고 그해 그는 세계최고의 갑부자리에 올랐다. 콜레트의 이 미국인 친구는 바로 빌 게이츠다.

대학생활에 대한 서로 다른 인식과 계획으로 콜레트와 빌 게이츠는 완전히 다른 길을 걸었다. 콜레트는 하버드에서 '바깥세상 일에 귀를 닫은 채 교과서에만 몰두하여' 공부했다. 그는 학교를 다니는 목적은 지식을 배우기 위함이며, 창업은 졸업 이후에 다시 생각해 볼 일이라고 생각했다. 대학생활에서 공부가 최우선이었던 그는 거의 20년간 학교에 있으면서, 컴퓨터 분야의 석사와 박사학위를 받았다. 그런 그가 32Bit 재무 프로그램을 개발하기에 충분한 지식을 쌓았다고 스스로 생각했을 때 그 프로그램은 이미 시장에서 도태되어 있었다.

반면 빌 게이츠는 자신의 사업을 준비하기 위해 하버드에 입학했다고 여기며, 자신을 학생이 아닌 '창업자'라고 생각했다. 그는 언제나 기숙사에서 다른 학생들과 컴퓨터 업계의 미래에 대해 토론했다. 종종 캠퍼스 내 커피숍에서 폴 가드너 앨런Allen과 함께 구운 소시지와 파이를 먹으면서 소프트웨어 회사에 대해 논의하곤 했다. 수업이 끝난 후 시간이 날 때면 그는 지식에 굶주리고 목마른 사람처럼 마케팅 관리와 관련된 책으로 상법商法을 연구하면서 기업경영의 지식을 쌓았다. 그렇게 하버드 대학교 컴퓨터실에서 빌 게이츠와 폴 가드너 앨런의 MS 첫 작품이 탄생했다. 마이크로소프트를 발전시키기 위해 빌 게이츠는 과감하게 자퇴를 선택했다. 그가 중요하게 생각한 것은 하버드가 제공하는 창업 플랫폼이었지, 명문대 졸업장이 아니었다.

빌 게이츠의 성공은 사업을 준비하는 곳으로서 학교의 역할을 잘 설명해 준다. 대학에서 어떤 공부를 하든지, 앞으로 어떤 일을 하게 되든지 간에, 공부만을 위한 공부가 아니라 사업을 위한 공부를 해야 함을 명심해야 한다. 학교 안에서 다른 학생들이 책상 앞에 머리 박고 공부만 하거나, 인터넷 게임에 빠져 과도하게 오락만 하고 있을 때 우리는 스스로를 각성하고 미래의 사업을 위한 적극적인 준비를 해야 한다. 우리도 다음과 같은 방법을 통해서 학교 안에서 사업을 준비할 수 있다.

- 모의 창업계획서를 작성하라

성공한 많은 기업들도 모두 창업계획서 한 장에서 시작했다. 다른 사람에게 창업 계획에 대해 이야기하기를 망설이지 마라. 토론을 많이 할수록 계획도 더 완벽해지고, 뜻이 맞는 파트너를 찾는데도 도움이 된다. 만약 빌 게이츠와 폴 가드너 앨런이 반복적으로 토론하지 않았다면, 마이크로소프트도 탄생하지 못했을 것이다.

- 창업 파트너를 찾고, 팀을 꾸려라

창업은 파트너와 팀이 필요하다. 빌 게이츠도 폴 가드너 앨런의 도움이 있었기에 성공적으로 창업할 수 있었다. 동기나 친구들 중에서 같이 창업할 수 있을 만한 사람을 찾아보라. 그들과의 의견 충돌과 상호 격려가 성공적인 창업을 위한 핵심요소가 된다.

• 창업 희망 업종을 파악하라

업종을 파악하는 것은 성공적인 창업을 위해 빠져서는 안 될 조건이다. 과외 여가 시간을 활용하여 관련 업종에 대해 적극적으로 공부하고, 인터넷과 도서관, 혹은 전문가 자문 등의 방법을 통해 미래에 창업을 희망하는 업종을 파악해라.

• '앞으로 설립하고 싶은' 회사에 입사하라

만약 기회가 된다면 '앞으로 설립하고 싶은' 회사에 입사해서 회사의 운영방식과 성공 노하우를 실제로 배워보라. 청쿵그룹의 리자청李嘉誠은 창업을 할 때 이탈리아 동종업계 회사에 취업해 유럽까지 가서 관련 업무를 '어깨 너머' 배웠다.

앞에서 언급한 내용 외에도 학교 안에서 여러 가지 방법으로 자기 사업을 위한 준비를 할 수 있다. 그 중에서도 사업가 마인드가 가장 중요하다. 모든 사람은 자기 인생에 대한 '창업자'이고, 학생 시절은 가장 큰 잠재력과 창조력을 가진 시기이다. 그런 만큼 자신의 사업을 일찍 찾을수록 빨리 준비할 수 있고, 다른 사람들보다 일찍 성공할 가능성도 높다.

자신이 하고자하는 사업을 최대한 빨리 찾고, 그것을 이루기 위해 노력하라. 훨씬 충만하고 멋있는 청춘과 삶이 당신 앞에 펼쳐질 것이다.

성공하고 싶다면 다른 사람이 이미 밟은 성공의 길이 아닌,
새로운 길을 따라 나아가야 한다.
―존 록펠러

한 사람에게 창의력이 있는가 하는 여부는
최고의 인재와 삼류 인재를 결정하는 기준이다.
―하버드 임 총장 나단 푸시Pusey

호기심과 순수한 탐구욕을 원동력으로 삼지 않으면
사회와 인류에 거대한 가치를 가져다주는 발명을 창조해낼 수 없다.
―하버드 전 총장 닐 루덴스타인Rudenstine

당신의 창의력을
주변에 알려라

■ 하버드는 사례분석과 토론의 강의방식으로 학생들의 창의력을 높여줄 뿐만 아니라, '하버드 혁신연구소 I-Lab, Harvard Innovation Lab'를 설립하고, 캠퍼스 창업 인큐베이터를 만들어, 학생들에게 창업 훈련을 제공한다. 학교는 이를 통해 학생들이 강의실 밖으로 나가 빌 게이츠, 주커버그, 스티브 잡스와 같이 혁신적인 창업인재로 거듭나기를 바란다.

2011년 하버드대에 설립된 혁신연구소는 창업 인큐베이터로, 하버드의 학생 창업 그룹을 위해 사무 공간, 지도교수의 지도, 정보교류 및 각종 자원 등을 지원해주는 프로그램이다. 혁신연구소는 기업, 비영리단체, 창업자 및 교내 대학 등 기관의 토론 진행과 계획 실현을 위해 개방

되어 있다. 바튼홀Batten Hall 1층에 자리 잡고 있는 하버드 혁신연구소 안에는 커피숍과 24시간 개방된 공공 모임 장소가 있다. 홀 안에는 현지 예술가들의 작품이 가득 걸려있고, 화이트보드 역할을 하는 기둥과 나란히 놓인 밝은 빛의 노란 의자가 있다. 하버드 혁신연구소 책임자 고든 존스Jones는 이곳을 "유연한 공간"이라고 표현했다. 그는 "초월적 사고는 책상 앞에 앉아서 이루어지지 않습니다. 비전통적 공간에서 초월적인 사고가 가능한 것은 뇌가 여러 가지 독특한 방식으로 사고를 시작하기 때문입니다."라고 말했다.

혁신연구소는 학교 안에서 창업의 꿈에 굶주린 학생들에게 좋은 창업 플랫폼을 제공한다. 이를 이용하는 학생들은 교과공부와 학술연구를 할 수 있는 공간을 확보하고 공동 작업을 통해 프로젝트 개발을 진행할 수 있다. 그 외에도 혁신연구소는 매사추세츠 주의 소기업 발전센터 네트워크 등 일부 지역 상인회에서 제공하는 일대일 방식의 개인지도나 지도교수 방식의 훈련과 토론회 방식의 지원을 받기도 한다.

하버드 총장 드루 길핀 파우스트Faust는 하버드를 자퇴한 페이스북 설립자 주커버그가 학교를 방문하여 혁신연구소를 본 후 만일 자신이 재학 중에 이러한 시설이 있었다면 아마 한참 동안 연구소에 빠져 살았을 거라고 말했다고 전했다. 하버드에 혁신연구소가 생긴 후에는 빌 게이츠나 주커버그처럼 가슴에 창업의 꿈을 가진 학생들은 학교 안에서 자신만의 사업을 시작할 수 있게 되었다.

하버드 교육대학원을 졸업한 궈자오郭姣 박사는 하버드 혁신연구소에 대한 경험을 이렇게 묘사했다. "2011년 12월 8일 저녁, I-lab(혁신연구소)

에는 7개 팀이 모여 각 팀 별로 자신들의 창업프로젝트를 5분씩 소개했다. 일반적인 창업대회와 같지만 상금도 평가도 없는 한 학부 과정의 학기말 성과를 보여주는 발표였다. 팀 별로 문제 해결에 대한 열정, 서로 다른 학과에서 모은 지식과 기술, 그리고 3개월 간 최선을 다해 만들어낸 성과를 보여주었다.

사실 교육에 종사하는 한 사람으로서 그 활동을 지켜보면서 수업을 통해 창업을 배울 수 있을까 하는 의문이 있었다. 발표가 시작되기 전 담당교수가 강의구성에 대해 간략하게 고시했다. 처음 2주는 '문제 찾기' 주간이었다. 아이티^{Haiti} 농민을 돕는 망고 운반하기, 의사를 도와 냉동백신의 효력 상실 여부 판단하기, 독거노인들과의 대화와 마음 나누기, 미루는 버릇 극복하기 등 각양각색의 문제가 놓여 있었다. 강의를 선택한 학생들의 나이, 성별, 개인 이력 등을 고려해 볼 때 이러한 문제선택이 이상해 보이지는 않았다.

'독거노인과 대화하기'를 '해결해야 할 문제'로 선택한 팀의 핵심 멤버 두 명은 1학년 신입생으로, 요양원에서 자주 자원봉사를 한 경험이 있었다. 그들은 노인들이 정서적으로 직접적인 감정을 더 많이 느끼고 싶어한다고 느꼈고, 그래서 노인이나 외로움을 느끼는 사람들이 대화 상대를 찾을 수 있는 휴대전화 어플리케이션을 개발하기로 결정했다. 이 어플리케이션은 큐큐^{QQ}처럼 다양한 아바타를 선택할 수 있어 상대방에게 지금 자신이 어떤 기분인지, 버스정류장처럼 자신이 어디에 있는지, 또는 시험 등 자신의 계획을 알릴 수 있다.

심리학자인 담당교수는 '문제 찾기' 단계에서 개개인의 경험이 매우 중요한 역할을 한다고 말했다. 문제에 대한 동감이 있어야만 '한 번에 결정'할 수 있고, 일사천리로 사람들의 마음을 사로잡을 수 있기 때문이다.

해결해야 할 문제를 찾으면 팀을 결정해야 한다. 이 과정에서는 의견이 일치하면서 상호 협력이 가능한 사람을 찾아야 한다. 쉽게 말하자면, 당신의 아이디어를 좋아하고, 문제제기를 잘하며, 아침부터 저녁까지 함께 있을 수 있는 사람을 찾아야 하는 것을 의미한다. 창업한 사람들에게 매주 몇 시간 일을 했는지 물어보면 최소 80시간에서 최대 120시간까지 답할 정도로, 사람을 찾는 이 단계는 매우 중요하다. 창업 파트너는 한밤중에라도 피자 한 판을 들고 찾아와 '나한테 좋은 생각이 있어!'라고 말하며 문을 두드릴 수 있는 사람이어야 한다."

하버드 혁신연구소에서 진행되는 창업과정을 보여주는 위의 내용은 창업에 대한 기본적인 틀을 이해할 수 있게 한다. '문제 찾기' 단계는 기업의 핵심 업무와 발전 전략을 확인하는 과정이고, '팀 결성'은 기업 설립 시 초창기 멤버를 구성하는 과정이다. 강의실에서 몇 시간 발표한 내용은 학생들이 강의실 밖에서 3개월 동안 열심히 뛰어다닌 노력의 결과다. 이 기간 동안 그들은 창업프로세스에 익숙해지고 자신의 지식을 실제 창업에 어떻게 응용할 수 있는지 배운다. 그리고 팀을 꾸려 협력하는 과정을 통해 관리능력과 리더십을 키우게 된다.

하버드는 혁신연구소를 통해 학생들의 창의력과 창업을 접목하고자 한다. 창의력을 가진 사람은 좋은 아이디어뿐만 아니라, 자신의 아이디어를 현실화하고 이를 통해 창업을 성공으로 이끌 수 있다.

• 상상력을 키워라

앞서 밝혔듯이, 하버드는 학업 성적 외에도 호기심, 창의성과 같은 능력을 고려하여 입학을 결정한다. '모든 창조적인 노동은 창조적인 상상에서부터 시작된다'는 아인슈타인의 말처럼 상상력이 없다면 인류는 그 무엇도 창조하지 못했을 것이다. 그렇다면 우리의 상상력은 어떻게 키울 수 있을까?

1. 자신의 상상력을 효과적으로 단련시키기 위해서는 이해하지 못하는 사물의 세부사항을 상상하는 방법을 활용할 수 있다. 예를 들어, 대략적인 줄거리만 알고 있는 이야기가 있다면, 세부 스토리를 최대한 구체적으로 상상하여 이야기에 뼈와 살을 붙이고 생동감을 불어넣어 완벽한 이야기로 재탄생시킨다.

2. 상상력이 필요한 시합이나 게임 활동에 참가하면 상상력의 향상과 단련에 도움이 된다. 그 외에도 영화, TV 프로그램, 만화 같은 문예 작품을 자주 접하면 효과적으로 상상력 훈련을 할 수 있다.

3. 아이와 같은 상상력을 유지하라. 사회적 관념에 영향을 받거나 속박되지 않은 아이들은 대체로 상상력이 풍부하다. 하지만 점차 나이가 들고 생활을 하면서 각종 '규칙'을 배우는 과정을 통해 천성적으로 타고났던 풍부한 상상력이 점차로 쇠퇴한다. 스페인의 유명화가 파블로 피카소가 "모든 아이들은 예술가다. 문제는 그들이 성장

한 이후에도 어떻게 여전히 예술가로 남아있을 수 있는가 하는 것이다."라고 한 말도 이와 같은 맥락에서다. 상상력이 뛰어나지 않다고 생각한다면, 총명하고 영리하며 상상력 넘치는 아이들과 자주 만나라. 꽤 많은 가르침을 받을지도 모른다.

4. 우뇌를 훈련하라. 1981년 로저 스페리Sperry는 인간의 대뇌가 각기 다른 기능을 하는 좌우, 두 개의 대뇌반구로 이루어졌다는 사실을 발견하여 노벨상을 받았다. 로저 스페리의 연구 결과에 따르면 우리의 좌뇌는 논리·선형 처리력·분석적 사고를 담당하고, 우뇌는 상상력·창조력과 충동적 사고를 관장한다. 이렇게 좌뇌와 우뇌가 관장하는 영역은 다르지만, 둘은 상호보완적으로 작용한다. 예를 들어, 우리가 어떤 사람을 생각할 때 우뇌는 그 사람의 얼굴을 떠올리고, 좌뇌는 그의 이름을 생각한다.

대학에 입학하기 전에 우리가 고등학교에서 받는 교육은 주로 배웠던 사실을 암기하여 시험지에 답을 쓰는 등의 좌뇌 활동 위주였고, 창의력이나 상상력에 해당하는 우뇌는 거의 사용하지 않았다. 그 결과 우뇌보다 좌뇌가 훨씬 발달하게 되었기 때문에 자신의 상상력을 키우고 싶다면 우뇌를 더 많이 사용해서 발달시켜야 한다.

- 전통의 속박에서 벗어나라

애버트 로렌스 로웰 전 총장은 "현재는 '자신만의 세계'를 그 어떤 때보다 훨씬 쉽게 세울 수 있습니다. 기존 전통의 제약도 훨씬 덜 받고, 새로운 사상을 더 쉽게 받아들이고, 새로운 길로 더 쉽게 나아갈 수 있습니다. 문명의 진화에 최전방에 서있는 사람은 대중에 따라 이리저리 흔들리며 따라가는 사람이 아닙니다."라고 했다. 새로운 기술과 환경, 그리고 새로운 방식을 직면하고 있는 젊은이들은 자신의 시야를 넓히고 전통이라는 속박에서 벗어날 수 있어야 한다. 수많은 혁신의 성과들은 오랜 전통을 깨뜨리는 가운데 탄생했다.

- 진보는 혁신의 전제조건

혁신은 어느 정도의 위험을 부담해야 하고 때로는 실수를 범할 수도 있다. 하지만 혁신의 본질은 성장이고, 진보를 전제로 해야 한다. 혁신을 위한 하나의 원칙은 더 잘할 수 있다고 확신하기 전까지 그 어떤 것도 전복시키지 말라는 것이다.

- 창의력만 있다고 혁신은 아니다

"두 명의 화가 중 한 명은 당신에게 그가 가진 그림의 절묘한 구상을 이야기해 주지만 펜을 들고 그림을 그리지는 않는다. 또 다른 한 명은 똑같은 구상을 가지고 있지만 자신의 구상을 화폭에 그려낸다. 당신은 당연히 후자가 풍부한 창의력을 가진 위대한 화가라고 말하고, 전자에 대해서는 그저 말만 하는 화가라고 할지도 모른다."

이 이야기는 혁신에 대한 〈하버드 비즈니스 리뷰〉지에 실린 내용 가운데 일부이다. 이 글은 우리가 항상 많은 생각을 하고 있지만, 그것을 현실로 옮기는 행동력이 부족함을 지적한다. 창의력은 현실로 실현될 때 비로소 혁신이 된다. 창의력을 발달시키라고만 하고, 그것을 실천에 옮기라고 권하지 않는 것은 무책임한 방법이다. 이것은 혁신의 결실은커녕 회사를 궁지로 몰아넣을 수도 있다. "우리에게 부족한 것은 상상력이 아니라, 오히려 상상력을 현실로 만드는 실행력이다. 비즈니스이든 예술·과학·철학·정치·애정·전쟁 등의 분야이든 간에 창의력은 제 스스로 현실로 변하지 않는다. 창의력을 현실로 바꿀 수 있는 주체는 사람밖에 없다. 우리에게 부족한 것은 바로 심오한 지식과 넘치는 열정, 남들보다 먼저 도전하는 정신, 끈기와 인내를 품은 창의력을 실천으로 옮길 수 있는 사람이다."

따라서 혁신적 아이디어를 낼 때 다른 사람을 움직이게 할 창의적인 아이디어도 필요하지만, 그것을 어떻게 실현시킬 것인가 하는 문제 역시 심각하게 고민해 보아야 한다.

- 마이크로 이노베이션 Micro Innovation

1908년, 하버드에 경영대학원이 막 개설되었을 때만 해도 지금처럼 화려하기보다는 오히려 복잡하고 어수선했다. 설립된 후 몇 년 동안 하버드 경영대학원은 하버드대학교 및 전체 비즈니스 업계에서 그들의 특별한 위치를 증명하기 위한 돌파구를 끊임없이 모색했다.

에드윈 프랜시스 게이Gay 교수가 추진한 '마이크로 이노베이션'은 하버드 경영대학원에 혁명과 같은 영향을 미쳤다. 그것은 일종의 사례 교수법으로, 100여 년이 지나면서 이 작은 무기를 내세운 하버드 경영대학원의 이름은 점점 빛나기 시작했고, 오늘날 하버드 MBA는 '세계 금융 엘리트 멤버십'이라 불리게 되었다. 에드윈 프랜시스 게이 교수가 추진한 이 작은 움직임은 대대적인 혁신도 아니었고, 높은 진입 장벽을 갖춘 것도 아니었다. 그렇지만 '사례교수법'이라는 핵심적인 경쟁력을 바탕으로 하버드 경영대학원은 100년간 '아주 작은 혁신'을 추진하면서도, 넘볼 수 없는 진입 장벽을 구축했다. 이 사례를 통해 '마이크로 이노베이션'은 혁신이란 기존의 것을 완전히 뒤엎는 것이 아니라, 핵심적인 요소에 약간의 변화를 가미해서 놀랄만한 성과를 만들어내는 것임을 보여준다.

존 록펠러는 젊은 시절 한 석유회사에서 근무하며, 기존 용접기에 비해 용접제를 한 방울 더 적게 쓰는 '38방울형 용접기'를 개발했다. 회사는 그의 혁신을 아주 높게 평가했고, 얼마 지나지 않아 38방울형 용접기를 생산하여 실제 업무에 사용했다. 비록 용접제 한 방울을 절약한 것이었지만, 그 '한 방울'로 회사는 매년 5억 달러의 새로운 이윤을 남길 수 있었다.

- <u>혁신은 생활에서 비롯된다,
  평소 생활에 관심을 가져라</u>

대다수의 혁신은 생활에서 비롯된다. 혁신력을 높이고 싶다면 평소 일상생활에 관심을 가지고 관찰하라. 하이멘 립먼Lipman은 고만고만한 실력을 가진 가난한 화가였다. 그는 평소 이것저것 잘 잃어버리곤 했는데, 그림을 그릴 때에도 예외는 아니었다. 연필을 찾고 나면 지우개를 어디에 놓았는지 잊어버리자, 그는 작은 쇳조각을 이용하여 연필 위에 지우개를 고정시켰다. 이렇게 그의 손에서 지우개 달린 연필이 탄생했다. 그가 특허를 신청한 후 한 연필 회사는 55만 달러에 그의 발명품을 샀다.

우리는 작은 노트와 볼펜, 연필을 가지고 다니면서 일상생활 중에 떠오른 영감과 창의적인 아이디어를 언제든지 기록할 수 있다.

하버드에서 공부하고 일한 적이 있는 천문학자 칼 세이건Sagan은 영감을 기록하는 자신만의 방법이 있었다. 그는 영감을 '마음의 문을 두드리는 소리'라고 표현하며, 어디를 가든지 간에 녹음기 한 대를 늘 들고 다니며 매일 이 '마음의 문을 두드리는 소리'를 들으면 바로 기록했다. "문을 두드리는 소리는 공손히 찾아오기도 하고, 다급하고 오랫동안 들리기도 합니다. 결국 저는 비행기에 앉은 것과 같은 흥분 상태의 격정적인 마음에 사로잡혀 '마음의 문을 두드리는 소리'를 듣지요."라고 그는 말한다.

창의력을 수집하고 모아놓는 장소를 마련하여, 그 성격에 따라 분류하는 자신만의 '싱크탱크'를 만들 수도 있다. 싱크탱크는 문서 파일의 형태일 수도 있고, 빈 신발 박스나 책상 서랍이 될 수도 있다. 좋은 생각이 떠오를 때마다 그것을 어떠한 형태로든 간에 기록하여 자신만의 싱크탱크에 넣어둔다면, 훗날 모든 준비를 끝내고 진지한 고민을 시작해야 할 때 버팀목이 되어 줄 것이다.

실패와 일시적인 좌절 사이에는 큰 차이가 있다.
이 차이를 이해하는 사람만이 미래에 성공할 수 있다.
— 애버트 로렌스 로웰

실패는 내 마음에 평온함을 주었다.
이것은 시험을 순조롭게 통과했다고 얻을 수 있는 게 아니다.
실패는 나를 알게 한다. 이는 다른 곳에서는 배울 수 없는 것이다.
— J. K. 롤링

좌절도 공부다

■ 2008년, J. K. 롤링은 하버드대학교의 요청으로 졸업 연설자로 나섰다. 그녀는 연설에서 '실패가 주는 의외의 이점'에 대해 이야기했다.

"내가 여러분 나이였을 때 가장 두려워했던 것은 가난이 아니라 실패였습니다. (……) 제가 말하고 싶은 것은 여러분이 아직 젊고, 똑똑하며, 우수한 교육을 받은 만큼, 진정한 고난과 어려움을 아직 겪어보지 않았다고 생각한다는 것입니다. 하버드를 졸업한다는 것 자체가 여러분이 실패에 익숙하지 않다는 것을 말해준다고 생각합니다. (……) 그런데 왜 제가 실패의 이점에 대해 이야기하려고 할까요? 실패는 불필요한 것을 제거하는 과정으로, 자신을 더는 속이지 않고 본인 스스로에게 충실해져 일을 완성하는데 몸과 마음을 모두 쏟을 수 있게 합니다. 만일 제가 이전에 다른 분야에서 성공했더라면 진정으로 자신 있어 하는 이 분야에 뛰어들 결심을 하기란 영영 불가능했을 겁니다. 실패를 통해 저는 다시 자유를 얻었습니다. 제가 가장 두려워하던 일이 벌어졌지만, 저는 여전히 살아있고, 귀여운 딸이 있으며, 오래된 타자기와 위대한 구상을 갖고 있었기 때문입니다. 제가 떨어져 있던 깊고 깊은 그 골짜기가 앞으로의 삶을 위한 두터운 기반이 되었습니다. (……) 실패는 마음의 평안함을 주었습니다. 이것은 시험에 순조롭게 통과했을 때 얻을 수 있는 게 아니었습니다. 실패는 다른 곳에서는 배울 수 없는 나 자신을 알게 했습니다. 제게는 강한 의지가 있었고, 제가 생각했던 것보다 훨씬 더 강한 자기 통제력과 보석보다 더 귀한 친구들이 곁에 있음을 발견할 수 있었습니다. 좌절 중에 배운 지식이 지혜롭고 실용적일수록, 앞으로의 삶을 더욱 안전하게 해줍니다. 고난을 겪지 않고서는 진정으로 자신을 인식할 수 없고, 여러분과 주변 사람들 사이의 관계가 얼마나 가까운지 알 수 없습니다. 이러한 배움이야말로 여러분이 그동안 취득한 그 어떤 자격증보다 훨씬 중요한, 진정한 선물입니다. 왜냐하면 고난을 통해 얻은 것이기 때문이니까요."

J. K. 롤링은 좌절을 통해 진정한 자아를 발견했다. 그 자아를 지키며 자신이 속한 분야에 스스로를 던질 수 있었다. 좌절을 통해 그녀는 자신의 가치를 알았고, 스스로도 놀랄만한 자아통제력을 발견했으며, 이 모

든 것이 '그 어떤 자격증보다 귀한 경험'이 되었다. 인생의 밑바닥을 경험해보았기 때문에 그녀는 전 세계를 휩쓴 『해리포터 Harry Potter』 시리즈를 창작할 수 있었고, 세계적인 열풍을 일으키며, 가장 부유한 여류작가로 우뚝 설 수 있었다.

애버트 로렌스 로웰 전 하버드 총장은 다음과 같이 말했다. "실패의 이유를 아는 사람에게 실패는 자산이 됩니다. 젊은이들이 언제나 자신의 능력이나 기회가 최대로 작용하는 곳에서 출발하는 것은 아니죠. 오히려 생각지 못한 장애물이 항상 길을 막고 있을지도 모릅니다. 대부분의 사람들이 실패를 겪고 심지어 연달아 실패할 때도 있지만, 가끔은 가장 실패한 사람들이 제일 성공하는 경우도 있습니다. 웅대한 포부를 가진 사람들의 삶은 실패로 가득 차 있지만, 이 실패들이 합쳐지면 결국은 성공을 만들어 냅니다. 실패와 일시적인 좌절 사이에 존재하는 큰 차이를 이해하는 사람만이 나중에 성공할 수 있습니다."

• 감사하는 마음을 유지하라

감사하는 마음은 모든 일을 포용하고 즐기는 태도를 갖게 한다. 좌절과 직면할지라도 적극적인 측면에서 이를 바라볼 수 있다. 스티븐 추 Chu 는 이렇게 말했다. "부모님과 지지해준 친구들에게, 그리고 당신을 일깨워준 교수님들에게 감사하십시오. 쉽지 않은 강의를 통해 여러분 스스로 공부하게끔 해준 교수님께 감사드리십시오. 이러한 자가 학습 능력은 인문교육에서 결코 빠져서는 안 되는 것으로, 앞으로 성공의 핵심요소가 될 것입니다. 그리고 밤을 새우며 함께 이야기했던 여러분의 동기들을 안아주고 서로 고맙게 생각하십시오. 그들로 인해 여러분의 교육에 계산할 수 없는 가치가 더해졌기 때문입니다. 그리고 당연히 하버드대학에 감사하십시오. 만약 여러분이 하버드에 대한 감사를 잊었다 하더라고 동기들이 일깨워줄 겁니다."

- 유머로 좌절을 상대하라

조지프 마틴Martin 전 하버드 의대 학장은 유머를 일종의 능력으로 간주하여 이를 HQ(Humanity Quotient, 유머지수 - 옮긴이)라고 했다.

'HQ'는 사물에 대한 일종의 통찰력으로, 사물 간에 발생하는 흥미로운 관계를 바라보고 생활 속에서 발생하는 황당한 일이나 잘못, 또는 결점을 선의의 풍자로 나타내며, 자조적 행위로 타인에게 활력과 매력, 용기와 희망을 담은 밝은 분위기를 주는 것을 말한다. 또한 HQ는 어려운 상황을 얼마나 빠르게 회복하는가 하는 능력이다. '마음껏 소리 높여 노래 부르는 사람은 불행과 재앙을 떨쳐버릴 수 있다'는 서양 속담도 HQ를 설명한다.

하버드 경영대학원 하워드 스티븐슨은 유머로 좌절을 대한 사람이다. 한 번은 그가 교내에서 급작스러운 심정지로 쓰러져 정성껏 깎아 놓은 잔디밭 위에서 영원히 잠들 뻔한 적이 있었다. 그는 이 사건에 대해 다음과 같이 말했다. "쓰러지면서 제일 먼저 든 생각은 '망했다, 내가 제일 아끼는 양복이 더러워지겠군!'이였어요. 그러고 나서, 병원에서 저를 구하기 위해 사용하는 온갖 의료장비를 보면서 작년에 병원 자선활동을 많이 한 것이 참 다행이라는 생각이 들었습니다. 사람들의 말에 따르면 제가 쓰러지던 순간 무의식 상태였다고 하니, 무언가에 대해 아쉬워할 시간조차 없었다고 말할 수 있겠네요." "세상을 떠날 수도 있었는데 이번 생애에 아쉬운 일이 떠올랐다고요?" 제자 에릭이 병문안을 와서 한 질문에 스티븐슨이 한 대답은 이렇다. "아니. 나는 내 삶에 만족을 느꼈네."

• 새롭게 시작하는 용기

미국 토크쇼의 여왕 오프라 윈프리Winfrey는 하버드에서 한 연설 중 "세상에 '실패'란 존재하지 않습니다. 단지 우리를 다른 길로 접어들게 하는 것일 뿐입니다. 실수를 통해 교훈을 얻기 때문에 한 번의 경험, 특히 여러분이 저지른 실수가 여러분을 돕고, 더 나은 자신이 되도록 해줄 것이다. 갑자기 '고난은 그저 잠시일 뿐'이라는 오래된 찬송가의 한 구절이 생각나네요. 내가 겪는 이 복잡하고 어수선함 또한 결국에는 끝나는 날이 있습니다. 지금 이 인생의 한 장을 잘 넘기면 일어설 수 있으리라 생각합니다."고 말했다.

우리는 좌절을 통해 교훈을 얻는다. 좌절의 결과에 얽매이지 말고, 좌절이라는 인생의 한 페이지를 넘기고 일어나서 새로운 여정을 시작하라.

• 인생에는 약간의 '몰두'가 필요하다

한 하버드 총장은 '하버드는 어떤 학생을 가장 원하는가?'라는 질문에 잠시 깊은 고민에 빠졌지만, 곧 '몰두'이라는 단어를 꺼냈다. 그는 신입생 입학 면접 때마다 학생들에게 지난 20년이 안 되는 시간 동안 가장 '몰두'해서 했던 일이 무엇이었는지 구체적으로 묻는다.

수많은 노벨상 수상자들과 인터뷰를 하고 그들의 이야기를 들었던 한 기자는 성격, 말투, 가정환경, 분야 등이 모두 다른 학생들은 공통으로 동일한 특징, 또는 동일한 과정을 경험했음을 말한다. 바로 스스로 의미 있다고 생각하는 일을 포기하지 않고 파고드는 '몰두'다.

오바마 대통령은 삶의 의미를 쫓아 몰두한 결과 거리의 '양아치'에서 미국 최고의 대학 하버드에 진학할 수 있었다.

2000년, 이미 일리노이 주 의원을 두 번이나 역임한 오바마는 미국 상원의원 선거에 출마하고 싶었지만, 민주당 경선에서 바비 러시Rush에게 패하고 말았다. 시카고대학교의 한 교수는 이 기간 동안 오바마가 매우 지쳐 보였고, 끊임없이 담배를 피웠다고 기억했다.

당시 시카고대 법학대학원 원장이었던 대니얼 피셜Fischel이 오바마를 찾아와 그의 정치생명이 끝났음을 완곡하게 말하며 종신 교수 자리를 제안했다. 정치가나 변호사로 활동할 때보다 훨씬 높은 수입이었음에도 오바마는 이 제안을 거절했다. 그리고 2년 후, 그는 다시 상원의원 경선에 출마하기로 결심하고 시카고대학교 강의를 중단했다. 2년이 흐른 2004년, 그는 결국 승리했고 공식적으로 시카고대를 사직했다.

• 더 먼 곳에 안목을 두라

일레인 차오는 어린 학생들을 대상으로 한 연설에서 실망했던 일이 곧 성공의 길이었음을 이야기하며, 장기적 안목으로 본다면 기회를 한번 놓치더라도 더 좋은 기회가 기다리고 있음을 말해 주었다. "한때 저는 교통부 부장으로 임명될 줄 알았는데, 선택받지 못해 매우 실망스러웠던 적이 있습니다. 그래서 저는 여러분에게 최소한 이러한 교훈을 가르쳐 줄 수 있습니다. 만약 실망스러운 일을 겪게 된다면 장기적인 안목으로 바라보십시오. 현재 좋은 일이 당신에게 주어지지 않는다고 크게 실망하고 마음 상하지 마십시오. 만약 이번의 아픔을 잘 이겨낸다면, 분명히 앞으로 더 많은 좋은 기회들이 당신을 기다리고 있을 것입니다."

행복은 즐거움과 의미를 합친 것이다.
행복한 사람은 즐거움과 의미를 부여할 수 있는 분명한 목표가 있고,
그 목표를 이루기 위해 노력한다.
― 하버드대 교수이자 긍정심리학 창시자 탈 벤 샤하르Shahar

세상의 모든 인간은 각기 유일무이한 존재다.
예전에 어떤 사람이었는지는 하나님이 당신에게 준 선물이고,
앞으로 어떤 사람이 되는가는 당신이 하나님께 바치는 선물이다.
― 탈 벤 샤하르

하버드에서
행복을 쫓아라

■ '행복학'이 모두의 예상을 깨고 청강생 1위 강의인 '경제학 입문Introduction to Economics'을 제치고 2005년 하버드 최고 인기 강의로 떠올랐다. 일주일에 두 번 진행되는 '행복학' 강의에서 탈 벤 샤하르 교수는 어떻게 해야 성공하는지에 대해 이야기하지 않고, 어떻게 하면 더 즐겁고 충실하며 행복한 생활을 할 수 있는지에 대해 심도 깊지만 이해하기 쉽게 알려주었다.

그동안 사람들은 어떻게 자신의 목표를 실현할 것인가, 어떻게 경쟁에서 승리하고 더 많은 돈을 벌 것인가, 어떻게 더 나은 물질생활을 영유할 것인가와 같은 문제에만 관심을 가졌다. 아마도 자신이 행복한가에 대해서 질문한 적도 없었을 것이다. 많은 사람들에게 '행복'은 강력한 필요성을 느끼지 않는 미지의 영역에 해당하는 일로, 어찌 보면 당연한 일이다. 밥 한 끼 거르면 배고픔에 먹을 것을 찾아 이리저리 다니겠지만, 오랜 시간 행복하지 않다고 해도 그냥 버티는 것과 마찬가지다.

행복과 불행은 언제나 배부르게 밥을 먹고 나서야 고민하는 문제였다. 그렇다고 행복이 중요하지 않다는 것은 아니다. 사실 행복을 실현하기 위해서는 사람들이 최소한의 노력을 하고 학습과 일을 통해 행복을 위한 기초를 닦아야 한다. 그렇지만 많은 사람이 행복의 목표를 잊은 채 성공을 목표로 삼기 때문에 결과를 얻고 나서도 행복감을 느끼지 못한다. 다시 말해 그들은 성공을 위한 능력은 키웠지만, 행복을 느끼는 능력을 잃어버린 것이다.

바로 이 때문에 하버드에서 탈 벤 샤하르 교수의 행복학 강의가 인기일 수밖에 없었다. 그는 자신의 내적 성장 과정을 통해 행복학 강의를 진행하기로 했다. "처음 긍정심리학에 흥미를 느낀 이유는 개인적인 경험 때문이었다. 행복을 위해서는 내재적인 요소가 외적인 요소보다 훨씬 중요하다는 것을 깨닫기 시작했고, 이 학문을 연구하면서 많은 것을 얻었다. 나는 내가 배운 것을 다른 이들과 나누고 싶어 교수가 되기로 했다."

샤하르 교수는 "행복은 인생을 가늠하는 유일한 기준이자 모든 목표의 최종 목적으로, 긍정심리학은 사람들이 더 즐겁고 충실하게 생활할 수 있도록 돕는다. 행복은 학습과 연습으로 얻을 수 있다."라고 굳게 믿고 있다. 그는 하버드에 널리 퍼진 행복의 몇 가지 방법을 제시했다.

- 마음속 열정을 따르라

　마음속 열정을 따르라. 당신에게 의미가 있고, 당신을 즐겁게 하는 과목을 선택하라. 손쉽게 A학점을 받기 위해, 친구가 선택했다고, 또는 다른 사람이 들으라고 하는 수업을 선택하지 말라.

- 친구들과 함께하라

　일상 업무에 시달리지 말라. 친한 사람들과의 인간관계는 행복의 신호로, 당신을 행복하게 할 가능성이 가장 크다.

- 실패를 배워라

　성공에는 지름길이 없다. 역사상 업적을 남긴 사람들은 용감히 행동에 나서고 숱한 실패를 맛본 이들이다. 실패에 대한 두려움이 새로움을 경험하려는 당신의 발목을 잡지 못하게 하라.

- 자신을 받아들이고, 부정적인 감정을 직시하라

　실망, 번뇌, 슬픔은 사람이 갖는 감정의 한 부분이다. 이것들을 자연스러운 일로 받아들이도록 하라. 그런 후에 무엇을 할 수 있는지 자문하며, 조금 나아졌다고 느끼도록 하라.

- 생활을 간소화하라

　풍요가 반드시 좋은 것을 의미하지는 않는다. 좋은 일이 많다고 꼭 긍정적으로 작용하지도 않는다. 단순히 많은 것이 아니라, 정교함을 추구해야 한다.

• 규칙적으로 단련하라

스포츠는 생활에서 가장 중요한 일 중 하나다. 매주 최소 3회, 회당 최소 30분씩 운동하면 심신의 건강을 동시에 챙길 수 있다.

• 수면

가끔 밤새는 일을 피할 수는 없겠지만, 매일 7~9시간의 수면은 굉장한 '투자'가 된다. 이렇게 잠을 자야 깨어 있을 때 더욱 효율적이고, 창의력을 더 잘 발휘하며, 훨씬 즐거울 수 있다.

• 관대하라

하버드의 '가난한 학생'이기 때문에 아마 주머니 사정이 여의치 않을 수도 있고, 시간이 부족할 수도 있다. 하지만 이것이 다른 사람을 도와줄 방법이 없다는 의미는 아니다. '주고' '받는' 일은 두 가지 면을 가지고 있다. 우리가 다른 사람을 도와주는 것이 자기 자신을 돕는 것이기도 하다. 우리가 스스로를 돕는 것도 간접적으로는 다른 사람을 돕는 것이나 마찬가지다.

• 용감하라

용기란 겁이 없다는 뜻이 아니다. 마음속이 두려움으로 가득 찼어도, 앞으로 전진할 수 있는 마음이다. 진정 용감한 사람은 두려움이 없는 사람이 아니라, 그 두려움을 똑바로 대면할 수 있는 사람이다.

- **감사한 마음을 표현하라**

생활하면서 가족, 친구, 건강, 교육 등, 이 모든 것을 당연시 하지 말라. 그들은 무엇보다 귀중한 선물이다. 다른 사람들이 베푼 사소한 은혜도 기록하고 항상 감사한 마음을 간직하라. 매일 혹은 최소 일주일마다 한 번씩 이를 기록해 두어라.

- **자연을 체험하라**

헨리 데이비드 소로Thoreau는 생명의 의의를 찾기 위해 도끼 한 자루를 들고 숲으로 들어가 약 2년간 그곳에서 생활했다. 자연 본연으로 돌아간 생활방식을 통해 그는 생명의 본질에 대해 깊이 고찰했다. 그리고 지혜의 빛이 새벽녘의 아침 햇살처럼 그를 비추었다. 소로는 사색하며 불멸의 명작『월든』을 남겼다. "여유로운 생활을 하며 현실적인 삶의 본질만을 대면하고 삶의 의의를 찾기 위해 숲으로 들어왔다. 삶이 끝나기 직전에야 내가 누려보지 못한 생활의 즐거움을 발견하고 싶지는 않았다. 나는 인생을 충분히 즐기고 삶의 모든 자양분을 흡수하고 싶었다."며 호숫가에서 생활하게 된 동기에 대해 언급했다.

"친구들이 링컨의 플린트호수에 가서 무엇을 했느냐고 물어본다. 사계절의 변화를 지켜보는 것은 직업으로 칠 수 없는 것인가?"라며 소로는 자연에 동화되는 과정을 통해 사람들이 더 쉽게 인간 본연의 행복을 발견할 수 있다고 전했다.

하·버·드·의
사·생·활

Part 3

삶에 휩쓸리지 말라

learn to be

모든 사람이 자신에게 펼쳐진 길을 걸어가야 한다.
권위에 기죽지 말고,
다른 사람의 관점에 끌려 다니지 말고
유행에 미혹되지 말라.
— 요한 볼프강 폰 괴테 Goethe

영원히 당신의 영혼을 팔지 말라.
그렇게 되면 아무도 당신에게 돈을 지불하지 않을 것이다.
— HP CEO, 칼리 피오리나 Fiorina

천국의 문 앞에 갔을 때 "당신은 왜 모세 Moses 처럼 위대하지 않은가?"
혹은 "왜 당신은 주변사람들처럼 출중하지 않은가?"라는 질문은 받지 않을 것이다.
그보다는 "당신은 왜 스스로가 되지 못하고,
자신의 마음을 쫓지 않았는가?"라는 질문을 받을 것이다.
— 유대인 속담

우선, 자기 자신을 먼저 파악하라

■ 고등학생인 윌리엄에게 집에서 15마일(약 24킬로미터 - 옮긴이) 떨어진 곳에 있는 하버드는 '매우 매혹적인 곳'으로 '풍부한 인프라'와 '전 세계에서 모인 최고의 교수와 학생'이 있는 '미국에서 가장 오래된 고등 교육기관'이었다. 그러나 윌리엄의 이웃은 하버드는 "그저 '다른 사람들'의 학교"이고, 학교에 들어갈 준비를 할 만큼의 경제적 여유가 있는 부잣집 아이들에게만 열려있는 곳으로, "우리처럼 가난한 사람을 위한 곳이 아니다"라는 전혀 다른 평가를 했다.

윌리엄이 공부하던 교회학교의 선생님은 윌리엄에게 "하버드 곳곳에는 얼굴에 윤기가 흐를 만큼 부유한 세력가들로 가득해. 그들은 신앙이 없어서 만약 네가 하버드를 간다면 분명 영혼을 잃어버리게 될 거야."라고 했다.

고등학교 졸업식 전날, 윌리엄에게 우연히 15마일 밖의 하버드 생활을 직접 확인할 수 있는 기회가 생겼다. 온종일 진행된 참관 활동은 '하버드'에 대한 윌리엄의 인상을 완전히 바꾸어놓았다. 하버드는 윌리엄이 상상하던 것보다 훨씬 좋았고, 뛰어난 소양을 가진 젊은이들로 넘쳐났다. 많은 사람들이 부유해 보였지만, 결코 과시하지는 않았다. 다양한 생각과 관념이 모이고 부딪히는 하버드는 지식을 갈망하는 젊은이들에게는 그야말로 천국이었다. 집으로 돌아온 윌리엄은 하버드에서 공부하겠다는 결심을 굳혔다.

그의 이런 결심에 주변사람들은 놀랐고, 두 명의 교사는 연달아 그의 추천서 작성을 거절했다. "가난하다는 이유로 배척당하고, 어디에도 속하지 못한 채 퇴학당하고 말 거야. 하버드는 부자들에게만 허락된 곳이야."

결국 윌리엄은 역사 교사에게 추천서를 부탁했고, 자신의 우수한 성적과 출중한 하키 실력을 특기로 브라운대학Brown University과, 보스턴대학 Boston University, 그리고 하버드대학까지 동시에 입학허가를 받았다. 그 중 하버드대학은 학업과 운동의 특별한 재능을 높이 평가해 장학금까지 제공했다.

지역 아이스하키선수권대회에서 최고 수비 기록을 세운 윌리엄에게 가장 중요한 것은 하키였다. 그가 하버드로 떠나기 전 추천서를 써준 역사 교사는 "하버드에서 많은 것을 배우게 될 거다. 하지만 너 역시 그들에게 가르쳐줄 만한 자격을 완벽히 갖추었다는 것을 명심하렴."이라고 당부하며 '힘에 굴복하지 말라'고 새겨진 기념액자를 주었다.

신입생 기숙사에 들어가자 화려한 복장을 한 부잣집 도련님들 사이에서 윌리엄은 자신이 다른 세계에서 온 사람 같다고 느꼈다. 그는 왜 선생님들이 '사람의 영혼을 잃게 하는 곳'이라고 했는지 서서히 깨닫기 시작했다. 한 번은 그의 동기가 조심스럽게 그의 옆을 지나면서 자신의 옷 안을 살짝 훔쳐보는 것을 느꼈다. 아마도 브랜드 라벨을 확인하려한 것 같았다. 윌리엄은 이곳에서 빈부차이에 대한 자극이나 허영심에 휘둘린다면 그 대가로 자기 자신을 잃어버리게 될 것임을 깨달았다. "나에게 가장 중요한 것은 이곳에서 어떻게 내 신분을 유지하며 계속 '나'로 남아있을 수 있는가 하는 문제였다."

다른 학생들이 값비싼 회비를 감당하며 학생클럽에서 미래를 논할 때 윌리엄도 자신만의 발판을 찾기 시작했다. 윌리엄은 교내 하키팀에 가입하고 팀 대표로 몇 차례 시합에서 우승하기도 했다. 동시에 인류학, 사회학, 심리학을 선택과목으로 수강하며 사회학 학사 학위를 취득했다.

윌리엄은 도전이 가득하고 충실한 생활을 택했다. 룸메이트의 기억에 윌리엄은 도서관에서 만나는 친구가 아니라, 아르바이트 하러 가는 길에 마주치는 친구였다. 장학금을 받기는 했지만 교재비 등을 마련하기 위해 윌리엄은 매주 열두 시간씩 기숙사와 사무실 청소를 했다. 그럼에도 불구하고 윌리엄은 4학년이 시작될 때 이미 졸업 논문작성을 마칠 정도로 시간적인 측면에서 다른 친구들보다 앞서 나갔다.

윌리엄이 만약 교육대학원 사무실에서 청소아르바이트를 하며 우연히 대학원 학생모집 요강을 줍지 못했다면, 그 역시 다른 학생들처럼 성공한 사업가를 갈망했을 것이다. 그러나 교육대학원의 학생모집 요강을 본 후 그는 교육대학원에 진학하여 석사와 박사학위를 취득해야겠다는 결심을 했다. 졸업 이후, 그는 지도교수가 그에게 써준 '대학 입학사정관' 이라는 직업에 매력을 느꼈다. 결국 윌리엄은 1972년부터 하버드 학생모집 사무실에서 정식으로 근무하기 시작했고, 1974년부터 학생모집 담당자로 활약했다.

윌리엄은 입학당시의 자신처럼 가난하지만 우수한 많은 젊은이에게 입학의 기회를 제공했다. 그는 더 높고 포괄적인 장학금과 학자금 제도를 구축했고, 가난한 가정에 더 많은 보조금을 지원했다. 그리고 매년 40명의 사정관을 미국 전역과 세계 각지로 파견하여 가난한 젊은이들에게 입학의 기회를 제공했다.

윌리엄은 하버드에 대한 사람들의 인식을 바꾸어 놓았다. 평등한 교육을 목표로 전력을 다한 그를 향해 미국 언론은 "윌리엄이 하버드를 새롭게 정의했다"고 평가했다. 전임 총장은 그를 '하버드의 양심'이자 '전 미국 대학 신입생 모집의 양심'이라고 평했다. 윌리엄은 하버드에서 자신의 영혼을 잃지 않았다. 오히려 노력을 통해 엘리트 계층과 부유층 자녀들의 학교라는 기존의 하버드를 전 세계의 재능 있는 청년들에게 열려있는 학교로 바꾸어놓아, 자신만의 특색을 가진 성공의 길을 걸었다.

• 자신을 중심으로 성공을 정의하라

애버트 로렌스 로웰 전 총장은 졸업식 축사에서 "외부의 기준으로 성공을 정의하지 말고, 자기를 중심으로 성공을 정의하십시오. 물질사회 때문에 성공에 대한 평가 지표가 더욱 현실적이고 구체화되었지만, 진정한 성공은 밖으로 드러나는 부분뿐만 아니라 정확한 사고를 하는가에 있습니다."라고 말했다.

하버드 경영대학원의 한 원로 교수는 졸업식을 앞둔 마지막 강의에서 학생들에게 이렇게 이야기했다. "졸업 5년 이후에 5년에 한 번씩 있는 동문회에 참석 요청을 받는다면 이는 매우 위험한 일이니 가지 마십시오."

어째서 위험하단 말인가? 이 원로 교수는 동문회가 자신의 직업적 목표와 그에 대한 결과를 기준으로 성공과 수입을 평가하는 것이 아니라, 다른 동문들의 기준을 통해 막 졸업한 후 단지 몇 년이라는 짧은 기간 동안 자신이 거둔 성과를 평가하도록 압박한다고 생각했다. 만찬이 시작되기 전 차를 몰고 교내 주차장으로 들어서면 주변 자동차들의 브랜드와 모델을 대충 훑어보고, 동문들이 졸업 후에 어떻게 생활해 왔는지를 열심히 추측하며 자신과의 차이를 가늠한다. 칵테일파티에서 어떤 동기가 벌써 고위 CEO나 백만장자가 되었다는 이야기를 들으면서 속으로 자신과 그들의 차이를 계산한다. 동문회는 자신의 직업과 개인적 가치에 대해 공연한 우려와 걱정을 하게 만든다.

더 최악인 것은 5년 후에 다시 모이게 되는 장면을 상상하게 되고, 그 상상은 결국 현재의 결정에 영향을 미치게 되어, 단기간 내에 눈에 띄는 이력을 얻기 위해 혹은 빨리 많은 돈을 벌어 더 화려한 옷을 입고 동문회에 참석하기 위해 자신의 직업을 바꾸려할 수도 있다는 점이다. 마음속으로는 오랫동안 계획을 세워놓았지만 금방 실현될 수 없는 꿈을 옆으로 던져 놓은 채, 좋아하지는 않지만 고급 세단을 살 수 있을 만큼 높은 급여를 주는 일에 종사하게 될지도 모른다. 그러니 동문회에는 절대 참가하지 말라!

이 하버드 경영대학원 원로 교수는 학생들이 자신의 직업 목표, 또는 자기가 진정으로 바라는 것을 무시하지 않기를 바랐다. 이토록 똑똑하고 재능이 있는 사람들이 높은 직위나 좋은 대우 때문에 자신의 시간을 낭비하지 않기를 바라며 진심으로 걱정했다.

그의 이러한 충고는 사람들에게 깨달음을 주며 우리가 추구해야 하는 것이 무엇인지, 어떤 꿈이 자신에게 가장 좋을지 질문하게 만든다. 혹시 당신도 스스로의 기준이 아닌 다른 사람들의 기준으로 목표를 선택하고 있지 않은가?

• '내부 적립카드'를 만들어라

워렌 버핏은 부친에게 받은 영향에 대해 이야기하며, "너에 대한 다른 사람의 평가에 마음 두지 말거라. 스스로가 내리는 자신에 대한 평가가 가장 중요하다."는 아버지의 가르침에 따라 자신만의 원칙을 세우고 '내부 적립카드'를 만들도록 가르쳐준 것에 크게 감사했다.

하버드 출신이자 유명한 사상가인 랄프 왈도 에머슨은 "당신의 생각을 믿어라. 마음 깊숙한 곳에서 옳다고 생각하는 것을 믿어라."고 말했다. 진리를 고수한다는 것은 우선 자신에게 충실하고, 스스로를 믿으며, 커다란 용기로 자신의 판단을 밀어 붙이는 것을 의미한다.

다른 사람을 참고삼아 스스로를 평가하지 않게 될 때 객관적이고 이성적으로 자신을 바라볼 수 있다. 긍정적인 평가를 통해서는 적극적인 원동력을 얻게 되고, 부정적인 평가를 통해서는 스스로를 개선하려는 의식을 가지게 된다. 이를 이룬 사람이 더욱 성숙한 자신감을 가질 수 있다.

• 무엇을 원하는지 생각해보라

하버드 법학대학원 교수이자 미연방 대법관이었던 올리버 웬델 홈즈Holmes는 "대부분의 사람들은 성공한 후에 오히려 공허함을 느낍니다. 명예와 물질을 얻고 난 후에 더 귀한 것을 희생했음을 깨닫곤 하지요. 그렇기에 우리는 반드시 진정으로 중요한 비전을 품은 채 용기를 가지고 끝까지 밀고 나가 삶의 의미를 가득 채워야 합니다. 외적인 것은 내재적인 힘과는 비교조차 어렵기 때문입니다."라고 했다.

그렇다면 스스로 무엇을 원하는지는 어떻게 알 수 있을까? 스티븐 코비Covey는 『스티븐 코비의 7가지 습관』에서 한 가지 방법을 제시했다. "간단하면서 미리 준비할 수 있는 방법은 사람들이 당신의 장례식장에서 어떤 이야기를 할지 생각해 보는 것이다. 사람들이 어떤 말로 당신을 표현할지 그 장면을 떠올려보라. 누군가의 아내나 남편의 자리나 모든 계급과 역할을 잊고, 당신이 이 세상에 어떤 의미인지를 말해보라. 그리고 자녀가 그들의 아이에게 당신에 대해 어떻게 설명할지 상상해보라."

빌 게이츠도 이 문제를 고민해 보았다. 그는 하버드 학생을 대상으로 한 연설에서 향후 사람들이 자신을 가정용 컴퓨터 산업 분야에서 혁명적인 전환을 이루었을 뿐만 아니라 '아프리카 사람들의 질병 퇴치를 위해 미약한 공헌을 했다'고 기억해주기를 바란다고 말한 바 있다.

• 당신의 인생은 다른 사람의 복제품이 아니다

　성공은 자신을 가장 본연의 모습으로 만든다. 하워드 스티븐슨 교수는 내면의 목소리를 무시한 사람들의 삶을 '가상 3D영화'로 비유한 바 있다. "많은 사람이 겉으로는 사교활동과 사회공헌활동을 하며 골프를 치는 등 풍요로운 삶을 사는 것처럼 보입니다. 겉으로 보면 그들의 삶은 확실히 다채로운 3D영화처럼 멋있어 보이지만, 그것은 사실, '가상 3D영화'일 뿐이죠. 그 사람이 의식적으로든 무의식적으로든지 간에 경제적인 성공을 추구한다면 그것은 화목하고 완벽한 삶을 위한 것만이 아닙니다. 그의 생활이 입체적으로 보이겠지만, 사실은 텅 빈 껍데기일 뿐 그 안은 일차원적인 공간이며 이것이 바로 '가상 3D영화'인 것이죠. 골프는 취미가 아니고, 클래식 감상도 음악을 좋아하기 때문이 아닙니다. 예술단체나 과학기술협회 따위의 회장직을 수용하는 것도 그 조직에서 하는 활동에 열의가 있어서가 아닙니다. 이런 활동에 참가하는 이유는 이 활동이 사교의 장으로서 기업의 총수나 은행가, 투자가, 혹은 그의 사업에 도움이 되는 다른 사람들을 만날 수 있기 때문입니다."

　스티븐슨 교수는 인생에서 가장 아름다운 한 가지가 바로 사람은 각자가 이 세상의 유일한 존재라는 점이라고 언급했다. 제자 에릭 시노웨이Sinoway가 논문을 통해 "모범이 될 만한 사례는 우리가 스스로 누구인지를 이해하고, 우리의 목표가 무엇인지, 어떻게 그 목표에 도달할 수 있는지를 알려주는 것에 불과하다. 하지만 마지막에 이 사례와 현실을 어떻게 결합할지는 우리가 알아내야 한다."고 말한 것과 일맥상통한다.

　주커버그는 자신과 빌 게이츠의 경력이 상당히 비슷하다는 이유로 다른 사람들이 "제2의 빌 게이츠"라고 부르는 것을 좋아하지 않았다. "개인적으로 나는 선배 빌 게이츠를 매우 존경한다. 그는 IT업계의 모범적인 성공사례다. 그러나 외부에서 내게 '제2의 빌 게이츠'라는 모자를 씌우려고 한다면 이는 그들의 일방적인 소망일뿐이다. 내가 왜 빌 게이츠가 되어야 하는가? 마이크로소프트는 윈도우Window와 오피스Office를 기반으로 성장했지만, 나의 꿈은 인터넷, 더 구체적으로는 페이스북에 있다."

우리의 인생은 부모님의 삶을 이어가는 것도 아니고, 타인의 경력을 간단하게 복제할 수 있는 것도 아니다. 완벽히 독자적인 삶의 여정인 것이다. 다른 사람들이 바라는 대로 생활한다면 우리가 얻을 수 있는 것은 기껏해야 '중고' 인생뿐이다.

- 인생은 탐색이다

"당신은 자신을 전혀 알지 못한다"는 소크라테스의 가르침을 보면, 자신을 이해한다는 것은 스스로에게 기회를 주는 일과도 같다. 많은 경험을 해봐야 자신을 이해할 수 있다. T. S. 엘리엇Eliot은 하버드에서 철학과 비교문학을 공부했고, 1948년 「4개의 사중주Four Quartets」라는 시로 노벨문학상을 수상했다. 그는 "우리는 영원히 탐색을 멈출 수 없다. 만약 우리의 탐색에 끝이 있다면 그것은 다음 탐색을 위한 시작으로, 우리가 모르는 미지의 공간을 처음으로 인식하는 것이다."라는 내용의 시를 지은 적이 있다. 삶은 우리 인생에 있어 일련의 탐색이라고 할 수 있다. 대학은 자신의 인생을 탐색하기 위해 제공된 좋은 무대다. J. K. 롤링은 하버드 연설에서 "'현실 생활'의 입구에 도착한 여러분에게 나는 상상력의 중요성을 강조하고 싶습니다."고 했다. 그녀는 학생들이 상상의 문을 열고 '정형화'된 인생이 아닌 자신의 인생을 용감하게 나서 탐색하기 바랐다.

요요마는 자신이 어떻게 음악가의 길을 걸어왔는지 회상하며 "나는 내가 음악가라는 사실을 받아들이기 어려웠다가, 마흔아홉이 되어서야 비로소 이해할 수 있게 되었습니다. 현재 쉰여섯인 저를 두고 어떤 사람들은 천재라고 말합니다. 하지만 저는 나중에서야 음악가가 되기로 했지, 처음부터 그렇게 될지는 전혀 몰랐습니다. 지난 몇 십 년 동안 저는 여기저기 돌아다니며 계속 무엇인가를 찾고 있었습니다. 당시에는 노력을 통해 어떠한 결과를 얻고 싶은지조차 모르는 상태로, 줄곧 찾고만 있었습니다. 저는 모든 사람의 삶이 어느 특정한 단계에 접어들면 목표를 찾을 수 있다고 생각합니다. 그리고 매 10년마다 다른 목표와 임무를 찾아야 합니다."라고 말했다.

• 자기 자신에게 가장 진실하라

미국 토크쇼의 여왕 오프라 윈프리 역시 하버드 졸업 연설자로 나서 졸업생들에게 멋진 격려를 한 바 있다. 무대에 오르기 전에 그녀는 하버드대에서 수여하는 명예 법학 박사 학위도 받았다. 오프라 윈프리는 연설을 통해 학생들에게 자신만의 특색을 유지하고, 자신만의 특별한 성공의 길을 걸으라고 격려했다. "만약 여러분이 확신을 가지고 있는 하나의 목표가 한다면, 여러분은 진정한 성공과 즐거움을 얻을 수 있습니다. 인생에는 하나의 목표만이 있습니다. 바로 자기 자신을 최대한, 그리고 가장 충실하게 드러내라는 것입니다."

애버트 로렌스 로웰 하버드 전 총장은 학생들에게 "무엇보다 여러분의 이익과 그것을 위한 행동을 자신의 의지라고 생각하는, 스스로를 기만하는 짓은 하지 마십시오. 자신에게 성실하십시오. 다른 사람을 속이는 것만으로도 이미 충분히 형편없겠지만, 자신을 속이는 사람이야말로 정말 무뢰하고 멍청한 사람입니다."라고 경고했다.

충실하고 진실하게, 그리고 최대한 자신을 드러내고 개성을 지키며, 자신만의 특징을 살릴 수 있는 길을 걸어야만 성공과 함께 인생 최고의 즐거움을 누릴 수 있다.

천부적이라 함은
평범한 자질을 비범한 정도로 끌어 올리는 것을 말한다.
— 테오도어 루스벨트

자신감이 성공의 첫 번째 비결이다.
— 랄프 왈도 에머슨

나는 한 번도 외부의 영웅을 통해
나 자신을 채찍질해야 할 필요성을 느끼지 못했다.
— 이베이 설립자 피에르 오미다이어Omidyar

하버드에서 공부한 시간이 내 인생에서 가장 중요하다.
이 경험이 내게 자신감을 주었고,
평정심을 갖고 일을 처리할 수 있게 해주기 때문이다.
— 아시아계 첫 여성 노동 장관 일레인 차오

완벽한 자신감은
졸업장보다 중요하다

■ 하버드가 배출한 사상가 랄프 왈도 에머슨은 "자신감이 성공의 첫 번째 비결"이라고 했다. 자신감이란 갖기 힘든 매력적인 성격이자, 초인적인 정신력을 뜻하기도 한다. 위인들이 가진 자신감의 품격은 우리에게 평소와는 다른 깨우침을 주기도 한다.

프랭클린 루스벨트는 20세기 가장 많은 사랑과 존경을 받는 대통령 중 한 사람이다. 그가 사람들의 사랑을 받는 이유는 평범한 사람들의 가치를 믿었고, 국민들의 권리를 수호하기 위해 싸웠기 때문이다. 그 외에도 그가 사랑을 받는 가장 중요한 이유는 다른 사람을 능가하는 '매력적인 성격'을 가지고 있었기 때문이다. 그는 항상 즐겁게 일했고, 미래에 대한 자신감으로 가득 차 있었다.

1921년 8월 프랭클린 루스벨트는 가족과 함께 캄포벨로 섬Campobello Island으로 여름휴가를 떠났다가 산불진압을 돕게 되었다. 가까스로 산불진압을 한 뒤 차가운 물속으로 뛰어든 그는 급성소아마비라는 장애를 얻게 되었다. 건강하고 즐거운 삶을 살던 서른아홉의 청년이 한 순간에 혼자서는 생활할 수 없는 장애를 갖게 되었으니, 어느 누가 그에게 한 나라의 운명을 맡기겠는가? 이 시련이 그의 정치 행보에 치명적인 타격을 줄 것은 자명했다.

그렇지만 이러한 치명적 타격에도 그는 자신의 이념과 신념을 포기하지 않고 다시 일어나 걸을 수 있게 끈질긴 재활훈련을 감내했다. 프랭클린 루스벨트는 자신감 넘치는 목소리로 "소아마비 따위가 나처럼 당당한 사내대장부를 이길 수 있다고 생각하지 않는다. 병을 이기고야 말겠다."고 말했다. 그는 친구에게 "몇 주 후면 지팡이를 짚고 걸을 수 있을 거야. 의사가 내년 봄이면 절뚝이지 않고 걸을 수 있다고 했어."라며 희망적으로 말했다.

프랭클린 루스벨트는 자신의 몸 상태를 정확하게 알고 있었다. 병을 얻고 난 후에 그는 관련 의학 전문 서적을 읽고, 의사에게 자신의 병세를 자세하게 물으며 회복 과정을 훤히 꿰뚫게 되었던 것이다. 요양기간 동안 그는 선박 모형을 만드는 새로운 취미가 생겼다. 그리고 친구들의 도움을 받아 작은 배를 저으며 강에서 시범항해도 했다. 또한 방대한 양의 미국 역사와 정치 분야의 책을 읽고, 질병과의 투쟁과 적극적인 신체 단련을 즐거운 일로 여겼다. 사람들은 그가 치료에 이용한 조지아Georgia 온천을 "웃음소리가 천지를 뒤흔드는 곳"이라고 불렀다.

업무에 여유가 생기면 그는 온 힘을 다해 운동에 매진하며, 가혹하리만큼 자신을 엄격하게 관리했다. 당시 미국 복싱 챔피언이었던 그의 친구조차 "루스벨트의 어깨 근육은 내가 보았던 사람들 중 가장 강하다."고 할 정도였다.

병세가 조금씩 호전되자 그는 병상에서 손발을 움직이며 아들과 게임을 했다. 루스벨트는 매일 침대 옆에 걸려있는 기구로 여러 가지 근력훈련을 게을리 하지 않았다. 그런 다음 침대에서 내려와 지팡이를 짚고 걷는 연습을 시작하며, 매일 몇 발자국 씩 걸음을 늘려갔다. 1922년 브로드웨이의 한 신탁회사에 출근할 때 지팡이를 잘못 짚는 바람에 대자로 크게 넘어졌지만 그는 이에 굴하지 않고 다시 일어나 앞으로 걸어갔고, 이를 본 주변 사람들은 흔들리지 않는 굳센 의지에 감탄했고, 그를 존경했다.

1928년, 프랭클린 루스벨트는 아내의 이해와 지지 속에 정계로 다시 돌아와 뉴욕 주지사 경선에 출마했다. 정치 라이벌들은 그의 장애를 두고 공격했지만, 그는 대변인을 통해 "주지사는 서커스단의 연기자가 아니다. 우리가 주지사를 뽑는 이유는 그가 앞구르기나 뒤구르기를 잘해서가 아니라, 그의 지적노동이 국민들에게 유익한 방법을 계속 강구하기 때문이다."라고 사람들에게 전했다. 프랭클린 루스벨트는 장애를 가지고 있었고, 정치적 라이벌들이 이를 약점 삼아 공격하기도 했지만, 그는 항상 뛰어난 정치적 업적과 뛰어난 언변, 그리고 왕성한 정신으로 이를 장점으로 승화시켰다.

좌절을 통해 단련된 루스벨트는 성격에도 큰 변화가 있었다. 그는 전보다 더욱 온화하고, 겸손하며, 다른 이들이 쉽게 다가갈 수 있는 사람이 되었고, 시야와 사고방식도 훨씬 개방적으로 바뀌었다. 그는 자기와 다른 관점을 존중하고 이해할 수 있었으며, 고통을 받고 도움이 필요한 사람들에게 깊은 연민의 마음을 가지게 되었다. 그는 예전에 관심 갖지 않았던 많은 문제들을 고민했다. 병상에 누워있던 하루하루 그는 신중하지 못한 상류층 젊은이에서 어려운 계층을 이해할 수 있는 인도주의자가 되었고, 바로 이러한 점 덕분에 그는 백악관에 입성할 수 있었다.

프랭클린 루스벨트가 대통령의 자리에 올랐을 때 미국은 경제대공황이라는 태풍에 휩쓸릴 때였다. 도처에서 실업, 파산, 도산, 폭락 등의 사태가 벌어지면서 미국 곳곳이 고통과 공포, 절망감에 휩싸였다. 취임 선서 당시 그는 국민들을 향해 "우리가 유일하게 두려워해야 하는 것은 공포, 그 자체다."라고 말했다. 그는 매우 격정적인 연설을 통해 모든 것을 압도하는 자신감을 내비쳤다. 사람들은 "1933년 3월 4일 음산했던 오후, 새로운 대통령의 결단력과 가볍고 유쾌하지만 객관적인 그의 자세가 온 국민이 일심단결 해야 한다는 새로운 정신에 불을 지폈다."고 평했다.

미국인들은 프랭클린 루스벨트의 초상을 화폐에 새겨 자신감과 희망으로 채웠고, 국민의 자유를 모색하던 그를 기념하고 그리워했다.

루스벨트 대통령은 자신의 경험을 바탕으로 그 어느 때라도 자신을 믿으라고 말하고 있다. 자신감은 우리 안에 있는 잠재력을 찾아내 역경과 고난을 이겨낼 수 있게 한다. 자신감이 있는 사람은 학습과 생활에서 오는 도전을 여유롭게 대처할 수 있고, 새로운 영역에 용감히 도전할 수 있다. 또한 자신감 있는 사람은 평범한 환경 속에서도 포기하지 않고 탁월함을 추구하며 어려운 상황에 직면해도 자신의 꿈을 지킬 수 있다.

대학생들에게는 졸업장보다 '완벽한 자신감'이 훨씬 귀하다. 하버드를 졸업한 모든 학생들은 다른 사람보다 뛰어난 자신감을 가지고 있다. 미국 교육의 금자탑 가운데에서도 최고의 자리에 있는 명문대에 진학해 수천 명의 세계 최고 인재들과 함께 경쟁하고, 공부하고, 성장했으며, 수많은 세계 정상급 교수들의 세심한 가르침을 받은 만큼 자신감을 가질 충분한 이유가 있다. 이 자신감은 그 어떤 지식이나 능력보다 중요하고, 자기 자신을 뛰어넘도록 부단히 자극하며, 스스로를 인생의 정점으로 나아가게 한다.

• 젊음은 위축될 수 없다

많은 사람들이 '젊음'을 이유로 오히려 도전을 피하고, 어려움을 두려워한다. 그렇지만 하버드생들의 눈에 젊음은 새로운 시각, 새로운 방법과 같은 '새로운 힘'을 의미한다. 그들은 고정관념에 얽매이지 않고, 잘못된 경험으로 인한 그릇된 길을 걷지 않으며, 실패의 그림자에 매몰되지 않는다. 오직 앞으로 나아갈 뿐이다.

존 F. 케네디가 대통령에 당선되었을 때 그의 나이는 겨우 마흔셋에 불과했다. 사람들의 의심어린 시선에도, 케네디는 자신만만하게 대응했다. 만약 나이만으로 성숙의 여부를 판단했다면, 미국의 마흔네 살 이하의 사람들은 신뢰받고 지휘해야 하는 책임자의 자리에서 모두 배제되어야 한다. 그렇다면 토머스 제퍼슨 Jefferson 은 〈독립선언문〉을 써서는 안 됐고, 육군을 지휘할 수 없었을 것이다. 제임스 매디슨 Madison 역시 미국 헌법을 제정해서는 안 됐다.

존 F. 케네디의 내각 구성원은 모두 젊었다. 법무부 장관 로버트 F. 케네디Kennedy는 서른여섯이었고, 내무장관 스튜어트 유달Udall은 마흔하나, 농업부 장관 오빌 프리먼Freeman은 마흔셋, 국방부 장관 로버트 맥나마라McNamara는 마흔다섯, 우정국 장관 에드워드 다이Day는 마흔일곱, 국무장관 데이비드 러스크Rusk와 딜론Dillon도 쉰둘에 불과했다.

이렇게 정계의 젊은 층으로 구성된 내각이었지만, 존 F. 케네디 대통령과 함께 놀랄만한 성과를 만들어내며 대통령 취임 후 4년 동안(이들 대부분은 이후 린든 B. 존슨Johnson 대통령 정권 때까지 역임했다) 현대 역사상 보기 드문 추세로 장기간 미국의 경제발전을 이끌었다. 이 4년 동안 통화와 노동력 공급의 성장률은 그 전의 8년을 훨씬 뛰어 넘었다.

당신은 도전과 책임 앞에서 젊음을 변명의 '구실'로 삼지는 않는가? '아직 젊으니 능력을 더 키워야 한다' '경험도 부족하고 인맥도 없다' '이 일은 젊은 사람들이 성공한 선례가 없다' 등의 핑계를 대며 많은 젊은이들이 자기 자신을 뛰어넘어 중요한 임무를 맡을 기회를 놓친다. 이런 상황이 오래 지속되면 열등감을 느끼고, 일을 두려워하며, 책임을 회피하려는 등의 안 좋은 습관이 형성된다. 케네디 대통령을 통해 젊음이 우리를 위축시킬 이유가 아니라는 것을 알았을 것이다. 젊음은 그 나름대로 장점이 있다. 자신에 대한 충분한 자신감을 가지고 담대히 부딪히면 선배들 못지않게 잘 할 수 있다.

- 천부적이라는 말의 의미는
  평범한 재능을 평범하지 않은 수준으로 끌어 올리는 것을 뜻한다

테오도어 루스벨트는 "천부적이라는 말의 의미는 평범한 재능을 평범하지 않은 수준으로 끌어 올리는 것"이라고 했다. 그는 자신의 자서전 『불굴의 삶 The Strenuous Life』에서 "세상에는 두 종류의 성공이 있다고 했다. 이 두 종류의 성공을 위해서는 각기 다른 두 가지 능력이 필요한데, 첫 번째는 일종의 천부적인 성공이다. 평범한 사람들은 아무리 노력해도 얻지 못하는 어떠한 독특하고 천부적 재능을 지닌 사람들이 거두는 성공으로, 이런 성공은 꾸준함이나 의지와는 상관없이 소수에게만 부여된 특별한 능력을 가진 인재만이 얻을 수 있다. 두 번째는 좀 더 보편적인 것으로, 천부적 재능이 아니라 특별한 재능을 위한 개인의 노력 여하에 따라 다른 사람과 차이를 만들어 내는 것을 말한다. 후자의 성공은 결심만 한다면 대다수의 평범한 사람들에게도 문이 활짝 열려있다. 내가 과거에 거두었던 성공들은 모두 후자에 속한 것으로, 각고의 노력과 판단, 그리고 주도면밀한 계획을 먼저 세우지 않았다면 그 어떤 결실도 거두지 못했을 것들이다. 나는 본래 허약하고 똑똑하지 않은 아이였고, 젊었을 때는 긴장을 잘하고, 자신의 능력을 그다지 믿지 못하는 편이었다. 그래서 몸뿐만 아니라 영혼과 정신까지 고통스럽고 혹독하게 단련시키지 않을 수 없었다."라고 저술했다.

테오도어 루스벨트는 자신이 특별한 천부적 재능을 가졌다고 생각하지 않았다. 그의 성공은 오롯이 본인의 노력을 통해서 이루어진 것이고, 그가 자신의 성공에 자신했던 것도 이러한 연유에서였다.

거인처럼 키 큰 사람들로 이루어진 NBA에서 노스캐롤라이나 샬럿 호네츠Hornets 팀의 1번 먹시 보그스Bogues는 다른 종류의 사람이었다. 다시 말해 그는 NBA 사상 가장 작은 160센티미터에 불과한 최단신 선수였지만, NBA에서 가장 실책이 적은 매우 뛰어난 가드 중 한 명이었다. 먹시 보그스는 최고의 볼 컨트롤 능력뿐 아니라, 장거리 슛도 정확했고, 장신들 사이에서 덩크슛도 과감히 시도한 선수였다.

단신의 먹시 보그스가 NBA에서 자리를 잡을 수 있었던 이유는 농구 실력에서 비롯한 스스로에 대한 자신감 때문이었다. 작은 키는 그의 드리블을 인터셉트할 수 있는 사람이 거의 없게 했고, 매우 낮은 실책률로 NBA에서 어시스트 파울 비율 1위를 차지하게 했다. 그는 14년간 프로리그에서 활약하며, 총 여덟 번의 리그에서 NBA 최고의 어시스트 파울 비율 성적을 일궜다.

먹시 보그스의 성공은 그의 자신감에서 출발한다. 그 자신감은 그가 자신의 독특하고 천부적인 재능을 충분히 발휘하는 데서 비롯되었으며, 출중한 능력과 '단신의 장점'을 활용하여 NBA에서 자신만의 포지션을 만들었다. 어떤 이들은 자신이 충분히 똑똑하지 않거나, 예쁘지 않거나, 몸이 건강하지 않거나, 가정환경이 부유하지 않다는 등 스스로 열등하다고 느끼고, 포기하고 싶은 여러 가지 이유를 들 수 있을 것이다. 그렇지만 보그스의 사례를 통해 우리는 절대다수의 성공은 평범한 재능을 지닌 사람들에게서 나왔음을 알 수 있다. 그들이 성공한 이유는 테오도어 루스벨트 대통령이 말한 것처럼 "평범한 재능을 평범하지 않은 정도까지 끌어올렸기" 때문이다. 이 점을 안다면 우리는 자신의 평범함에 대한 원망을 멈추고 스스로의 재능을 어떻게 충분히 발휘해 용감하게 싸워 인생을 승리할 것인가에 대해 생각할 수 있다.

- **자신감은 스스로를 정확하게 인식하는데서 비롯한다**

소크라테스는 매우 겸손한 몇 사람을 제외하면 '자신의 무지함을 알아야한다'고 생각했다. 그렇지 않으면 그 사람은 참된 지식을 배울 수 없기 때문이며, 이는 하버드의 교육 핵심과도 일맥상통한다. 자신감을 얻기 위해서는 가장 먼저 자신을 인식해야 한다. 자신감이 있는 사람들은 자신을 공평하게 평가할 수 있을 뿐만 아니라, 주위사람들에게 능동적으로 자신에 대한 평가를 구한다. 이는 다른 사람들에게 더 객관적으로 보이고 싶은 한편, 다른 이들의 눈에 비치는 자신이 진정한 자기 자신의 모습이기 때문이다.

2000년, J. K. 롤링은 모교인 엑시터대학교 University of Exeter에서 명예 문학박사 학위를 받으면서 "제게 가장 의미 깊은 학위라고 생각하며, 매우 영광스러운 자리입니다. 솔직하게 말하면 약간 흥분이 됩니다."고 말했다. 그녀는 대학 강당에 모여 있는 250여 명의 졸업생들에게 용감하게 위기와 불의에 맞서라고 격려했다. "제가 막 졸업할 때 개인적인 실패와 후회가 되는 경험이 거의 없었기 때문에 즐거운 마음으로 대학을 떠났습니다. 그러나 저는 학교를 떠난 이후에 그런 경험들을 겪어야만 했습니다. 머리가 '깨어있는' 사람들은 천부적인 재능에 자부심을 느끼지 않습니다. 저의 활발한 상상력은 처음에는 제게 아무것도 가져다주지 않았습니다. 오히려 결점 같았고, 제가 근시안처럼 느껴졌죠. 저는 여러분이 이런 위기에 맞서고, '유익한 실수'를 범하기 바랍니다."

　자신감은 일종의 개방적인 마음가짐과 태도다. 많은 학생들 앞에서 J. K. 롤링은 자신의 부족한 점을 과감히 고백하고 스스로가 범했던 실수들을 인정했는데, 이 자체도 일종의 자신감의 표현이다. 자신감은 자신에 대한 정확한 인식에서 비롯한다. 타인 앞에서 대범하게 자기의 특기를 보여줄 수 있어야 하고, 자신의 결점을 의도적으로 가리지도 않는다. 스스로 부족한 점을 솔직히 인정하고 다른 사람에게 가르침을 구하는 것이 자신을 깎아내리는 것이 아니라, 오히려 겸손함과 자신감을 드러내 보여 다른 사람들의 주목을 끈다.

　자신감을 가지기 위해서는 다른 사람의 의견을 정확하게 인식할 필요도 있다. 다른 사람들의 의견이 있어야만 자신에 대한 객관적인 판단이 가능하다. 미국의 사회 심리학자 찰리 호튼 쿨리Cooley는 한 사람의 자아 관념은 다른 사람들과의 교제 과정에서 형성되며, 자아 인식은 자신에 대한 다른 사람들의 견해에 대한 반응이라고 보았다. 사람들은 자신에 대한 다른 사람들의 평가를 통해 자아 관념을 형성한다. 한 사람이 자아에 대해 정확한 상상, 즉 마음속에 반영된 자아 관념은 자신을 향한 다른 사람들의 견해, 평가 태도로 결정된다. 이런 유형의 사회를 필자는 '반사적 자아' 혹은 '거울 속 자아'라고 부른다. '거울 속 자아'는 간단히 말해서 나에 대한 타인의 평가로 자신의 이미지를 그리는 것을 말한다. 거울 속 자아는 거울처럼 우리 스스로를 객관적으로 인식하게 하고, 단단하게 하며, 자신의 장점을 발휘하도록 도와준다. 또한 자신의 약점을 제거하고 통제하도록 도와주기도 한다.

거울 속 자아를 찾는 방법은 선생님, 친구, 동기들에게 자신에 대해 묻고 얻은 의견을 노트에 사실대로 정리해서 기록해놓고 자신의 행위를 평가하는 도구로 삼는 것이다. 그들이 말해준 의견에서 장점에 속하는 것은 계속 유지하고 강화시켜나가고, 약점이나 부족한 점에 포함되는 내용은 즉시 개선해야 한다. 일정한 시간이 지날 때마다 자신의 행동을 거울 속 자아와 비교해보면서 결점이 개선이 되었는지, 장점이 강화되었는지 살핀다. 행동이 바뀌면 사람들의 평가도 함께 바뀐다. 시간이 흐르며 우리에 대한 주변인들의 평가, 즉 거울 속 자아도 더 멋지게 변하게 되고, 더 큰 자신감을 갖게 된다.

- **'자아 심리'를 수립하여 자심감을 높여라**

'자아 심리 이론'은 자기 자신을 정확하게 평가하는 가장 간단하고도 효과적인 방법이다. '자아 심리'는 일종의 마음의 '필름'으로, 어떤 '마음의 필름'을 장착했는가에 따라 그에 따른 인생의 이미지를 그릴 수 있다.

자아 심리는 자아인식, 혹은 자아의식을 기반으로 형성되는 자아의식 중 한 부분이다. 자아 심리는 과거의 성공, 혹은 실패의 경험, 타인의 피드백과 평가에 따라 자각하지 못한 상태에서 형성되고, 한번 형성되면 이것을 기준으로 자신을 판단하고 자기의 행동을 고칠 수 있다. 또한 그 신뢰성은 거의 의심받지 않는다.

만약 당신의 '자아 심리'가 자신을 능력이 부족한 사람이라고 인식한다면, 마음 속 깊은 곳의 화면을 통해 스스로를 아무것도 하지 못하고, 다른 사람들이 중요하게 여기지 않는 평범한 일반인을 본다. 더욱이 난관에 봉착했을 때 "나는 안 돼"라고 말하며, 일상생활과 직장생활에서 열등감과 상실감, 무력감을 느끼게 될 것이다. 만약에 자아 심리가 다른 사람보다 재능이 뛰어나다고 느낀다면, 당신은 마음 속 깊은 곳의 화면을 통해 능률적인 일처리, 탁월한 문제 해결 능력을 가진 자아를 보게 될 것이다. 그리고 어떤 상황에서도 자기 자신에게 "나는 할 수 있어"라고 말할 것이다. 이런 마음가짐을 가지고 있으면 공부나 모든 업무 영역에서 잘 해낼 수 있다.

그렇다면 어떻게 자아 심리를 명확하게 수립하고, 자신감을 높일 수 있을까? 심리학자들은 한 가지 원칙을 제시했다. 진실한 자아를 기반으로 자아 심리를 조금씩 높이는 것이다. 이렇게 하면 조금 더 높은 목표를 설정하게 되고, 자신의 평가도 조금 더 적극적으로 하게 되어 자신의 잠재력을 살리는데 도움이 된다. 자아 심리가 비교적 낮을 경우, 특히 진정한 자아보다 낮으면 스스로를 과소평가하게 되고 자신감에 손상을 주어 잠재력을 제대로 발휘하지 못하게 제한한다.

하버드 출신의 유명한 심리학자 윌리엄 제임스 James는 연구를 통해 다음과 같은 공식을 만들었다.

$$자신감 = 성과 \div 포부$$

이 공식은 자아가 느끼는 만족의 여부가 실제 성과와는 정비례하고, 포부와는 반비례한다는 것을 보여준다.

만약 한 사람이 거둔 성취와 그 포부가 상당하다면, 그는 스스로 만족하고 적극적인 자신감과 성취감을 가지게 될 것이다. 성취와 포부가 작다면 그 사람은 만족하지 못하고 성과를 얻기 위해 더 노력하거나 노력을 포기해버리고 포부를 낮추거나 포기할 수도 있다.

자아에 대한 적극적인 평가를 얻고 싶다면 자신감을 높임으로 성과를 높이거나 포부를 낮추어야 한다. 이 공식은 자아 심리를 조절할 때 참고적으로 활용할 수 있다. 자신감과 성과, 포부가 유동적인 평행상태를 유지하거나, 약간의 불균형 상태에 있을 때 자신감이 강해지고, 포부도 커져, 성과를 거두고 자아 능력을 제고하는데 도움이 된다.

- 자신감은 증명이 아니라, 자아에 대한 일종의 탐색이다

자신감은 누군가에게 무엇을 증명해야하는 것이 아니라, 자아 탐색에서 비롯되어 자기에게 잠재된 재능을 발굴하고 각성시키는 것으로 자기 인생에 대한 일종의 책임이다. 더욱이 자신감은 자기의 잠재력을 부단히 탐색하고 발굴하는 과정에서 점차적으로 키워지는 것이다.

헬렌 켈러Keller는 하버드에 합격한 경험에 대해 이렇게 말했다. "저는 어렸을 때 줄곧 '하버드'에 대한 꿈을 간직하고 있었습니다. 아직 어린 여자아이였지만 사립 여대인 웰슬리 컬리지Wellesley college를 견한 학 후에 대학, 그것도 미국 최고의 학부인 하버드에 반드시 입학하겠다고 선포해 다른 사람들을 놀라게 했었죠. 많은 사람들이 황당무계한 말로 넘겼고, 일부는 능력에 맞는 대학교를 선택하라고 권유하기도 했죠. 하지만 천성적인 고집 때문에 하버드에 입학하겠다는 결연한 신념을 품게 되었고, 저는 식구들과 친구들의 선의의 권유를 무시한 채 신체 건강한 정상인들

과 겨뤄보겠다고 고집을 부렸습니다. 입학식 장면이 아직도 생생히 기억나네요. 그날은 제 인생에서 가장 중요한 날이었습니다. 꿈속에서 수도 없이 염원했던 날이 드디어 실현되는 날이었죠. 저는 마침내 정상인들과 함께 하버드에서 함께 성장하고 공부할 수 있게 되었습니다. 저는 줄곧 제 자신의 노력을 통해서 신체 건강한 그들과 함께 겨뤄 우열을 가려보고 싶었습니다. 이런 결정을 내린 것은 결코 무엇인가를 증명하기 위함이 아니었습니다. 그저 이런 방식을 통해 길고 긴 인생에서 제가 도대체 얼마나 멀리 갈수 있는지를 보고 싶었습니다."라고 전했다.

- **행동을 통해 자신감을 길러라**

자신감은 종종 행동하는 과정에서 키워진다. 과외 활동에 참가해서 자신의 잠재력을 인식하고 발굴하는 과정을 통해서도 자신감을 기를 수 있다.

한 학생이 면접을 거쳐 하버드대 합창단에 가입했다. 그는 자신이 좋은 목소리를 가지고 있다는 것을 알았지만, 한 번도 사람들 앞에서 당당하게 노래를 불러 본적이 없었다. 합창단에 가입한 이후로 그는 부끄러움을 극복하고, 공개 공연활동에 참가하면서 즐거움을 느꼈다. 그는 합창단에서 3년간 활동했고 4학년 때는 단장도 맡았다. 졸업 전에 그는 선거정치학을 향후 전공방향으로 정하고 한 정책관리연구 대학원에 입학 신청했다. 이 모든 것이 하버드 합창단에서의 경험을 통해 자신감을 키웠기에 가능했다.

- **몸이 건강해지면 영혼도 같이 강해진다**

테오도어 루스벨트는 유년시절 병치레가 잦은 천식 환자였다. 다른 아이들에게 무시당하지 않기 위해 부모님의 진심어린 격려 속에 복싱을 배우며 체력단련을 시작했다. 복싱 훈련 덕분에 그는 건강한 신체뿐만 아니라, 강한 자신감과 강인하고 독립적인 성격도 키울 수 있었다. 하버드에서도 그는 여전히 각종 스포츠 활동에 열심히 참가했다. 졸업 즈음 검진을 하던 의사가 심장에 문제가 있으니 사무실에 앉아서 일할 수 있는 직장을 찾으라고 권유했지만, 테오도어 루스벨트는 의사의 경고를 무시한 채 여전히 격렬한 운동을 즐겼다. 그가 이렇게 운동을 좋아한 이유는 운동을 한 뒤로 심신이 건강해져 유년기에 몸이 약하다는 이유로 다른 이들의 무시를 받던 상황에서 벗어났기 때문이다. 그는 운동이 한 사람의 성격 형성에 어떤 영향을 미치는지 직접 경험하고 깨달았다.

"건장한 신체는 건강한 영혼을 실현하는 통로입니다. 충분한 체력을 가지고 있지 않은 사람은 어떤 일도 성사시키지 못합니다. 오랫동안 도시에 거주한 사람들은 농촌에 거주한 사람들에 비해 건강하고 활력이 넘치는 신체로 단련할 기회가 적습니다. 물론 그렇다고 도시사람들이 전혀 건강하지 않다는 뜻은 아닙니다. 젊은 변호사, 가게 주인, 점원 혹은 종업원들도 모두 노력하기만 한다면 건강한 몸을 유지할 수 있고, 실제로 모든 젊은 사람들은 몸을 건장하게 단련시키고 싶어합니다."

진정한 친구가 없다는 것은 참으로 서글픈 일이다.
만약 친구가 없다면 이 세상은 척박한 황야에 불과하다.
― 로저 베이컨Bacon

교제는 인류의 필연적인 동반자다.
― 칼 마르크스Marx

우리가 알고 있는 가장 좋고, 가장 믿을 만하고,
가장 효과적이면서, 가장 부작용이 없는 자극제는 바로 사교활동이다.
― 랄프 왈도 에머슨

'사교 학점'을 이수하여
사회인이 되는 법을 배워라

■ 스티븐 엘레지Elledge는 하버드 의대 유전자학과에 특별 임용된 종신 교수다. 그의 성공에는 빠른 눈치와 노련미로 무장한 '사교능력'이라는 비결이 숨어있다. 미국 학계에서는 연구 실력이 가장 중요하지만, 어느 정도의 인맥교류 또한 필수적이다.

매주 금요일 오후 4시 30분이면 하버드 의대 유전학과에는 한 시간 가량의 주말 모임 활동 Happy Hour이 열린다. 모든 실험실이 돌아가며 주최하는 활동에서는 석사생, 박사후과정생(포스트 닥터), 그리고 과학연구원들이 함께 어울려 간단한 간식과 맥주를 즐기며 진솔한 대화를 나눈다.

스티븐 엘레지 교수도 자주 이런 활동에 참가해 같이 피자를 먹고 맥주를 마시며, 다른 실험실의 학과 석사생, 박사생, 그리고 박사후과정생들과의 토론을 마다하지 않는다. 편안한 접근이 가능한 그의 태도는 다른 실험실의 호감을 산다. 또한 그는 지도학생들의 성과에 칭찬을 아끼지 않고, 좋은 글을 발표한 사람의 의견을 잘 듣고 수렴한다. 매년 크리스마스에는 실험실 식구들은 물론 그들의 가족까지 초청해 파티를 열기도 한다.

실험실 식구가 새로운 직장을 찾거나 결혼, 또는 아이를 낳으면 실험실 비서를 통해 식사 대접을 하거나 카드를 보내 축하의 뜻을 전한다. 뿐만 아니라 그의 실험실에 지원하는 학생에게는 그 결과와 상관없이 성대하게 대접하고, 지원학생에게 전 실험실을 대상으로 학술 발표를 할 수 있는 기회를 마련한다.

미국 바이오의학계의 천재 교수라고 불리는 스티븐 엘레지 교수의 성공은 의심의 여지가 없다. 그는 특출한 사교능력으로 자신의 영향력을 키웠고, 지도학생들의 견고한 지지를 받을 수 있었다. 한 사람의 성공은 그의 사교능력에 크게 좌우되며, 이런 사교능력은 연구자라고 할지라도 갖출 필요가 있다.

하버드 출신의 유명 학자 딩슈에량丁學良은 자신이 데리고 있었던 여학생 두 명을 예로 들었다. 그들 중 한 명은 태국 난민캠프에서 1년을 보냈고, 다른 한 명은 중국 싼샤(三峽, 삼협, 창장(長江, 장강) 지역의 취탕샤瞿塘峽·우샤巫峽·시링샤西陵峽 등 세 개의 거대한 협곡이 만나는 구간-옮긴이)에서 1년간 현지의 환경오염을 조사했다. 그렇다면 적지 않았을 이들의 연구 경비는 과연 어떻게 구했을까? 박사과정생 한 명은 스스로 이 문제를 해결했다고 한다. 딩슈에량은 이 두 여학생의 용기와 성적에 대단한 자부심을 가지고 얘기했다. 그의 두 제자는 현재 미국 국회 환경보호 프로젝트의 고등연구원으로 활동하고 있는데, 그는 "외부에서 지원금을 받아 연구하는 법을 배우지 못하면 성공한 연구자가 될 수 없다."고 말했다. 사교능력이 부족한데 공부만 하는 사람은 영원히 하버드가 원하는 인재가 될 수 없다.

하버드는 학생들에게 사교능력과 커뮤니케이션 능력을 끊임없이 요구한다. 하버드 출신의 정계인사들과 재계 엘리트들은 대부분 학창 시절에 이미 높은 사교능력을 가지고 있던 학생들이다.

루스벨트의 연설은 언제나 정곡을 찌렀고, 케네디는 재학 시절 '관용, 재미, 사교에 대한 흥미'를 느꼈으며, 오바마 대통령은 〈하버드 로 리뷰〉의 편집장으로 선출될 정도였다.

사교능력은 인생의 필수과목이다. 사회생활을 하게 되면 사람들과 교제를 해야만 하는데, 이를 위해서는 사람들과의 교제 능력과 원리를 이해해야 하기 때문이다. 그 외에도 사교능력이 그 사람의 감성과 지성을 드러내는 만큼 사교능력을 배양함으로써 일 처리 능력과 리더십, 발표력, 조직 협동력 등을 단련할 수 있다.

- **사교적 마인드를 길러라**

사교능력은 '사교적 마음가짐'을 키우는 데서 비롯한다. 책을 통해 공부하는 것이 습관화되어 사교 활동을 비교적 홀대시하는 학생들은 적당한 시간을 내어 사교활동을 경험해 봐야 한다.

우선, 의식적으로 사교활동을 중요시해야 한다. 학교 교과목으로 개설

되지도 않고 관련 학점도 없지만, 사교활동의 중요성은 다른 그 어떤 과목보다 중요하다는 점을 스스로 인식해야 한다. 사교활동 때문에 성적이 다소 떨어지더라도, 이는 그만한 가치가 있다. 성적은 노력으로 보완할 수 있지만, 낮은 사교능력은 노력만으로 높이기 어렵기 때문이다.

빌 게이츠는 다른 사람보다 똑똑하다는 점을 잘 드러내지 않는다. 그는 독서가 취미였는데, 부모도 아들의 취미를 적극적으로 지원해 그가 원하는 책은 뭐든 다 구해주었다. 그러면서도 아들이 다른 사람과 사귀는 법을 모르는 책벌레가 되지 않을까 걱정했다. 빌 게이츠의 부모는 홈 파티를 열어 그에게 입구에서 손님들을 맞이하게 하거나, 아버지의 회사 모임에서 웨이터를 하도록 시키는 등의 방법을 통해 사람들을 대하는 방법을 익히게 했다.

천성적으로 사교의 고수로 태어나는 사람은 없다. 원만하게 대처할 수 있는 사람들의 사교능력도 천천히 단련된 것이다.

- 캠퍼스 생활에 동화하고,
  친목활동에 많이 참가하라

하버드 케네디 스쿨 HKS, John F. Kennedy School of Government 의 한 연수생은 하버드에서의 생활을 떠올리며, 특히 동기들과의 친목활동이 자신의 사교능력을 키우는 데 큰 도움이 되었다고 말했다.

"막중한 학업 스트레스를 받기는 했지만, 하버드에서는 항상 동기들과 강에서 수영을 하거나 조정, 자전거 하이킹 약속을 잡곤 했습니다. 재직 연수생들은 매주 한 번씩 일정한 시간에 모여 가벼운 마음으로 같이 맥

주를 마시며 소위 말하는 친목활동Happy Hour을 가졌죠. 보스턴 레드삭스
Boston Red Sox, 보스턴 셀틱스Boston Celtics, 그리고 아이비리그 대학 간 럭비
게임은 모든 학생들이 빠뜨리지 않고 재미있게 즐기던 활동이었죠. 겉으
로 보기에는 레포츠 활동 같지만, 모두 사교능력을 연마할 수 있는 좋은
기회입니다. 동기들과의 우정을 쌓고 졸업 이후를 위한 글로벌 동문 네
트워크를 구축할 수 있기 때문이죠. 동아리 활동은 긴장된 학교생활에서
이완을 할 수 있는 시간만이 아니라, 배운 내용을 검증할 수 있는 가장
좋은 기회이기도 합니다. 때문에 하버드 케네디 스쿨에서는 학생들에게
인간관계에 관한 일종의 학문을 전수해줍니다. 앞으로 직장에서 고위직
을 맡게 되거나, 관리자가 되었을 때 언제나 많은 사람을 대해야하기 때
문이죠. 다른 사람들과 접촉하는 모든 활동은 가장 좋은 학습의 기회로
작용하였습니다. 바로 이 점이 케네디 스쿨에서의 가장 큰 수확이 될 것
입니다."

- **친구를 사귀어라**

조지 부시 주니어George W. Bush는 어릴 적 매우 까다로운 아이였다. 중학
교 학업성적은 보통이었지만, 조부와 부친의 후광에 떠밀려 억지로 예일
대에 진학하게 되었다. 부시 주니어의 아버지 조지 부시George Herbert Walker
Bush는 아들이 대학에 입학한 뒤 친구들과 잘 지내라고만 할 뿐 학업성적
에 대해서는 별다른 요구사항이 없었다. 그 덕에 부시 주니어는 예일대
생의 4분의 1 정도와 사귈 수 있었다. 친구들은 그가 한 번 만난 사람의
이름도 기억한다고 말했다. 1972년, 부시 주니어는 하버드 경영대학원에

진학하기로 결심했다. 입학 후에도 여전한 인기를 누렸던 그는 대학에서 잘 구축한 인맥 덕분에 사회진출 이후에도 여러 차례 어려움에서 벗어날 수 있었다. 그리고 당시에 쌓아 놓은 친구들과 동문들의 후원과 도움을 바탕으로 43대 미국 대통령이 되었다.

친구들을 많이 사귀면 성공의 길에서 생각지도 못한 도움을 받을 수 있다. 당연히 인품이 좋고 진취적인 사람들과 친구가 되어야 한다. 좋은 친구들이 나를 지지하고 도움을 줄 수는 있겠지만, 결국 최후의 성공은 여전히 자신의 실력에 달려있다. 부시 주니어 본인의 능력이 없었다면 아무리 친구가 많다고 하더라도 미국 대통령에 당선되지는 못했을 것이다.

- **'개인 친목 모임'을 만들어라**

하버드 경영대학원 교수이자, 메드트로닉 Medtronic 사의 전임 CEO 겸 최고운영책임자 CCO였던 빌 조지 George는 '개인 친목 모임'을 만들라고 제안했다. 이 모임을 통해 개인의 사교능력을 제고할 수 있을 뿐만 아니라 업무나 생활, 나아가 세계관까지도 언제든지 지지받을 수 있다. 그는 자신의 경험을 바탕으로 이런 제안을 했다.

1974년 한 주말, 휴가 활동에 참가했던 빌 조지는 휴가가 끝난 후에 남성 클럽을 결성해 매주 수요일 아침마다 75분간의 정기 회의를 개최했다. 30년째 이어져 온 이 모임을 통해 그들은 서로의 생활을 이해하고, 서로가 어떤 어려움에 봉착했는지를 나눈다. 그 외에도 '세상에 어떤 것을 남기고 싶은가' 하는 문제처럼 하나의 주제를 정해서 이에 대해 토론을 나눈다. 토론은 보통 개방적이거나 탐색적으로 진행되며, 매우 심도 깊는 내용들이 오간다. 솔직함을 유지하는 것이 이들 토론의 핵심으로, 모든 회원들은 자신이 하고 싶은 말을 하되 다른 사람들의 비판이나 질책을 두려워하지 않는다.

빌 조지는 이렇게 오랜 기간 이 클럽의 회원으로 활동하며 회원들의 자녀 출산, 이혼, 진급, 실업, 병환, 심지어 죽음에 이르기까지 인생의 중요한 여러 시기들을 함께 헤쳐 왔다. 종종 유명한 휴가지에 함께 가기도 하고, 가끔은 배우자들과 함께 모임을 가지기도 하지만, 수요일 아침마다 열리는 정기 회의가 여전히 가장 중요한 활동이라고 말했다. 모든 회원들이 이 클럽이 그들 인생에서 가장 중요한 것 중 하나라고 여기고 있고, 이 활동이 자신의 신념과 가치관, 그리고 중요한 문제에 대한 이해를 더욱 분명하게 할 수 있도록 도우며, 서로에게 가장 중요한 의견을 들려준다고 말했다.

'개인 친목 모임'은 보통 가장 좋은 관계를 맺은 친구들과 결성하는 사적인 비밀 모임이다. 서로에 대한 신뢰와 친밀감이 있기 때문에 생활, 학습, 업무 등 여러 방면에 서로 지지를 해준다. 또한 이 모임에 동화되는 과정에서 사교능력을 기르게 되어 더 원만하게 사회에 융화될 수 있다.

- **사회에 먼저 적응한 다음 역할을 고민하라**

새롭게 사회에 진출하는 일부 젊은이들은 주변에서 발생하는 어떤 상황들이 익숙하지 않거나, 항상 주변 사람들이 자신만 못하다고 생각하거나, 불공평한 대우를 받는다고 느끼거나, 자신은 능력이 있음에도 기회를 못 만났다고 여기는 등 적응하는데 어려움을 겪는다. 이들은 자주 퇴사를 선택하면서 사회와 다른 사람에 대한 포용보다는 불평을 더 많이 한다. 이는 한 개인의 성장과 발전에 전혀 도움이 되지 않는다. 먼저 사회와 환경에 적응한 다음 자신의 역할을 고민하는 것이 올바른 마음가짐일 것이다.

오바마 대통령은 아버지의 인생을 통해 세상과 접하는 방법을 깨우쳤다. 그의 부친은 하버드 박사 출신으로, 우수하지 않다고 말할 수는 없지만 자신의 고집만을 내세우고 양보와 수용을 몰랐다. 오바마는 아버지처럼 전혀 현실적이지 않은 문제로 아무 의미 없는 싸움에 자신의 인생을 쏟아 붓고 싶지는 않았다. 우수한 능력과 학식은 사회에서 당신을 쓰겠다고 할 때 비로소 가치가 부여되고, 실제로 가치를 부여받는다. 그렇기 때문에 먼저 사회와 환경에 적응한 다음 기회를 엿보아 변화를 추구하는 사람이 진정 지혜로운 사람이라고 할 수 있다.

- **'연기acting'를 공부해보라,**
  사회에 더 빠르게 융화되도록 도와줄 것이다

하버드의 한 교수는 "미국 사회는 커다란 무대와도 같습니다. 교수, 정치가, 기업총수부터 변호사, 장군, 기자에 이르기까지 연기를 못하면 얼굴을 내밀기 힘듭니다."라고 말하며 학생들에게 여가시간동안 '연기과목'을 배우면 이것이 사회에 더 빠른 융화를 돕는다고 했다.

사회학자들은 사회의 모든 사람은 여러 가지 역할을 담당해야 하며, 한 가지 역할만 맡을 수는 없다고 말한다. 그들이 담당해야 하는 그 다양한 역할들은 항상 더 많은 사회 역할들과 연결되어 결국 '역할 집합체'를 형성하게 된다. 다시 말해, 역할은 사람에게 형성된 특정한 사회관계이며, 이러한 사회관계의 네트워크는 개인이 각기 다른 장소에서 연기한 다른 역할들이 모여서 만들어진 것이다.

전 세계 사람들의 눈에 오바마는 미국 대통령이지만, 가정에서 그는 정치가이기도 하면서, 아버지이자, 남편이기도 하다. 사회에서 생활하는 모든 사람들이 여러 가지 다른 신분을 하나로 합쳐놓은 사회의 '역할 집합체'인 셈이다. 어떤 시각에서 보면 사회 전체는 하나의 무대와 같고, 우리는 무대에서 자신과 관련한 각종 역할을 연기하는 것이다. '연기과목'을 선택하거나, 교내 연극단에 가입한다면 무의식중에 현실의 사교 생활을 위한 리허설과 연습을 할 기회를 갖게 된다. 대본을 편집하고 리허설을 준비하면서 사회의 역사, 개성과 인생에 대해 더 깊이 인식하게 되고, 세계와 접하는 지혜와 사람들과 교제하는 방법을 배우게 될 수도 있다. 그리고 우리가 사회에 더 빨리 융화되도록 도울 것이다.

하버드의 모든 학생들은 새로운 것을 창조하고 있다.
그들은 일자리를 창조하는 것이
좋은 직장을 잡는 것보다 훨씬 좋다고 생각한다.
— 로렌스 서머스

'아르바이트'는
사회 진출을 위한 것이다

■ 마크 주커버그는 자신의 룸메이트가 하버드의 유명 동아리인 '포닉스Phoenix'에 가입하기 위해 동분서주하고 있을 때 페이스북 프로그래밍에 한창이었다. 주커버그는 "포닉스에 들어갔다는 사실이 대체 뭘 증명한다는 거야?"라며 일편단심 '포닉스'에 가입하고 싶어 하는 룸메이트를 이해하지 못했다. 아마 주커버그는 어떤 일을 해야 사회에 자신의 가치를 증명할 수 있을 뿐만 아니라, 모든 학생들이 다 가입하고 싶어 하는 동아리가 아닌 사회의 엘리트 클럽에 가입할 수 있는 티켓을 얻을 수 있는지 생각하고 있었을지 모른다.

이 사회는 가치 있는 공헌을 한 사람들에게만 그 문을 연다. 만약 당신이 아무것도 하지 않은 채 사회에 자신의 가치를 증명하고자 한다면 누가 당신을 특출한 인물이라고 생각할까? 또 무엇을 가지고 사회에 발을 내딛겠는가? 아르바이트는 단순히 돈을 벌거나 직장을 구하기 위한 것만이 아니라, 사회에 자신의 가치를 증명하고, 진출하기 위해 해야 한다.

- 아르바이트는 다른 사람이
  나의 학비를 내주는 것과 같다

하버드생들은 일하는 과정에서도 무언가는 배우는 사람들을 보면서 아르바이트란 자신들의 공부를 위해 타인이 학비를 제공하는 것이라고 여긴다. 모든 일자리는 일을 배우고 좋은 사람이 되는 방법을 가르쳐주는 훌륭한 플랫폼을 제공한다. 그리고 일을 하면서 학교에서는 배우지 못한 많은 것들을 배우게 된다.

세 명의 하버드 컴퓨터 전공 졸업생들이 함께 소프트웨어 회사를 차렸다. 그동안 받은 컴퓨터 전공 교육에서 어떤 내용이 그들의 성공에 가장 요긴했는지를 물어보자 비교적 젊은 한 명이 "내가 들었던 컴퓨터 과목은 모두 훌륭했다. 하지만 강의실에서 배운 대부분은 독학으로도 충분히 배울 수 있는 내용이었다. 나는 하버드에서 '학생 기숙사 식당'을 관리하며 가장 중요한 것을 배웠다."고 대답했다.

우리가 일을 하면서 많이 배울수록 일을 통해 더 많은 것을 벌 수 있다. 일을 통해 배우는 내용은 당장 눈앞의 급여보다 훨씬 값진 것이다.

- 아르바이트를 통해
  효과적으로 시간관리하는 법을 배운다

　아르바이트는 학생들이 효과적으로 시간관리하는 법을 배울 수 있도록 좋은 기회를 준다. 아르바이트를 하는 학생들은 하지 않는 학생들보다 시간관리에 대한 압박이 더 크고, 무의미하고 낭비되는 활동을 크게 축소해야 학업 성적을 떨어뜨리지 않으면서 자신의 일도 제대로 할 수 있다. 따라서 자신의 시간 활용률을 부단히 높일 수밖에 없다. 장기적으로 보면 아르바이트를 하는 학생들은 높은 효율성으로 시간을 관리하는 습관을 기를 수 있다.

- 독립의 즐거움을 맛보라

　하버드의 학비는 여타 공립대학들보다 훨씬 비싸다. 그래서 하버드의 학생들은 몇 가지씩 아르바이트를 한다. 아르바이트를 하면 경제적인 부담을 덜 수 있을 뿐 아니라, 미래의 일을 대비한 경험을 쌓을 수도 있다. 하버드에는 전문적으로 학생 근로관련 사무실과 컨설팅 지도교수를 배치해 학생들이 적합한 일자리를 찾아 학비에 보탬이 될 수 있도록 돕는다. 일들은 대부분 개인과외, 연구보조, 실험실, 도서관, 캠퍼스, 기숙사, 혹은 교수업무 지원 등 학업과 관계되는 것들이다. 학교 가이드도 그 중 하나다. 당연히 이 자리를 놓고 경쟁이 벌어지는 만큼 역할을 충분히 잘 해내야 한다. 하버드는 장학금이 많다는 이야기가 결코 과장은 아니다. 많은 석박사생들이 받는 장학금은 '가족 동반' 방문학자들이 받는 보조금과 비슷하다. 많은 학생들이 몇 년간 공부하면 특별히 절약을 하지 않는 상황에서도 어느 정도의 돈을 모을 수 있게 된다.

아르바이트를 하면 재정적인 독립의 즐거움을 맛보게 되는데, 이는 개인의 존엄성과도 관련이 있다. 이에 대해 워렌 버핏의 파트너이자, 하버드 법학대학원 졸업생인 찰리 멍거는 "워렌 버핏처럼 나도 부자가 되는데 환장을 했었다. 페라리Ferrari 같은 고급차를 사고 싶어서가 아니라, 독립된 능력을 매우 간절히 바랬다. 나는 다른 사람이 대신 계산하는 것이 나의 존엄성을 헤치는 일이라고 생각한다. 왜 이런 생각을 하게 됐는지는 나도 모르겠지만, 그렇게 생각한다."고 말했다.

- 아르바이트는 배운 내용을
  실제로 활용할 수 있는 기회다

아르바이트를 통해 우리가 배운 지식을 업무에 활용하면서, 그동안 배운 지식의 사회적 필요성을 검증할 수 있다. 하버드 경영대학원 존 브루스터Brewster 교수의 말에 따르면, 적지 않은 하버드 학부생들이 새로운 기술을 개발하거나, 기존 기술의 새로운 응용방법을 연구하거나, 혹은 학교 안에 있는 다른 사람들을 도와 기술을 실제 업무에 응용하고 있다고 한다.

아르바이트를 해본 사람이 진정한 생활을 이해하고 더 빠르게 사회와 융화되며 직장에서 성과를 얻는다. 빌 게이츠가 젊었을 때 "TV에 나오는 많은 장면은 결코 현실의 생활이 아니다. 현실에서는 모든 사람들이 자신의 일에 매진해야 하지, TV에서처럼 매일 커피숍에 여유롭게 앉아 있을 수 없다."고 말한 것과 같다. 도서관과 강의실에서만 공부하고 직업

현장에서 몸소 부딪혀 보지 않는다면 진정한 능력을 키우기 어렵고, 근면 성실하고 효율적인 근무 습관도 기르기 어렵다. 더욱이 사회의 빠른 리듬을 쫓아가기도 힘들다. 직장생활을 시작하고 나서야 이런 능력을 키우기 시작한다면, 적응하기 위해 어떤 노력을 하더라도 수동적일 수밖에 없다.

하나님이 우리에게 두 다리를 만들어주신 바,
이는 자신의 두 다리로 걷게 하기 위함이다.
― 존 록펠러

양탄자 위에 앉아 실크 이불을 덮는 사람은 절대 성공할 수 없다.
소리 없이, 쥐 죽은 듯 고요히 보내는 인생은
공기 중의 연기나 수면 위의 거품과도 같아,
그가 지구에 남긴 흔적도 눈 깜빡할 사이에 사라지게 된다.
― 단테 알리기에리 Alighieri

게으른 습관은 성공을 가로막는 걸림돌이다.
큰일을 이루고 싶다면 게으름부터 걷어 내라.
오로지 자신에게 기대어 이룬 성공만이 진정한 성공이다.
― 빌 게이츠

졸업식은 독립일!
자기 자신에게 기대어 성장하라

■ 로렌스 서머스 하버드 전 총장은 졸업식 연설에서 곧 하버드를 떠나게 될 졸업생들에게 다음과 같이 말했다. "여러분은 독립을 시작해야 합니다. 더 이상 다른 사람에게 기대선 안 됩니다. 하버드 총장으로서 여기에 계신 학부모님께 전해드릴 좋은 소식은 더 이상 학비를 내지 않아도 된다는 것입니다. 더불어 전임 재정부 장관으로서 여러분의 자녀가 아직 독립을 못했다는 핑계를 더 이상 대지 못할 것이라는 나쁜 소식도 전해드립니다."

로렌스 서머스 총장은 졸업식 날을 하버드의 학생들이 '독립하는 날'로 여겼다. 많은 학생들이 졸업 전부터 이미 독립하고 사회에 진입할 준비를 하지만, 막상 하버드에서의 마지막 날이 오면 이런 변화를 '잔혹하다'고 느끼기도 합니다.

드루 길핀 파우스트 총장이 졸업생들에게 "얼마 전에서야 5월 22일부터 여러분에게 급식을 제공하지 않는다는 소식을 들었습니다. '언젠가는 우유를 끊어야 한다'고 비유하며 말하기는 했지만, 보급처에서 이렇게 빨리 '우유'공급을 중단할지는 몰랐습니다."라고 말한 것과 같다.

식당에서 더 이상 급식이 제공되지 않는다는 변화는 자신을 더는 학생으로 여겨선 안 되고, 부모님에게 의존해서도 안 되며, 스스로를 완전히 독립된 인격체로 바라보고, 자신의 재능과 공헌을 통해 사회에서 자기의 위치를 찾아야 함을 의미한다.

영원히 다른 사람에게 의지하는 생활을 할 수 있는 사람은 없다. 존 록펠러가 자신의 아들에게 "사랑하는 존, 너는 영원히 나와 함께 출항하고 싶겠지. 근사하게 들리는구나. 하지만 나는 너의 영원한 선장이 아니란다. 하나님이 우리에게 두 다리를 만들어주신 것은 두 다리로 직접 걸으라는 의미란다."라고 말한 것처럼, 모든 사람은 자신만의 '독립의 날'을 맞이한다. 이때가 졸업식 당일이든, 생활에 변화가 일어난 날이든, 우리가 가정의 무거운 책임을 부담할 날이 이르든 더디든 간에 결국은 올 수밖에 없는 만큼 우리는 완전히 독립된 자세로 생활해 임해야만 한다.

리스는 불행한 가정에서 자랐다. 어머니는 에이즈AIDS와 마약복용으로 인한 정신질환을 앓다 결국 세상을 떠났고, 아버지는 술주정으로 수용소에 송치되었다. 외할아버지조차 받아주지 않아 그녀는 결국 길거리를 떠도는 신세가 되었다.

가난하고 어떠한 도움도 받지 못하는 생활을 했지만, 그녀는 절망하지 않았다. 오히려 운명과 맞서 싸울 용기가 샘솟았다. 어머니가 세상을 떠난 뒤 몇 개월 동안 그녀는 아무런 경제적 소득도, 정신적 위로도 없는 상황이었지만, 자발적으로 고등학교 입학원서를 제출했다. 잘 곳조차 없던 리스는 지저분한 싱크대 앞에서 일하고 쥐꼬리만 한 월급을 받으면서도 공부를 했다. 그녀는 자신이 다른 사람들과 다른 환경에서 자랐고 전혀 다른 생활을 하고 있다는 점을 알고 있었다. 그리고 이 상황을 벗어날 방법을 찾아야만 새로운 세계에 갈 수 있다는 것도 알고 있었다. 그녀가 선택한 방법은 열심히 공부해서 대학에 입학하는 것이었다. 그래야만 자신이 처한 현재의 상황을 벗어날 수 있기 때문이었다.

하지만 리스의 주변 사람들은 대학 진학은 작은 여자아이의 아름다운 환상일 뿐이라고 여기며, 그녀에게 소용없다면서 어리석은 생각하지 말라고 할 뿐이었다. 그럼에도 그녀는 동요하지 않고 꿋꿋이 열심히 공부해 대학의 문을 두드렸다. 그녀는 A 이상의 성적으로 반 1등을 차지하며 고등학교 4년 과정을 2년 만에 마쳤다. 그리고 행운처럼 하버드 캠퍼스를 참관할 기회를 얻었다.

하버드대 캠퍼스를 본 그 순간 그녀는 마음속 깊은 곳의 울림을 느꼈다. 하버드를 오가는 남녀 학생들을 보면서 '이 사람들의 행동은 나와 왜 이렇게 다르지? 그들이 자란 세계가 나와 달라서인가? 그렇다면 나도 더욱 분발해서 이 세계로 들어오겠어.'라며 스스로 되뇌었다.

하버드에 입학하기 위해서 그녀는 반드시 장학금을 받아야만 했다. 그녀는 모든 장학금 정보를 뒤져서 '값비싼' 하버드에서 공부할 수 있도록 전액을 지원하는 〈뉴욕 타임스〉의 장학금을 발견했다. 면접 당일, 리스는 그럴싸한 복장도 갖추지 못한 채 낡아빠진 옷에다 빌린 코트를 입었다. 그녀는 면접관 앞에서 자신의 경력을 솔직하게 설명했고, 면접관들은 감동했다. 그리고 그녀는 〈뉴욕 타임스〉에서 제공하는 1만 2천 달러짜리 장학금을 받아 하버드에 입학할 수 있는 티켓을 얻었다.

마침내 꿈에 그리던 하버드가 그녀에게 양팔을 벌려주었다. 자신의 부단한 노력과 운명을 바꾸겠다는 강렬한 소망이 그녀의 언약을 현실로 바꾸었다. 장학금 수령 축사를 하던 날, 그녀는 그 순간부터 영원히 자기의 삶이 바뀔 것이라고 말했다. 부모가 돌볼 여력도 안 되고, 친척과 운명도 버린 여자아이는 여러 차례 삶의 역경에 부딪히면서도 자신의 꿈을 포기하지 않았다. 사회가 당신을 버릴 수도 있고, 부모도 당신을 버릴 수도 있지만, 스스로 자신을 포기해서는 절대 안 된다고 말한 것처럼 말이다.

리스는 일찍부터 무거운 생활의 짐을 책임졌다. 대학을 졸업할 때까지 많은 학생들이 의식주 걱정 없이 부모의 날개 아래 보살핌을 받으며 진짜 사회에 진출하기 전에 비교적 긴 적응기간과 과도기를 거치는 반면, 부모의 보살핌 없이 자란 리스는 일찍부터 생활의 최전선으로 떠밀렸다. 모든 것을 스스로에게 의지해야 했던 그녀의 '독립의 날'은 그 누구보다 일렀다. 하지만 행운이 없었던 것은 아니다. 그녀는 아무 걱정 없이 보내는 즐거운 유년기는 잃었지만, 대신 '자기의 힘으로 운명을 바꿀 수 있는' 강인한 신념과 값진 경험을 쌓았다. 앞으로 겪게 될 고난과 좌절에 그녀는 더 강한 '면역력'을 가지고 인생의 길에서 다른 사람들보다 더 멀리 갈 수 있을 것이다.

인류가 주도적인 노력으로
생명의 가치를 확실히 끌어올릴 수 있다는 것만큼
고무적인 사실도 없다.
— 헨리 데이비드 소로

모든 일을 정확하고 엄격하며 표준에 맞게끔 해내기를 즐기는 것이야말로
고상한 마음가짐을 위해 반드시 갖추어야 하는 자세다.

— 안톤 체호프 Chekhov

엄격한 요구가 없으면
엄격한 생활도 없다

■ 하버드는 학생들에게 자기 단련과 제약을 철저하게 하지 않으면, 만족스러운 대학생활을 할 수 없다고 가르친다. 하버드에서는 명확한 목표를 가지고 효율적으로 시간을 배분할 줄 아는 인재만이 최후의 승리를 거둔다. 반대로 하버드의 자유로운 학점제도와 다른 여러 제도를 이용하여 틈만 나면 놀기에 바쁜 학생들은 이 치열한 경쟁사회에서 냉정하게 퇴장당한다.

애버트 로렌스 로웰 하버드 전 총장은 "규율과 법을 지키는 것만으로는 사회를 높은 수준으로 유지하기에 부족합니다. 개인행위에 대한 기준이 더 필요하죠. 이 기준은 법이 강요할 수 있는 규칙의 범위를 훨씬 뛰어넘는 것입니다. 가장 중요한 미덕인 정의, 신중함, 자제력과 강인함은 순식간에 사라지거나 시류에 휩쓸리지 않기 때문입니다."라고 했다. 자기관리를 비롯하여 자신과 사회에 책임을 지는 것이 우리가 사회로 진입할 수 있는 가장 중요한 보증이다. 그렇다면 하버드생들은 어떻게 자기관리를 하고 있을까?

• 인생목표를 정하라

좋은 목표와 계획을 세워 자기관리를 하라. 하는 일 없이 빈둥거리거나 잘못된 선택을 하는 많은 사람들이 있다. 하지만 이는 그들의 본성이 나쁘거나 의지력이 약해서가 아니라, 명확한 목표가 없기 때문이다. 명확한 목표는 강한 의지력의 원천이자 끊임없는 노력의 원동력을 제공하는 근원이기도 하다. 인생에 명확한 목표와 계획이 있어야 성적이 떨어지는 문제나 폭력, 술주정과 같은 문제가 발생하지 않을 수 있다. 무계획은 원동력을 상실하게 하고 성취감, 또는 행복감을 얻지 못하게 한다.

• 한 가지 일에 집중하라

하버드 재학 시절, 빌 게이츠의 학습리듬은 다른 이들을 놀라게 하기에 충분했다. 한 번 시작하면 서른여섯 시간 이상 공부한 다음 열 시간 정도 자고 일어나 밖에 나가서 피자를 먹고 돌아와 계속 공부했다. 프로그래밍 작업을 완성할 때는 가끔 서버 앞에서 잠들기도 했다. 폴 가드너 앨런은 "코드를 짜고 있을 때 코가 키보드에 닿을 때까지 머리를 조금씩 아래로 떨어뜨리며 그렇게 한두 시간을 자고 일어난 다음, 스크린을 보면서 몇 번 눈을 껌뻑거린 후에 계속 이어서 일을 했습니다. 놀라운 집중력이었지요."라고 회상했다.

하버드 학생들은 인내심과 집중력을 가지고 일을 하는 능력을 갖고 있다. 학생들이 매일 12~13시간씩 집중해서 책을 보는 모습을 보고 있자면 놀라지 않을 수 없다. 하지만 하버드에서 이는 모든 학생이 가져야 하는 기본적인 능력이다. 만약 이런 능력을 가지고 있다면, 어떤 일이라도 다른 사람보다 잘하려고 노력하는 습관을 자연스럽게 길러야 한다.

• 시간관리 능력을 길러라

시간관리는 자기관리의 기초다. 하버드 학생들은 균형적인 시간관리를 한다. 공부 시간, 과외활동 시간, 봉사활동 시간 등 여러 분야를 아울러 균형을 맞추고 모두 최고로 해내기 위해 최선의 노력을 다한다. 이런 과정을 통해 집중력과 인내심이 길러지는데, 이 역시 하버드의 학습모델 중 하나다. 하버드에서 성공적으로 생활하고 싶다면 이 학습모델을 몸과 마음속, 그리고 머릿속 깊은 곳까지 심어두어야 한다. 이렇게 시간이 지나면 이 방식이 자기 경쟁력을 평생 유지하도록 하는 가장 훌륭한 자산이 될 것이다.

• 자기 자신과 타협하지 마라

"매일 술집에서 딱 세 잔의 술만 마시는 청년이 있었다. 그러던 어느 날 청년이 갑자기 바텐더에게 두 잔만 달라고 말했다. 술집 사장은 의아했지만, 어떠한 설명도 하지 않는 청년을 보고 아무것도 묻지 않았다. 다음 날 청년이 술집에 왔다. 그리고 또 두 잔만 주문을 했다. 셋째 날, 넷째

날도 마찬가지였다. 술집 사장은 참지 못하고 그에게 왜 두 잔만 시키는지 물었다. 청년은 술을 끊었기 때문이라고 아주 진지하게 대답했다."

하버드대 로버트 키건Kegan 교수가 강의실에서 던진 이 농담을 웃고 즐기는 사이에 학생들은 모든 사람들이 세상에 한 가지 약속을 하지만 사실상 이는 타협에 불과하다는 속뜻을 전하고자 했음을 알아챘다. 똑똑한 사람들은 자신의 약점을 인식하고 현실과 타협하고 싶을 때면 스스로의 원칙을 끝까지 지킬 수 있는 방법을 찾아낸다.

- 마음가짐부터 바꾸어라

외모만 바꾸고 마음가짐은 바꾸지 않는다면, 이 변화는 오래가지 못한다. 현재의 상황을 바꾸고 싶다면 자신을 먼저 바꾸어야 한다. 그리고 자신을 바꾸기 위해서는 사물을 대하는 자신의 견해부터 바꿔야 한다. 스티븐 코비는 『스티븐 코비의 7가지 습관』에서 "우리의 본질은 말과 행동보다 더 설득력이 있다. 만약 생활에 상대적으로 작은 변화를 주고 싶다면, 자신의 태도와 행위에 집중함으로써 바로 이룰 수 있다. 하지만 현실적인 생활의 변화는 사고의 전환이 필요하다."고 했다.

- '가치 평가'라는 잣대로 필터링한 일을 하라

인생을 한 편의 시나리오로 비유해보자. 그렇다면 자신의 시나리오를 쓰는 주체는 바로 우리 안에 있는 관념, 정서적 충동, 습관, 행위 방식, 그리고 외부 사회의 영향 등일 것이다. 행동은 스스로 전혀 알지 못하는 상태에서 나오기 때문에 만약, 더 나은 사람으로 변하고 싶다면 자신에 대한 '가치 평가'를 통해 우리 안에 있는 가치관과 목표에 부합하지 않는 내용을 바꾸어야 한다. 다시 말해, 어떤 일은 해도 되고 해서는 안 되는지를 머릿속 가치 평가를 통해 먼저 걸러내는 것이다.

• 다른 사람의 실수가 내가 저지른 실수의 핑계가 될 수 없다

하버드생들은 다른 사람이 저지른 실수 때문에 자신에 대한 기준을 낮추지 않는다. 그들은 뛰어난 사람을 자기가 뛰어넘어야 할 대상으로 삼아야 한다는 것만을 안다.

• 용서받았다고 자신에 대한 요구치를 낮춰선 안 된다

애버트 로렌스 로웰 하버드 전 총장은 "실수를 용서받았다는 것은 다른 사람과 스스로의 양해를 구한 것이기 때문에 똑같은 실수를 또 저지를 가능성이 높다."고 말했다. 다른 사람들이 당신의 실수를 용서해주는 것과 스스로에 대한 요구는 별개의 일이다. 이는 다른 사람의 양해를 대수롭지 않게 생각하라는 것이 아니라, 똑같은 실수를 다시 반복해도 된다는 허락으로 여기지 말라는 뜻이다.

• 스스로에게 엄격하라

하버드의 초청을 받아 졸업식에 참가한 빌 게이츠는 곧 학교 문을 나서 사회에 발을 딛게 될 청년들에게 열한 가지 인생 충고를 했다. 그 중 두 가지는 자신에게 엄격한 요구를 하라는 내용이었다. 빌 게이츠는 "학교에서 교수님들이 지나치게 엄격하다고 느꼈다면 상사가 생긴 후에 다

시 한 번 생각해보기 바랍니다. 아마 학교에서는 우등생과 열등생을 구분하지 않을 겁니다. 하지만 인생은 전혀 다릅니다. 학교는 여러분에게 발전할 수 있는 기회를 끊임없이 주지만 현실에서는 결코 그런 일이 없습니다."라고 말했다. 사회에 진입한 많은 학생들은 사회의 요구가 학교보다 훨씬 엄격하고 어려우며, 지도교수도 없고, 다른 사람의 요구에 맞추지 못하고 한 번만 실수를 해도 직장을 잃을 가능성이 있다는 사실을 직감한다. 만약 학교에서부터 자신에게 엄격하게 요구한다면, 사회에서는 훨씬 더 잘 적응할 수 있을 것이다.

하·버·드·의
사·생·활

Part 4

가장
의미 있는 일을
하라

learn to do

깨어 있을 때 인생에서 가장 의미 있는 일을 하라.
— 드루 길핀 파우스트

내가 하는 일이 가장 의미 있는 일이 아닐까 봐 걱정된다.
— 마크 저크버그

반성하지 않은 하루는 가치가 없다.
— 플라톤 Plato

개인의 생명은 모든 생명을 가진 것이
더 고상하고 아름답게 살 수 있도록 사용해야만 의미가 있다.
— 앨버트 아인슈타인

깨어 있을 때 당신 인생에서
가장 의미 있는 일을 하라

■ 하버드의 클라우디아 골딘Goldin과 로렌스 카츠Katz 교수는 1970년 이후의 하버드생들의 직업선택에 관한 연구를 진행했다. 그리고 많은 학생들이 금융계에 종사하며 높은 연봉을 받을 수 있음에도 불구하고, 다른 일을 선택했다는 주목할 만한 점을 발견했다.

드루 길펀 파우스트 하버드 전 총장은 졸업식 축사에서 위의 연구를 언급하며 "클라우디아 골딘 교수와 로렌스 카츠 교수의 말처럼 금융계에 종사하는 것이 '이성적'으로 합리적인 선택이라고 가정해봅시다. 그렇다면 여러분들 중 상당수는 왜 이성적으로 보이는 이런 선택을 오히려 이해하기 힘들어할까요? 왜 잘못된 판단이나 강압, 환경에 의한 자유롭지 못한 선택이라고 여길까요? 도대체 왜 이 문제가 여러분을 곤혹스럽게 하며, 끊임없이 제게 이와 관련한 질문을 하게 만들까요? 저는 여러분이 아마 인생의 가치에 관한 질문을 하고 싶었던 것은 아닐까 생각합니다. 인생의 가치는 인생에 관한 것일까요, 아니면 가치에 관한 것일까요? 만약 여러분이 '생존의 문제'에 직면하게 된다면 인생과 가치를 선택하기란 쉽지 않을 겁니다. 저는 여러분이 전형적인 의미의 성공도 이루고 싶고, 동시에 가치 있는 삶도 살고 싶어 하지만, 어떻게 해야 이 두 마리 토끼를 동시에 잡을 수 있는지 모르기 때문에 고민한다고 생각합니다. 혹은 유명 기업에서 미래의 재산을 예측할 수 있을 정도로 명확하게 제시하는 연봉이 과연 여러분의 영혼을 만족시킬 수 있을지 확신하지 못하기 때문일 수도 있겠죠. 시도해 보지 않는다면 영원히 알 수 없다는 것이 제 대답입니다. 진흙놀이를 하든 아니면 생명공학 연구든 금융투자에 종사하든지 간에, 만약 자신이 열정을 느끼는 일을 시도해 보지 않고 스스로 가장 가치 있다고 생각되는 일조차 하지 않는다면 여러분은 결국엔 후회하게 될 겁니다."라고 말했다.

파우스트 전 총장은 학생들에게 자신의 인생을 '생각'하라고 조언했다. 그의 조언처럼, 어떻게 하면 행복하게 지낼 수 있을지 생각하고, 어떻게 하면 사회에 의미 있는 일을 할 수 있을지 탐색하며, 스스로 자주 분석하고 반성하는 사람만이 자신의 인생과 미래를 완벽하게 컨트롤할 수 있다.

하버드는 학생들에게 단기적이고 눈앞의 이익만 추구하는 프로젝트가 아니라, 인생에서 가장 가치 있는 일을 추구하라고 권한다. 가장 의미 있는 일이란 '가대공'(假大空, 거짓말, 큰소리, 헛소리를 뜻하며 관료사회를 비꼬며 탄생한 중국신조어 – 옮긴이)이나 '마음속 치킨 스프'(마음을 치유해주는 말을 뜻하는 중국 인터넷 신조어 – 옮긴이)같이 그저 용기를 북돋아주는 말이 아니라, 자신의 인생을 진지하게 생각할 수 있도록 격려하는 것을 말한다. 사업적으로 진정한 성취를 이룬 사람 중에 자신의 인생가치를 진지하게 고민해보지 않은 사람은 없다.

오바마 역시 용감히 인생의 가치를 추구한 하버드생의 전형이라고 할 수 있다. 오바마는 처음부터 커다란 정치적 이상을 품은 사람은 아니었다. 청소년 시절 그는 다른 사람보다 똑똑하기는 했지만, 인종적인 배경 때문에 사회의 인정을 받기 어려웠다. 그는 스스로 자신감을 가지기 위해서 친구들에게 자기의 아버지는 아프리카의 왕자이며, 그래서 본인도 당연히 왕실의 후예라고 허풍을 쳤다. 오바마의 자신만만한 모습에 놀랍게도 반 친구들이 모두 속아 넘어갔다. 그는 스스로도 왕자처럼 의기양양한 모습으로 사람들과 교제했다. 하지만 자신은 마음속에서 일어나는 모순과의 싸움을 정확히 알고 있었다. 그의 겉모습은 더 없이 당당해 보였지만, 속에는 열등감이 가득했던 것이다.

청춘의 반항기를 겪고 있던 오바마에게는 물질적으로 옹색한 생활보다, 신분 차별과 장래에 대한 막막함으로 인한 마음의 '곤궁함'이 더 견디기 어려웠다. 그도 절망에 빠진 다른 흑인 청년들처럼 삶의 의미가 어디에 있는지 몰라 한동안 방탕한 생활을 하며, 스스로 후회할 만한 많은 일을 했다.

오바마가 세상을 깔보며 불만스러운 태도로 자신의 인생을 대하고 있을 때 그의 어머니인 스탠리 앤 던햄Dunham은 박사학위를 취득하기 위해 인류학 분야를 연구하려고 직접 인도네시아까지 갔다. 오바마는 그런 어머니의 행동에 호기심을 느꼈다. 사람은 스스로 추구하는 바가 있어야 하며, 자신이 좋아하고 다른 사람에게 유익한 일을 해야만 진정한 즐거움을 얻을 수 있다는 어머니의 한마디가 인생의 방향을 잃은 오바마를 일깨웠다. 그는 자신의 황폐한 청춘과 자포자기 한듯 한 행동들에 부끄러움을 느꼈다. 그리고 자기의 잃어버린 꿈을 떠올리자, 흑인이라도 사람들의 존경을 받을 수 있고 의미 있는 인생도 살 수 있다고 느꼈다.

오바마는 흑인 출신의 자기 자신을 받아들이고, 공부에 집중하기 시작했다. 노력을 통해 선천적으로 영리했던 그는 콜롬비아대학교에 합격했고, 어머니가 했던 것처럼 지역사회 안에서 봉사활동을 시작했다. 그는 다른 사람들, 특히 약자들을 도우면서 자신이 진정한 즐거움, 더 큰 성취감과 기쁨을 느끼고 있음을 발견했다.

콜롬비아대 재학 시절, 오바마는 차 사고로 인한 부친의 죽음을 겪고 이를 계기로 어떤 인생이 더욱 의미가 있는지, 자신의 인생을 고민하기 시작했다. 이 시기가 오바마에게는 '자신을 깊이 성찰하는 시기'였다. 그는 스스로 특별한 역할을 할 수 있는 길을 찾아내기 위해 깊이 고민했다. 대부분의 시간에 책을 보며 자기만의 생각에 몰두했고 자신의 의지를 키워나갔다. 이런 모습은 뉴욕이라는 번화한 대도시의 시끌벅적함과는 확실히 어울리지 않았다.

졸업 후 오바마는 학자금 상환을 위해 월스트리트의 국제 비즈니스 컨설팅 회사에서 일하기 시작했다. 그렇지만 '월스트리트의 자본주의 엘리트'는 그가 원하는 모습이 아니었다. 오바마는 그때를 이렇게 회상했다.

"일본 측 비즈니스 대표나 독일의 무역 파트너와의 협상을 막 끝내고 그들을 배웅하면서 엘리베이터 문에 비친, 양복에 가죽 구두를 신고 서류가방을 들고 서 있는 저를 보았습니다. 저는 그 모습이 너무 싫었습니다. 지역사회 활동을 위해 바쁘게 일하고 싶었지, 매일 돈을 더 벌기 위해 분주하고 싶지는 않았거든요."

결국 오바마는 고액연봉을 포기하고 뒤도 돌아보지 않은 채 시카고 흑인 지역사회에서 일하기 시작했다. 지역사회의 도로·조명·주택 수리, 노사관계 협상 등 소소하고 번잡스러우며 급여도 매우 적은 일이었지만, 그는 큰일 작은 일 가리지 않고 모두 진지하게 임했다.

시카고 흑인 지역사회에서의 근무 경험으로 오바마는 자신이 줄곧 찾고 있던 목표를 은연중에 발견했다. 그는 이 시기를 '뿌리 찾기 방식'의 정신적 각성을 이룬 시기라고 정의했다. 그렇지만 오바마에게 시카고 남부의 지역사회에서 근무한 3년은 가장 고생스러웠던 시기였다. 그는 교회에서 조성한 지역사회 개발프로젝트와 함께 저소득 계층의 생활환경 개선에 주력했다. 이 시기에 오바마의 동원능력과 조직능력이 단련되었으며, 정치에 대한 신념도 생겨났다.

정치에 뛰어들겠다고 결심한 후 오바마의 생각은 극명해졌다. 경선에 참가하기 위해서는 최대한 높은 공직이 필요했고, 이러한 공직을 역임하기 위해서는 공공서비스에 대한 지식과 능력을 갖추어야 했다. 3년간 흑인 지역사회에서 근무한 후 그는 하버드 법학대학원 입학을 결정하고 법학 박사학위를 취득했다.

인생의 의미에 대한 사색과 인생의 가치에 대한 추구로 길을 잃고 방황하던 '반항아' 오바마는 스스로 인생의 정상을 향해 한 걸음씩 나아갔다. 그리고 〈하버드 로 리뷰〉 최초의 흑인 편집장으로, 나아가 미국 역사상 최초의 흑인 대통령으로 성장할 수 있었다.

드루 길핀 파우스트 총장은 "깨어 있을 때 인생에서 가장 의미 있는 일을 하라"고 했다. 인생의 의미에 대한 고찰이 하버드 엘리트들이 우리에게 들려주는 가장 좋은 인생의 깨우침일 것이다.

- 인생의 의미를 고찰하면
  나아갈 방향을 알려주고 용기와 원동력을 더한다

하버드대 방문 교수를 역임한 빅토르 에밀 프랑클Frankl 교수가 창안한 '의미치료Logotherapy'는 서양 심리치료의 주류 이론이다. 그는 아우슈비츠 수용소에서 겪은 경험을 토대로, 그곳에서 살아남을 수 있었던 유일한 버팀목은 삶의 의미에 대한 이해였고, 이를 바탕으로 의미치료를 개발했다고 설명했다. 의미치료는 '의미를 찾고자 하는 의지'를 인생의 가장 기본적인 원동력으로 본다. 인생에서 의미를 찾아내고 자신이 존재하는 이유와 목적을 이해해야, 많은 심리적 문제가 자신을 공격하기 전에 스스로 무너지지 않는 잠재력을 발휘할 수 있다. 빅토르 에밀 프랑클 교수의 이 말은 의미를 스스로 창조하라는 것이 아니라, 즉시 탐색하라는 뜻이다. 다시 말해, 인생의 의미를 탐색해야 성공으로 향할 수 있다.

오바마의 성공이 의미치료의 매우 좋은 사례라고 할 수 있다. 그는 인생의 방향을 잃었을 때 자신의 어머니가 박사학위를 취득하려는 모습을 보고, 또 "사람은 추구하는 바가 있어야 한다"는 어머니의 말을 듣고 인생의 의미를 추구해야 한다는 진리를 깨달았다. 그렇게 심리적인 위기를 극복하고 피부색과 인종과 같은 얽매임에서 벗어나 미국 최초의 흑인 대통령이 되었다.

- 인생의 의미를 고민하면
  가치 있는 일에 몰입할 수 있다

하버드는 '진리를 추구하라'는 교훈으로 세계 최고의 인재 유치를 가능케 한 진리와 실속을 추구하는 하버드의 학풍을 탄생시켰다. 치우청통 하버드 종신교수는 "하버드에는 고층 빌딩이 아닌, 뉴잉글랜드New England의 붉은 벽돌 건물이 있습니다. 노벨상 수상자라고 하더라도, 하버드에서는 좋은 위치의 주차장 자리만을 가질 뿐이죠. 하버드, 혹은 하버드인들에게는 그 어떤 포장도 필요하지 않지요. 하버드에서 동양의 대학자와 비슷하게 평가받는 벤자민 슈워츠Schwartz 교수는 여든두 살의 고령에 암 수술을 받고 가끔 쓰러지지만, 매일 같은 시간에 사무실에 출근합니다. 그의 사무실에는 철사로 아무렇게나 만들어놓은 옷걸이 두 개가 있을 뿐입니다."라고 말했다.

2012년 노벨경제학상을 수상한 하버드 경영대학원 앨빈 로스Roth 교수는 수상 확정 전화를 받고 나서, "알겠습니다. 감사합니다." 말하고는 컵에 있던 커피를 마시며 하던 일을 마저 했다. 또한 그는 대중의 주목을 피하지도 않았다. 그저 노벨상 수상으로 사람들이 그가 창안한 새로운 지식 체계에 관심을 가져서 좋다고 생각했을 뿐이었다.

하버드에는 높은 수준의 오락시설이 있다. 일류 레스토랑과 술집이 있고 매일 파티와 유명 인사들의 강연이 끊이지 않는다. 고딕Gothic 양식의 건축물에 벨벳 커튼이 드리운 곳에서 그들은 완전히 귀족과 같은 생활을 하지만, 이런 것을 향유하기 위해 시간을 무절제하게 사용하지는 않는다.

하버드 물리학과 졸업생 사울 펄무터Perlmutte는 오스트레일리아 출신 천문학자 세 명과 함께 아득히 먼 곳에 있는 초신성超新星에 대한 관측을 통해 우주의 가속 팽창을 발견하여 2011년 노벨 물리학상을 수상했다. 그는 자신이 노벨상을 받게 된 이유를 다음과 같이 말했다. "만일 어떤 연구가 당신을 매우 흥분하게 한다면, 계속 하십시오. 그 결과가 당신이 쏟아 부었던 시간과 노력이 가치 있는 일이었음을 증명해 줄 것입니다."

• 가치 선택은 일종의 취사선택이다

드루 길핀 파우스트 전 총장은 연설에서 "직장, 사업, 혹은 연구 과제를 고르는 것은 단순한 선택의 문제가 아닙니다. 모든 결정은 '득'과 '실', 즉 과거와 미래의 가능성을 의미합니다."라고 했다. 득과 실 사이에서 취할 것과 버릴 것을 어떻게 선택해야 하버드 정신을 가장 잘 드러낼 수 있을까?

타이타닉Titanic 호가 바다 속으로 침몰하고 있을 때 한 청년이 로저 베이컨Bacon의 산문집을 찾기 위해 갑판에서 작은 구명보트로 뛰어드는 승객들 사이를 헤치며 반대편 선실로 가려고 했다. 목숨보다 책을 소중히 한 이 청년은 해리 엘킨스 와이드너Widener였고, 그의 어머니는 아들을 기리기 위해 하버드에 와이드너 도서관Widener Library 설립을 위해 기부금을 냈다.

해리 엘킨스 와이드너는 비록 타이타닉 호와 함께 바다 속으로 사라졌지만, 목숨보다 지식을 추구한 그의 정신은 하버드 학생들에게 대대로 이어져 지식추구와 진리수호의 정신적 원동력이 되었다.

- 인생의 의미에 대한 고민은
  행복과 성공으로 가는 열쇠다

어머니의 눈에 오바마는 매우 똑똑한 아이였기 때문에 그녀는 아들의 학업 걱정은 하지 않았다. 다만, 사회적 책임감이 결여되거나 자신의 영리함을 좋은 방향으로 이끄는 법을 모를까 봐 그것이 걱정이었다. 그래서 그녀는 솔선수범하며 아들의 인생을 의미 있는 방법으로 이끌고자 했다. 암으로 세상을 떠날 때 그녀는 비록 어떤 유언이나 유산을 남기지는 않았지만, 오바마는 어머니가 준 정신이야말로 돈으로 바꿀 수 없는 가장 귀한 것이라 여겼다. 그리고 이 정신을 바탕으로 오바마는 정치계에서 빠르게 자리 잡았다. 지역사회를 위해 일한 경험은 그에게 하버드 법학대학원 입학 기회를 가져왔고, 돈과 명예를 지닌 상대들과 겨루어 상원의원에 당선되도록 도왔으며, 대통령 경선 참가를 결정할 때에도 도움이 되었다.

위대한 작가 찰스 디킨스Dickens는 "우리가 잘못 이용할 때, 그 삶은 아무런 가치도 없어진다."고 했다. 자신의 삶을 의미 있는 방향으로 이끌지 않으면, 삶을 낭비하게 된다.

펑유마오彭友茂 선생이 이런 이야기를 했다. 조예가 깊은 한 화가가 신기에 가까운 기술로 많은 시간과 공을 들여 손수 20달러짜리 지폐를 한

획 한 획 사진같이 그렸다가 법에 저촉된다는 이유로 체포되었다. 이 화가가 20달러짜리 지폐를 그리기 위해 소모한 시간은 500달러에 팔리는 초상화를 그리기 위해 소모한 시간과 맞먹었다.

　화가는 능력이 없거나 열심히 하지 않는 사람은 아니지만, 엉뚱한 데다 자신의 노력을 쏟아 부었다. 모든 사람은 놀랄 만한 잠재력과 삶의 저력을 지니고 태어난 보물창고와도 같다. 자신만이 가진 특별한 힘을 찾아내 잘 사용하여 의미 있는 방향으로 삶을 이끌어야 한다.

- **당신의 플랜A를 용감하게 따르라**

　"인생의 길은 천천히 지나가게 되기에 '되돌아갈 길'을 준비할 시간이 있습니다. 하지만 처음부터 '되돌아갈 길'로 들어서진 마십시오. 저는 이 논리를 직업선택에 대입하여 '주차이론'이라고 부릅니다. 목적지에 도착해서 주차할 자리를 못 찾는다고 목적지에서 10블록이나 떨어진 곳에 주차하지는 마십시오. 몇 바퀴를 돌아서야 주차할 수 있더라도 가고 싶은 곳에 바로 가십시오. 잠시 멈춘 그곳은 어쩔 수 없이 잠시 정차하게 된 곳일 뿐입니다."

　이 말은 드루 길핀 파우스트 전 총장이 졸업생들에게 전한 말이다. 그녀는 매년 하버드 졸업생들에게 '돈벌이가 안 되는' 일을 하는 것이 플랜A이고, 이를 포기하고 월스트리트에 몸을 비집고 들어가 부유층 삶을 사는 것이 플랜 B라면, 자기가 가고 싶은 곳을 먼저 가본 후에 가야 할 곳을 가도 늦지 않으니 내면의 소리에 따라 용기를 갖고 자신의 플랜 A를 따르라고 권한다. '깨어 있는 시간'을 자신이 좋아하지 않는 일이 써버리면 행복을 느낄 수 없기 때문이다.

카네기 멜론대학교Carnegie Mellon University의 랜돌프 포시Pausch 교수는 플랜 A를 위해 지불한 모든 것은 그럴 만한 가치가 있다고 여겼다. 말기 암 판정을 받은 이 용감한 컴퓨터학과 교수는 대학 강단에서 '어린 시절의 꿈'을 주제로 학생들을 위한 마지막 수업을 진행했다. 그는 다행히 플랜 B의 유혹 없이 자신의 꿈을 따르는 인생을 살 수 있었다고 밝혔다. 죽음을 앞두고 이렇게 다행이라고 말할 수 있는 사람이 과연 몇이나 될까? 우리 중 대부분의 사람들은 자신의 플랜 A를 가볍게 포기해버린다. 더 무서운 것은 대부분의 사람들이 자신의 플랜 A가 무엇이었는지조차 모른다는 점이다.

인생을 헛되이 보내고 싶지 않다면 인생의 의미를 적극적으로 고민해 보아야 한다. 다른 방해물이나 비판에 휩쓸리지 말고 자기가 하고 있는 일의 위대한 가치를 믿어야 한다. 스스로 무엇을 하고 싶은지, 그리고 그것을 어떻게 이루는지 아는 사람만이 성공한다. 만약 자신이 무엇을 원하는지 모르겠다면, 기회가 없다는 말은 하지 말기 바란다.

인류사회의 다양성을 이해하고,
그 다양성을 존중해야 활력에 넘칠 수 있다.

― 일레인 차오

나는 논쟁과 변론을 좋아한다.
그저 내 옆에 앉아서 내 관점에 동의하는 사람이 없기를 바란다.

― 마가렛 대처

개방성은
성장 활력의 동력이다

■ 세계 각지에서 서로 다른 국가와 민족, 종교, 생각을 가진 사람들이 모이는 하버드에서는 서로 다른 개성과 새로운 관념이 만나고, 부딪치며, 융화된다. 이러한 문화의 다양성이 하버드의 모든 사람에게 서로 영향을 미친다. 이를 통해 모든 하버드인들은 자유롭게 자신을 발전시키고 포용의 마음가짐으로 다른 사람을 받아들일 수 있게 된다. 이런 사고방식은 하버드 기숙사 관리 제도에도 여실히 반영되어 있다.

하버드는 이곳에서 무사히 1년을 마친 학생들에게 누구와 지낼 것인지 스스로 선택하도록 최대한의 자유를 부여한다. 1학년 때 다양성의 즐거움을 느낀 학생들은 최대한 다른 지역에서 온 학생들과 지내는 것을 선택한다. 한 1학년 학생은 동기들의 기숙사 선택에 대해 다음과 같이 설명했다.

영국에서 온 남학생은 러시아 남학생 한 명, 아이티 출신 한 명, 아시아계 미국 여학생 두 명, 흑인 여학생 한 명, 바레인 여학생과 함께 지낼 계획을 세웠다. 스페인 출신 학생은 흑인 두 명, 백인 여섯 명, 런던에서 온 파키스탄 친구 한 명과 함께 지내기로 했으며, 또 다른 스페인 학생은 라틴아메리카 출신 한 명, 백인 세 명, 흑인 두 명, 아시아계 미국인 한 명과 함께 지내기로 했다. 한 중국계 미국인 여학생은 또 다른 아시아계 미국인 한 명, 흑인 한 명, 유대인 한 명, 하와이 출신 한 명, 다른 백인 한 명과 함께 기숙사를 쓰기로 했다.

이들의 계획을 통해 학년이 올라갈수록 대부분의 학생들이 다양한 국적의 친구나 동기들과 함께 지내고 싶어 한다는 점을 알 수 있다. 하버드에서 기숙사는 단순한 생활의 문제인 동시에, 교육의 문제이기도 하다. 신입생 기숙사의 모든 학생들은 서로 다른 민족과 다른 인종으로 이루어져 있다. 이후 학생들이 내리는 룸메이트 선택 결정은 1학년 때 서로 다른 출신배경의 동기들과의 교류가 정착되었음을 보여준다.

이러한 기숙사 제도의 의미에 대해 하버드는 "학생들은 입학 첫날부터 아침저녁으로, 평일과 주말을 막론하고, 서로 다른 배경의 학생들과 함께 생활한다. 이를 통해 서로의 문화와 사상을 자연스럽게 접하게 되고, 자유롭고 포용적인 학습 분위기가 조성된다. 1학년이 끝난 후 계속 룸메이트로 지낼지를 선택하는 것과는 상관없이, 민족 다양성이 학생들에게 상호학습의 기회를 부여한다는 점이 가장 중요하다."라고 밝힌다.

학생들이 갖는 다원성은 하버드의 최대 자산 중 하나다. 서로 다른 문화와 국가에서 모인 학생들은 다양한 시각과 생각, 경험들이 교수와 학생들의 학습에 엄청난 기회를 제공한다. 때문에 이런 학생들을 보유하고 있는 것이 하버드의 중요한 경쟁력인 셈이다.

- **개방적인 태도를 가져야
  성장의 활력을 유지할 수 있다**

이스라엘에는 갈릴리Galilee 호와 사해死海라는 두 개의 호수가 있다. 해수면보다 392미터 낮은 곳에 위치한 사해 주변은 황량한 사막이고, 맞은편 기슭에는 요르단Jordan이 있다. 사해는 높은 염도의 바닷물로 이루어져 사람이 들어가도 몸이 떠올라 익사하지 않는다. 그래서 이곳에는 물고기를 포함한 그 어떤 생물도 살고 있지 않다.

반면 예수가 오병이어의 기적을 행한 곳으로 알려진 갈릴리 호는 담수호淡水湖라서 많은 생물이 살고 있다. 이 호수에는 못생겼지만 맛이 뛰어나 이 지역의 유명 상품이 된 '성 베드로 고기'로 불리는 어종이 풍부하다. 그래서 호수 주변에는 이 생선을 이용해 요리하는 식당들이 즐비하고 관광객들도 이곳에서 음식을 즐긴다. 갈릴리 호 기슭에 무성한 잎이 빼곡한 오래된 나무들 주변으로는 온갖 종류의 새들이 몰려와 기분 좋게 지저귄다. 이곳은 그야말로 생기 가득한 아름다운 세계로 보인다. 갈릴리 호와 반대로 활력 없는 사해에는 어떠한 생물도 살지 않고, 주변에 나무도 보이지 않는다. 새소리는 더욱 듣기 힘들고, 그 위를 떠도는 공기조차 무겁게 느껴서 숨쉬기 힘들어 보인다. 사막에 사는 동물들이 한 번도 이곳을 찾아와 물을 마신 적이 없어 사해라는 이름이 붙여졌다.

사해와 갈릴리 호는 어째서 이런 차이가 있을까? 옛 현인賢人들은 사해는 받을 줄만 알고 돌려주는 법을 모르는 점이 갈릴리 호와는 다르다고 해석했다. 요르단 강 하류는 갈릴리 호와 합쳐졌다가 다시 뻗어 나가 사해로 흘러간다. 갈릴리 호는 많은 것을 받아들이고, 사람들에게 제공하기 때문에 항상 활력과 생기가 넘친다. 반면 사해로 들어가는 것은 물 한 방울이라도 사해의 점유물이 되어버린다. 모든 것을 자신의 점유물로 받아들이고 돌려주지 않기 때문에 생물들 또한 그곳에 살고 싶어 하지 않고 죽음의 기운이 가득한 곳으로 전락한 것이다.

물론 이는 다분히 문학적인 해석이기는 하지만, 인류사회가 생존하는 오묘한 이치를 보여준다. 사해가 갖는 폐쇄성은 성장의 활력을 잃게 만들지만, 갈릴리 호의 개방성은 주변의 모든 생물에게 생기를 넣어주었다. 이는 개방성을 유지하고 외부와 끊임없이 상호교류 해야만 생기 넘치는 활력 유지와 다양한 시도, 우수한 타문화의 적극적인 수용이 가능함을 말해준다. 다각적인 시선으로 자신의 인생과 일, 그리고 생활을 평가해보라. 개방적 마음가짐이 당신의 안목과 견문을 계속해서 넓히고, 이를 통해 일의 새로운 돌파구도 얻게 될 것이다. 남송南宋 시대 저명한 시인 육유陸遊는 아들에게 시 짓는 법을 가르칠 때 "시詩 외의 것에 공을 들여야 한다."고 말했다. 이는 시라는 영역 안에만 국한되지 않고, 개방적인 마음가짐을 유지할 때 비로소 좋은 시를 쓸 수 없음을 뜻한다.

시를 쓰든 다른 일을 하든 간에, 좁은 시야와 경험에 국한되어선 안 된다. 자신의 영역을 뛰어 넘어 열린 마음으로 끊임없이 새로운 각도에서 자신의 일을 평가할 줄 알아야 한다. 이렇게 해야만 맡은 바를 더 잘 할 수 있게 된다. 산을 벗어나야 루산(廬山, 장시성江西省 주장시九江市 남쪽에 위치한 웅장하고 기이하기로 유명한 명산으로 - 옮긴이)의 참모습을 볼 수 있는 것처럼 말이다.

• 개방적인 태도가 더 많은 것을 배우게 한다

하버드의 성별, 연령, 종교, 직업 경력, 국적 등을 포함해 모든 반 학생들을 다양하게 구성해야 한다는 분반 원칙이 하나 있다. 이 원칙에 따라 분반을 하면 사례 수업 때 다원화된 요소들이 동일한 사례와 문제에 대한 다양한 견해를 도출하도록 도와, 열띤 토론이 가능하다. 이것은 곧 사례 토론의 질을 보장한다.

예를 들어, 인도에서 온 한 학생은 어떤 공공정책이 인도에서는 전혀 소용없다고 여기고, 칠레에서 온 학생은 인도의 해결방안이 칠레에서는 유명무실해 질 수 있다고 생각할 수 있다. 이런 방식으로 환경에 따른 조치의 효용성을 분석하는 기초가 만들어진다. 이를 통해 학생들은 옳다고 믿어온 많은 것들이 다른 곳에서 동일하게 적용되지 않을 수도 있고, 한 가지 일에 대한 해결 방안이 단 한 가지만 존재하는 것이 아니라는 것을 깨우치게 된다. 그러면 비교와 식별에 대해 더 각별히 주의를 기울이게 되어 더 많은 것을 배우기 때문에 이런 방식은 매우 유익하다.

1학년 신입생들로 구성된 그룹은 구성원들의 큰 견해 차이를 드러낸다. 각기 다른 흥미와 관점을 가지고 학교에 입학했기 때문이다. 그렇지만 1년 동안 아침저녁으로 서로 어울려야 하는 하버드 생활이 이 학술적 자유와 자유에 대한 의지를 키우기 위한 더 좋은 환경이 된다.

상이한 배경의 학생들이 각각 자신들의 계층·인종·문화적 경험을 강의실로 가져온다. 의견들은 서로 충돌하고, 부딪치며 결국 통합된다. 이 과정에서 학생들은 더욱 다양화된 정보와 지식을 접하게 되어 다양한 시각에 따른 판단능력을 높일 수 있다. 그리고 서로 다른 경험과 시각에 기대어 문제를 토론하면서 더욱 값진 생각과 다원화된 가치관도 얻는다.

- **개방적인 태도가 사업을 성공시킨다**

개방적 태도는 사람을 활기차게 만들뿐 아니라 그 자체만으로 일종의 삶과 성공의 지혜라고 생각한다. 자신의 세계를 열어 포용적인 마음가짐으로 세상을 접하면 훨씬 많은 사람들과의 협력과 지원을 얻을 수 있다. 이런 의미에서 보면, 얼마나 많은 사람을 포용하는가가 곧 얼마나 큰일을 성공시킬 수 있느냐를 뜻한다.

케네디 대통령의 성공은 그의 개방적이고 다원화된 내각구성에 의해 결정되었다고 해도 과언이 아니다. 케네디 대통령은 자신의 내각은 사회의 한 계층으로만 구성된 일반적인 내각과 다르기를 바랐다. 이를 위해 그는 기존에 가지고 있던 인맥의 틀을 벗어나기로 하고, 전국적인 범위에서 엘리트들을 선발했다. 선발과정에서 케네디는 단 몇 십 명을 뽑기 위해 준비위원회 위원들과 직접 모임까지 가졌다. 그리고 일부 인사들의 자격과 저서를 연구하고 전국 각지에 전화를 걸어 사실여부를 확인했다. 그가 가장 관심을 가진 문제는 "빈말을 잘하지 않는가?" 하는 것이었다. 농업부 장관으로 제일 먼저 고려한 인물도 케케묵은 진부한 말을 너무 많이 한다는 이유로 탈락시켰다.

　케네디는 전국을 대상으로 인재를 모집한 덕분에 다양한 출신들의 인사들로 내각을 구성할 수 있었다. 인재를 중용할 때 파벌에 따라 인사를 배치하지 않았고, 다른 정치적 견해를 가진 그룹의 대변인도 없었으며, 정치자금에 대한 보답차원의 인사도 없었다. 케네디는 자기 마음대로 인사배치를 하지 않았고, 오직 그들이 해당 직책에 적합한지에만 초점을 맞췄다.

　재무장관 클래런스 딜런Dillon은 공화당 소속으로 닉슨 대통령을 지지했었던 인물이었지만, 케네디는 전혀 개의치 않았다. 그에게는 황폐화된 경제를 다시 진작시키기 위해 '월스트리트에 직접 말을 할 수 있는' 사람이 필요했기 때문이었다. 클래런스 딜런 역시 실망시키지 않고 기대에 부응했다. 그는 자유무역을 촉진하는데 큰 역할을 했으며, 감세를 통해 경제발전을 이루었다. 포드자동차의 사장인 로버트 맥나마라McNamara 역시 공화당 출신이었지만, 케네디는 그에게 국방부 장관이라는 중책을 맡겼다. 국방부와 재무부라는 가장 중요한 부서의 수장직을 공화당 인물에게 내어준 것은 민주당 대통령인 케네디에게는 굉장히 상징적인 의미가 있는 일이었다. 그의 내각은 시작부터 개방성을 확실히 표출했다.

　케네디 대통령의 개방성과 포용성으로 높은 효율을 자랑하는 내각이 구성되었고, 3년이라는 짧은 시간 동안 역사상 유례없는 눈부신 발전을 이루었다. 조직과 개인 모두가 개방성을 유지했기에 활력이 넘치고, 효율성을 높일 수 있었던 것이다. 이런 개방성을 확보하기 위해서는 학생시절부터 마음을 열고, 다른 문화와 새로운 것을 많이 접촉하며, 사람과 사물에 대한 우수한 면을 이해할 줄 알아야 한다. 또한 자신과 다른 의견을 가진 사람에 대한 편견을 갖지 말아야 한다. 이렇게 한다면 나중에 사회생활을 시작하고 리더가 된 후에도 성공의 중요한 마음가짐인 모든 것을 수용하고 배우는 자세를 계속해서 유지할 수 있다.

- ### 진리까지도 친구로 삼아라

아인슈타인은 상대성이론을 통해 국제적인 명성과 권위를 얻을 수 있었고, 그 역시 이를 명확하게 인식했으리라 본다. "그동안 저는 권위를 무시했습니다. 때문에 운명이 저를 벌주기 위해 저를 권위자로 만들었나 봅니다. 진리를 깨달을 때마다 자신이 권위자라고 생각하는 사람들은 하느님의 비웃음 아래 무너지게 될 것입니다."

'플라톤과 친구가 되고, 아리스토텔레스와도 친구가 되어라. 나아가 진리까지도 친구로 삼아라'라는 하버드의 교훈이 있다. 진리를 위해서라면 자신의 스승에게 의구심을 품고, 권위에 의문을 가져야 한다. 이런 개방적인 환경 덕분에 하버드의 학술 연구가 세계적으로 인정을 받을 수 있었다. 개방성에서 가장 중요한 것은 권위적인 이론이나 학자가 자신의 사고방식을 속박하지 못하도록 고정관념을 벗어나야 한다는 점이다.

로렌스 서머스 하버드 전 총장은 베이징대학교 강연에서 "일류 대학의 가장 전형적인 특징은 무엇일까요? 우선 생각의 가치는 생각하는 사람의 지위가 아닌 인품에 따라 판단된다는 점을 말씀드리고 싶습니다. 하버드의 교수들은 연구 활동과 강의지도에 모두 개방적인 태도를 가지고 있습니다. 그들은 학생들이 혁신적인 일을 하기를 바라고 있지요. 만일 학생들이 어떤 교수가 세운 가설이나 이론을 연구를 통해 검증하겠다고 나서면, 어느 교수나 이 연구 결과로 자신의 가설이 검증되기를 바랄 것입니다. 자신의 이론이 뒤집히기를 바라는 교수는 당연히 없겠지요. 그렇지만 그들은 연구 결과와 무관하게 학생들의 연구 활동과 문제 제기 의식, 그리고 결과 발표로 이어지는 모든 과정이 가치 있다고 생각합니다. 그리고 교수들은 발전 가능성이 많은 최고의 학자들을 자신의 학과에 채용하는 것이야 말로 대학의 책임이라고 생각합니다. 그 학자들이 기존 교수들의 연구 성과에 찬성을 하는지와는 상관없이 말이죠."라고 했다.

 권위란 그것을 만든 사람뿐만 아니라, 모방하는 사람에게도 불행한 일이다. 자신을 권위자라고 생각하는 사람은 자만심에 빠져 점차 자신을 닮아가거나, 권위의 영광에 사로잡혀 새로운 것을 개척하려는 원동력을 잃게 된다. 모방하는 사람들은 권위를 맹신하여 독립적인 사고와 혁신할 수 있는 힘을 잃게 되고, 점차 개인의 잠재력을 발휘 못하도록 힘껏 억압한다. 그렇기 때문에 하버드는 학생들이 교수에게 질문을 던지도록 권유하고, 교수들은 학생들이 자신에게 던지는 질문을 즐긴다. 이런 학술적 사고의 개방성을 통해 학술연구가 하버드의 대표적 상징으로 자리 잡을 수 있었다.

사상이 충만하고 장엄한 사람은
언어도 숭고함으로 가득 찬다.
― 그리스 수사학자 롱기누스Longinos

조리 있는 말이 웅변보다 낫고,
적당한 어휘를 선택하는 것이 아첨보다 낫다.
― 프랜시스 베이컨Bacon

두각을 나타내고 싶다면
출중한 언변을 길러라

■ 1960년 여름, 매사추세츠 주 출신의 한 왜소한 체구의 젊은 의원이 민주당 대통령 후보 공천을 받았다. 그의 앞에 펼쳐질 길 위에 무수히 많은 걸림돌이 깔려있음을 예상할 수 있었다.

우선 그의 지명도는 그리 높지 않았던 반면, 그의 경쟁 상대는 니키타 흐루시초프Khrushchyov와 악수를 했고, 드와이트 아이젠하워Eisenhower를 위해 일한 적이 있었으며, 알저 히스Hiss를 간첩 혐의로 감옥에 보낸 인물이었다.

많은 사람들이 금융계에 종사하는 아버지를 가진 이 젊은 민주당 의원의 재력과 권력에 불만을 품고 있었다. 그는 젊었고, 그의 주변 사람들은 그보다 훨씬 더 젊었다. 이런 상황에서 행정과 입법업무에 경험도 부족한 이 젊은이가 어떻게 해서 대통령 자리를 차지할 수 있을까? 이 젊은이는 남을 감동시킬 줄 아는 자신의 장점을 활용하기로 했다. 그는 경선 과정에서 발생한 문제들을 조리 있고 정연하게 하나하나 해결해 나갔다. 이 젊은이는 바로 존 F. 케네디다.

케네디는 자신의 출중한 언변 능력을 이용해 강력한 경쟁 상대를 물리치고 대통령의 자리에 오르는데 성공했다. 출중한 언변은 영원한 경쟁 무기다. 링컨, 루스벨트, 오바마 등 미국 정계의 엘리트 인사들은 예외 없이 모두 훌륭한 언변을 자랑한다. 실제로 관리자나 리더 자리에 있는 사람들의 말솜씨는 일반직에 있는 사람들 보다 뛰어나다. 물론, 이것이 만능 해결책은 아니다. 그렇지만 사업을 한 단 계 더 키우고 싶다면 출중한 언변 능력을 키워야 한다.

뛰어난 말솜씨를 가지고 있는 오바마는 모든 사람들이 조용히 경청하도록 집중시키는 남다른 재주가 있다. 그는 좋은 목소리와 감정이 실린 말투로 사람들의 마음을 움직인다. 열정적이지만 자연스러운 태도, 멋지고 잘생긴 외모 덕분에 그의 연설은 스타와 같이 더 큰 흡입력을 가진다. 오바마는 이런 실력을 바탕으로 수많은 팬과 지지층을 확보해 자신의 경쟁자를 놀라게 했다.

오바마의 출중한 언변도 장기간의 사회경험과 부단한 개선 노력을 통해 점진적으로 길러진 것이다. 처음에는 그도 아카데믹하고 딱딱한 말투로, 다른 사람들의 지지를 얻지 못했다. 경선에 동참했던 한 보좌관은 강의실에서 진행된 한 연설에서 오바마가 자신이 할 말만 신경 쓰는 동안 강단 아래에 있는 청중들 대부분이 졸고 있는 걸 본적이 있다고 했다.

2000년 경선에서 고배를 마신 후, 오바마는 지역 내 흑인교회 예배에 참가하며 목사들이 말하는 속도, 고저장단高低長短이 느껴지는 표정, 심지어는 사람의 마음을 움직일 수 있는 동작까지 모방했다. 이와 함께 청중들의 반응을 살피며 청중과 마음으로 교류하는 방법을 배우는 방식으로 스스로 끊임없이 개선해 나갔다. 오바마는 매주 교회에서 발언할 수 있는 기회를 거의 놓치지 않았다. 그리고 흑인들의 발전이 있었기에 자신이 상원 후보에 오르는 자격을 가질 수 있었다고 항상 강조했다. 오바마는 교회에서 미국인들의 심금을 울릴 수 있는 말하기 기술을 익혔다.

2004년 7월, 민주당 전당대회 둘째 날 이루어진 그의 기조연설은 훗날 오바마 개인의 정치여정에서 가장 중요한 연설로 손꼽힌다. 많은 사람들이 그 기조연설을 통해 그에게 흥미를 느꼈고, 큰 감동을 준 연설로 기억하고 있으며, '스타 탄생의 시작'이었다고도 말한다. 그 전까지만 해도 일리노이 주 외에는 큰 반응이 없었다. 그렇지만 이날 민주당 전당대회에서의 연설 덕분에 그는 무명의 정치 지망생에서 정치 스타로 거듭났다. 언론에서 오바마의 연설을 미국 흑인 인권운동가 마틴 루터 킹King의 유명한 〈나에게는 꿈이 있습니다 I have a dream〉와 비교하면서, 많은 사람들이 이 흑인 청년의 모습을 확실히 인식했고, 또 기억하기 시작했다.

어떻게 하면 오바마처럼 다른 사람 보다 뛰어난 언변 실력을 가질 수 있을까? 물론 수없이 많은 실전 경험이 있어야겠지만, 그럼에도 제안하는 방법들은 한 번씩 시도해 볼 만하다.

• 자신의 관점을 정확하게 표현하라

　자신의 관점을 정확하게 표현하는 능력을 훈련해야 한다. 하버드 경영대학원의 한 학생은 사례토론과목에 대해 다음과 같이 이야기했다. "하버드의 수많은 강의들이 토론식 강의를 하고 있습니다. 보통 강의실 토론의 참여도와 표현력이 학점의 50퍼센트 이상을 차지하기 때문에 학생들이 발언 기회를 잡기 위해 엄청난 노력을 해야 합니다. 발언을 시작한 지 1~2분만 지나도 다른 학생들이 끼어들어 서로 자신의 생각을 발표하려고 하죠. 그래서 발언을 시작할 때는 충분히 멋진 표현을 해야 높은 점수를 받을 수 있습니다. 자신의 의견을 반밖에 개진하지 못했더라도, 당신의 발언에 공격할만한 요소가 보이면 최소한 40명의 학생이 손을 들어요. 따분한 발언이라고 생각해 좀 더 좋은 관점을 내보일 수 있다고 생각할 때도 마찬가지죠. 교수님과 학생들이 언제라도 당신의 의견을 공격할 수 있습니다. 그러니 어떤 내용을 설명하고 있든, 언제든지 자신을 변호할 수 있게 준비해야 합니다."

　이는 당신이 신속하고 뚜렷하며 정확하게 자신의 관점을 전해야하고, 언제든지 변론할 수 있게 준비하여 자신의 관점을 보호해야 하며, 자기 발언의 질을 높이기 위해 노력해야 한다는 의미다. 모든 발언의 기회 때마다 핵심 포인트를 짚고 모든 반 학생들이 더 깊이 사고할 수 있도록 이끌어야 한다. 이 방법이 언변을 기르기 위한 좋은 훈련이 될 것이다.

• 말은 아껴야 가치가 높아진다

　미국의 한 유명한 논평가는 "오바마는 굉장히 똑똑한 사람이다. 어떤 상황에서 어떤 말을 해야 하는지 정확히 알고 있다."라고 평가한 바 있다. 오바마는 말을 많이 하지 않지만 한마디 한 마디에 핵심이 들어있다. 말을 많이 할수록 점수가 더 깎이는 경우도 있다. 사람들은 말을 많이 할수록 '달변가'가 되어 사교적인 틀 안에서 더욱 성공할 수 있다고 오해하곤 한다. 그러나 말이란 많고 적음이 아니라, 얼마나 정교하게 하는지가 훨씬 중요하다. 입에서 나오는 대로 아무렇게나 쉴 틈 없이 말을 쏟아내는 사람들은 어디를 가든 누구를 대상으로 말을 하건 간에 결코 환영받지 못한다.

1968년, 닉슨 대통령은 경선에 재출마하면서 지난 실패를 교훈 삼아 이미지를 확실히 탈바꿈하고자 했다. 그래서 그는 말없이 다른 이를 설득하는 '무언無言의 전략'을 사용하기로 했다.

이 경선의 정세는 지난번보다 훨씬 어려웠다. 강력한 상대인 존 록펠러를 이겨야 공화당의 공천을 받을 수 있었기 때문이다. 그래서 그는 마이애미에서 진행된 공화당 대회에서 최대한 침묵과 신중한 태도로 자신감을 내비치기로 결정했다. 그는 '무언의 전략'이 다른 이들에게 신뢰감을 높일 수 있기를 기대했다. 그리고 그의 전략은 성공적으로 적중했다. 닉슨은 근소한 표 차이로 공화당의 공천을 받았다. 뿐만 아니라 민주당 후보와 접전을 치른 대통령 선거에서도 대승을 거두며 미국 대통령 자리에 당당히 이름을 올렸다.

윌리엄 셰익스피어Shakespeare는 '간결함은 지혜의 영혼'이라고 표현한 바 있다. 대부분의 경우 얼마나 많이 이야기했는지, 또는 당신이 한 말을 상대방이 얼마나 기억하는지가 아니라, 다른 사람을 감동시키는 말을 얼마나 많이 하는가가 소통의 가장 좋은 방법이 된다. 가끔은 경청하는 것도 소리 없는 설득방법이 된다. 대화를 잘하는 진정한 고수는 항상 상대방의 말에 집중한다. 대화를 잘하고 싶은 사람이 되고 싶다면 끊임없이 혼자서 하는 말하는 짓은 그만두어야 한다.

• 내재적인 소양을 늘려라

언변은 한 사람의 도덕적 소양, 학식 수준, 사고판단 능력을 반영한다. 자신의 언어가 예술적인 매력을 갖추기 위해서는 스킬만으로는 부족하다. 소양도 함께 길러야 한다. 오바마의 탁월한 언변은 그의 광범위한 학식에서 비롯된 것이다. 그는 학생시절 엄청난 양의 책을 읽었다. 그와 프랭클린 루스벨트는 미국에서도 보기 드문 박학한 대통령으로 평가받는 동시에, 언변이 가장 뛰어난 미국 대통령들로 꼽히기도 한다. 자신의 언변 능력을 높이고 싶다면 광범위한 고전서적을 많이 읽고, 작문 연습을 하는 등의 방식을 통해서 자신의 생각과 언어구사력을 높여야 한다.

• 말하는 방식에 주의하라

말을 할 때는 무엇을 논하는 가보다는 어떻게 전하는지가 중요하다. 아래의 에피소드를 통해 말하기 방식의 중요성을 알 수 있다.

한 젊은이가 기도할 때 담배를 태워도 되는지 신부에게 물었다. 신부는 화를 내며 당연히 안 된다고 대답했다. 다른 젊은이가 신부에게 물었다. "담배 필 때 기도해도 되나요?" 신부님이 대답했다. "착한 아이로구나."

같은 말이라도 말하는 방식에 따라 그 결과는 천지차이가 난다. 하버드의 교수들은 학생들에게 생각은 마음대로 할 수 있지만, 생각을 표현할 때는 신중하고 조심해야 한다고 가르친다. 이는 말하기 전에 자신이 말하는 방식을 자세히 심사숙고하라는 의미다.

- ### 디테일을 연습해라

연설을 좋아하던 프랭클린 루스벨트 대통령은 하버드에서 출중한 연설 능력을 키웠다. 자연스럽고 생동감이 넘치는 그의 연설에는 사람의 마음을 직접 두드리는 힘이 있었다. 자신의 노력과 진심을 담아 마음에서 우러나는 말을 했기 때문이다. 청중들에게 더 자연스러운 연설을 들려주기 위해 프랭클린 루스벨트 대통령은 모든 연설 전에 각 세부사항을 철저하게 나열해 보았다. 무대에 오르기에는 좌불안석으로 연신 담배를 태우며, 원고를 이리저리 살피면서 각 구절이 무엇을 이야기하는지 꼼꼼하게 따져보았다. 대통령에 당선되고 난 후에는 연설에 더욱 신중을 가했다. 집필자가 대통령의 개인 사무실 안에 있는 큰 테이블 옆에서 새벽 3시까지 모든 힘을 다 소진하고 나서야 겨우 완성되기는 연설문도 있었다. 그럼에도 타당하지 않은 부분이 발견되면 루스벨트 대통령은 무정하게 삭제하거나, 수정, 혹은 축약을 해버렸다. 그는 아무런 감정 없이 메말라 보이는 단어들을 적은 음절로 훨씬 더 뛰어난 비유를 하기 좋아하는 자신의 스타일대로 표현될 때까지 수정하는 작업을 좋아했다.

에밀리 챈Chan은 자신의 저서 『하버드 MBA 출신들은 어떻게 일하는가?』에서 자기가 매우 좋아했던 한 교수를 언급했다. 이 교수는 자신의 강의 화법을 매우 중요시했다. 덕분에 강의마다 학생들의 찬사가 끊이지 않았다. 그의 비결은 바로 세부사항에 대한 연습이었다고 한다.

"제가 가장 좋아하는 하버드 경영대학원 교수님과 커피를 마신 적이 있습니다. 제가 교수님께 '교수님 강의를 정말 좋아합니다. 항상 토론 내용을 한 층 더 깊이 이끌어 주시고, 탄성이 나올 정도로 정리해주셨지요. 수업시간에 던지는 농담도 너무 재미있었고요. 교수님의 폭넓은 통찰력은 쉽게 잊히지 않아요.'라고 말하자 교수님은 '고맙네, 나도 아주 노력해서 연습한다네. 특히 농담은 정말 열심히 연습하지.' 당시에 저는 이 말씀 또한 다른 농담인줄 알았습니다만, 나중에 교수님이 정말 열심히 했다는 사실을 알게 되었죠."

• 경청하는 법을 배워라

하버드 출신 제프리 이멜트Immelt 제너럴 일렉트릭GE CEO는 "자기가 말하고 싶은 욕망만 채우고 다른 사람의 이야기를 듣는 것을 잊어버린다면 사업에 아주 유리한 협력 기회를 놓치게 된다. 경청은 지식을 늘리고 가치를 높이는 좋은 기회다."라고 했다.

• 부끄러움을 극복하라

오하이오주립대학교Ohio State University의 통계에 따르면 97퍼센트의 학생들이 공개된 장소에서의 연설을 세상에서 가장 두려운 일 중 하나(나머지 3퍼센트는 핵무기를 선택함)로 선택했다고 한다.

부끄러움은 언변의 '적'이다. 아무리 많은 학식을 가지고, 아무리 깊은 생각을 하며, 아무리 아름다운 정서를 가지고 있더라도 만약 부끄러움을 느낀다면 당신에게 색을 더해줄 수 없다. 오바마의 한 친구는 "오바마는 어떤 사람을 만나도 대범하고 열정적이었다. 그는 한 번도 부끄러워한 적이 없다"고 평가했다. 그래서 오바마는 유권자 앞에서 자신의 매력을 충분히 뽐낼 수 있었다. 만약 경선에서 오바마가 눈곱만큼이라도 부끄러워하거나 자신 없는 모습을 보였다면, 유권자들의 눈에는 그 모습이 거대하게 확대되어 자신들이 마음속에서 그리던 이상적인 리더의 모습이 아니라고 인식했을 것이다. 훌륭한 말솜씨를 원한다면, 오바마의 연설 비디오를 여러 번 보면서 그의 연설 방식과 태도를 배우고 연습해보아도 좋다. 시간이 지나면서 부끄러움을 느끼는 심리적인 습관을 극복하고 뛰어난 언변 능력뿐만 아니라, 적지 않은 '팬'이 생길지도 모른다.

스토리는 청중들이 정보를 듣도록 유도하고, 이야기를 떠올리는 동안
관점을 전하도록 하는 미끼와도 같다.
아마도 사람들은 어렸을 때 들었던 '토끼와 거북이'를 통해
'재능보다 성실히 노력하는 것이 중요하다'
'끝까지 견디는 것이 이기는 것이다'라는 교훈을 배우고
평생 가슴속에 기억하고 있을 것이다.
― 서던캘리포니아대학교University of Southern California 경영대학원 교수

다른 사람에게 깊은 영향을 주기 위해서는 스토리가 필요하다.
― 시나리오 작가 겸 교수 로버트 맥기Mckee

수석 스토리텔러가 되어라

■ 나이키는 몇 년 전부터 '스토리텔링 플랜'을 세우고 '수석 스토리텔러'라는 직책을 만들어 모든 신입사원들에게 한 시간씩 회사의 스토리를 듣도록 했다. 그리고 이 스토리텔링은 여전히 신입사원 교육에서 가장 중요한 부문을 차지하고 있다. 때문에 나이키 교육책임자를 '수석 스토리텔러'라고도 부른다. IBM 역시 관리직원들이 스토리텔링 기술을 익힐 수 있도록 헐리우드 유명 감독이자 시나리오작가 오손 웰즈Welles을 초청하여 표정과 목소리로 스토리를 전하는 법을 전문적으로 지도했다.

스티븐 데닝Denning은 서양 기업 교육계에서 '스토리텔링의 왕'이라고 불린다. 그는 스토리텔링뿐만 아니라 리더들이 스토리텔링 방식으로 자신의 리더십을 최대한 끌어올릴 수 있도록 돕는다. 스티븐 데닝은 뛰어난 리더에게 적합한 시간에 적합한 스토리를 말할 줄 아는 능력은 필수적이라고 생각한다.

하버드는 세계적인 영향력을 가진 리더를 육성하는 것을 학교의 사명으로 여긴다. 그래서 스토리텔링 능력을 통한 고학년들의 커뮤니케이션과 리더십 제고에도 많은 관심을 가지고 있다. 〈하버드 비즈니스 리뷰〉의 한 베테랑 편집장은 헐리우드 유명 시나리오 작가 로버트 맥기의 집을 직접 방문하여 스토리텔링의 비결을 배우고자 했다. 편집장의 방문에 헐리우드 유명 시나리오 작가는 에두르지 않고 즉시, "스토리텔링은 즉각적 효과가 있습니다. 몇 십 개 회사의 총수들에게 스토리텔링 방법을 통해 자신의 목적을 이루어 보라고 건의했죠. 그 결과 그들은 듣는 이가 흥분할만한 스토리로 월스트리트에서 막대한 규모의 투자를 이끌어내는 데 성공했습니다."라고 말하며 자신의 스토리텔링을 시작했다. 그렇다면 스토리텔링을 어떻게 하면 잘 할 수 있을까? 로버트 맥키는 다음과 같은 방법을 추천한다.

• **균형을 깨뜨려라**

본질적으로 스토리는 생활을 왜, 그리고 어떻게 바꾸어야 하는가에 대한 내용을 담고 있다. 이런 이야기는 매일 시간에 맞추어 출퇴근을 하고, 똑같은 하루가 반복되고 이렇게 매주가 반복되며 모든 것이 순조롭게 진행되고 있다. 그리고 당신도 삶이란 이런 것이라고 생각하는 균형적인 상황에서부터 시작한다. 하지만 새로운 직장을 구한다든지, 사장님이 심장병에 걸려 급사를 한다든지, 혹은 주요 고객이 떠나겠다고 위협을 한다는 등 시나리오에서는 '촉발사건'이라고 불리는 균형을 깨트리는 일이 발생한다.

변화가 생기고 '촉발사건'이 발생하는 등 생활에 변수가 생기는 상황에서 우리는 문제를 해결하거나 변화를 통해 생활을 원상태로 회복시켜야 한다. 그리고 이런 과정이 우리의 이야기를 구성하는 소재가 된다.

촉발사건은 이야기를 구상하는 실마리이자 발단이다. 이어지는 이야기에서는 주인공이 어떤 각고의 노력을 거쳐 생활의 균형을 찾아가는지가 전해진다. 스토리텔링을 잘하는 사람은 주인공이 겪는 각종 어려움을 생동감 있게 그리기 위해 노력한다. 그리고 어떤 노력을 통해 눈앞의 문제를 하나씩 해결하고 마침내 촉발사건 발생 전의 균형을 찾아가는지 그려낸다. 당연히 문제가 해결됨에 따라 이야기도 끝이 난다.

생활 속에 발생하는 인간관계들의 충돌, 학업적인 장애 등 모든 것이 촉발사건이 될 수 있고, 이들은 우리의 영감을 자극하여 이야기 구성의 실마리가 될 수 있다. 예를 들어 부모님을 따라 새로운 도시로 이사와 새로운 학교로 전학을 오고, 새로운 학습과 생활환경에 처하게 된다. 과외 취미 활동에 참가해 보지만 과도한 과외활동으로 자신의 학업성적에 영향을 미칠까 걱정도 한다. 이러한 일들이 당신에게 많은 새로운 상황과 문제를 안겨주고, 당신은 자신을 조율해서 문제를 해결해야만 생활의 균형점을 되찾을 수 있다. 만약 자신을 잘 조율해서 문제를 해결한 과정을 정리해 낸다면 바로 이것이 사람의 마음을 움직이는 이야기가 된다.

- **단편적인 경험을 이야기로 엮어라**

맥기는 사람들이 무언가를 기억하기 위해 머릿속에 단편적으로 떠다니는 기억의 조각을 연결해 하나의 이야기로 만들기를 좋아한다고 보았다. 만약 당신이 전달한 정보를 청중들이 기억하게 하고 싶다면 정보를 하나의 이야기로 엮거나, 이야기 속에 그 정보들을 녹여낼 수 있다는 것이다. 이렇게 한다면 단순한 조각 정보보다 청중들에게 더 깊은 인상을 남길 수 있다.

- **스토리로 미래를 그려라**

빌 게이츠, 스티브 잡스, 버락 오바마와 같은 정·재계 리더들은 예외 없이 모두 스토리텔링의 고수들이다. 그들은 발전에 대한 소망을 그려내는 스토리텔링을 통해 사람들이 끊임없이 노력할 수 있도록 용기를 준다. 만약 청중들의 동감과 추종을 얻고 싶다면 청중과 자신을 하나의 꿈으로 엮는 방법을 생각해 보고, 사람들에게 꿈을 실현한 후의 모습을 뚜렷하게 그려주어야 한다. 그 모습이 진짜 같고 구체적일수록 효과는 더욱 좋아진다.

- **문제를 드러내고, 극복하라**

소설을 좋아하는 사람들이라면 다 알겠지만, 이야기에 충돌과 모순만 있어도 독자들의 마음을 사로잡기에 충분하다. 현실 속에서 문제와 위기는 사람들의 뜻을 모으는 힘을 가지고 있어 사람들을 하나로 단결시킬 수 있다. 현실 문제를 드러내는 것은 이야기를 찾는 중요한 방법이다. 수

많은 회사의 리더들이 로버트 맥기를 찾아와 자신들의 연설을 스토리로 바꾸어 달라는 도움을 청한다. 그럴 때면 맥기는 그들에게 회사가 현재 직면한 문제를 청중 앞에서 공개하고 어떻게 문제를 극복할 것인지 보여주라고 충고한다. 마찬가지로, 우리의 생활에서 발생한 문제들은 우리가 이야기를 구상하는 중요한 소재가 될 수 있다. 문제를 회피하지 말고 그것을 드러내어 청중들에게 그 문제를 어떻게 대면하고 풀어 가는지 들려준다면 사람들을 움직일 수 있는 좋은 이야기를 찾게 될 것이다.

- 스토리는 생활에서 나온다

로버트 맥기는 생활 경험이 이야기의 중요한 소재라고 보았다. 그는 "다른 사람들이 당신 뒤를 따르게 하려면 진실한 이야기를 할 줄 알아야 합니다. 만약 당신에게 인생에 대한 여러 가지 견해가 있다면, 당신은 인생의 다양한 측면도 볼 수 있는 거겠죠. 그렇다면 그것을 이야기 속에 담아내기만 하면 됩니다. 스토리텔링은 일종의 예술이기도 하지만 생활의 경험도 필요합니다. 저는 천재 감독들의 작품을 통해 그들이 겪은 생활 경험을 자주 들여다봅니다."고 했다. 좋은 글을 본 느낌, 행복과 즐거움에 대한 경험, 기분이 저조할 때의 심경변화 등 자신의 생활 속 감정들을 이야기 속에 담아내면 사람들의 공감대를 더 쉽게 얻을 수 있다.

- 가치 있는 이야기를 발굴하고 전하는 몇 가지 단계

로버트 맥기는 가치 있는 이야기를 발굴하고 전하는 몇 가지 단계를 다음과 같이 얘기했다.

첫째, 균형을 되찾기 위해 우리의 주인공은 무엇을 해야 하는가? '희망사항'은 단순한 쇼핑리스트가 아니고 이야기의 피와 같아서 핵심적인 필요사항이 일단 충족되면 이야기를 끝낼 수 있다. 예를 들어『반지의 제왕The Load of the Lings』의 주인공 프로도 배긴스의 '희망사항'은 절대반지를 '불의 산 용암' 속에 던져 없애는 것이다. 절대반지가 없어지면 이야기는 끝낼 수 있다.

둘째, 주인공의 희망사항이 실현되지 못하도록 막는 것은 무엇인가? 내재적인 힘인가, 의심이나 공포, 혹은 어려움인가? 장애물은 사람, 사회, 시간, 공간 그리고 그 속의 모든 사물에서 비롯하거나 이 요소들이 조합되어 탄생하기도 한다.

셋째, 이런 문제에 직면하여 우리의 주인공은 과연 어떠한 행동으로 자신의 바람을 성취할 계획인가? 스토리텔러는 이 문제에 대한 답변에서 캐릭터들의 진정성을 찾아야 한다. 압박 속에서 결정한 선택이 그들의 진정성을 가장 잘 드러내기 때문이다. 마지막으로 스토리텔러는 의자에 기대 앉아 '과연 나는 이 이야기를 믿을 수 있나? 너무 과장된 것은 아닌가? 과연 이것은 진실 된 이야기 인가?' 등 자신의 설정한 사건들을 자문해 보아야 한다.

맥기가 제시한 이런 내용들 외에, 좋은 이야기를 전하기 위해서는 스토리의 발단과 줄거리를 정성스럽게 구상해 흡입력 가득한 발단과 변화무쌍한 줄거리로 꾸며야 한다는 점에도 주의해야 한다. 그 밖에도 이야기에는 좋은 결말이 있어야 한다. 결말에는 사람들이 이야기의 뜻을 깊이 이해할 수 있을 정도의 강력한 결론을 배치해야 한다. 이야기가 곧 끝날 거라고 예측하면 보통 청중들의 집중력이 올라가기 시작한다. 이때, 좋은 결말을 통해 이야기의 메시지와 결론을 그들에게 전해야 한다. 이것이 바로 스토리의 절정을 찍는 화룡점정畵龍點睛이다.

스토리를 구상할 때 감성과 이성을 조화롭게 배치해야 한다는 원칙도 주의해야 한다. 감성만 있고 말이 안 되는 이야기는 감동을 줄 수 없고, 사실만 있고 감성이 없는 이야기는 무미건조한 만큼, 스토리에는 감성과 이성이 고도로 녹아들어있어야 한다. 좋은 이야기를 위해서는 이성과 감성이 융화되어야 사람들에게 감동을 선사하고 이성적으로도 설득시킬 수 있다.

스토리에는 그 자체로 강력한 힘을 가지고 있다. 좋은 이야기를 전하면 사기를 북돋아 기업에 계산하기 힘들 정도의 경제적 이익을 가져다준다. 좋은 이야기는 뜻이 맞는 사람들이 당신 주변으로 더 많이 모이도록 마음과 마음을 이어주는 소통의 다리가 된다. 가랑비에 옷 젖는 줄 모른다는 말처럼 조용히 사람들에게 영향을 미치고, 그들을 설득하여 마음속으로 바라던 바를 이루게 한다. 그리고 다른 사람들도 이런 결과를 이상하게 받아들이지 않는다. 결론적으로, 만약 영향력이나 흡입력을 가진 사람 되거나 부富와 성공을 얻고 싶다면 스토리텔링부터 시작하는 것도 좋은 방법이다.

세계를 변화시킬 수 있는 리더를 길러라.
— 하버드 경영대학원 교훈

다른 사람의 머리를 때려서 끌고 갈 수는 없다.
그것은 리더십이 아니라 침범이다.
— 드와이트 아이젠하워

일상에서 자신의 능력을 리드하는 것이
다른 사람에 대한 리더십을 증명하는 가장 좋은 방법이다.
— IBM 창업자 토마스 왓슨 Watson

좋은 성적보다 리더십이 미래를 보장한다

■ 수많은 사람이 윌리엄 피츠시몬스 하버드대 입학처장에게 도대체 어떤 사람들이 하버드에 합격할 수 있는지 묻는다. 이에 대해 그는 "죄송하지만 사실 저희도 공식화된 규칙은 가지고 있지 않습니다. 주변 사람들을 더 좋게 변화시킬 수 있는 사람이 우리가 바라는 인재입니다."라고 대답했다.

피츠시몬스가 '주변 사람들을 더 좋게 변화시킬 수 있는 사람'을 찾는 이유는, 이들이 스스로도 우수하지만 주위 사람들도 같이 우수해지도록 이끌기 때문이다. 이렇게 다른 사람을 긍정적으로 변화시킬 수 있는 영향력이야말로 출중한 리더가 가져야 할 필수 소양이다.

하버드는 세계를 변화시킬 수 있는 리더를 기르는 것을 자신의 임무로 여기고 있다. 하버드 경영대학원 제이 라이트Light 학장은 '21세기 중미 양국을 이끌 글로벌 기업' 포럼에서 리더십을 가르칠 수는 없지만 학습하고 키울 수 는 있다고 말했다. 어떻게 하면 리더십을 학습하고 키울 수 있을까?

- **주변 사람을 더 좋게 변화시켜라**

미국 메드트로닉 사에서 장장 10여 년 간 CEO를 역임하고 석유 회사 엑슨 모빌Exxon Mobil, 골드만삭스Goldman Sachs, 노바티스 인터내셔널Novartis International의 이사회 회원을 맡았던 하버드 경영대학원의 빌 조지 교수는 본인의 저서 『나침반 리더십True North』에서 출중한 리더가 되기 위해 겪었던 심적 여정을 설명했다.

어린 시절 빌 조지의 아버지는 그에게 항상 리더가 되라고 말했다. 하지만 그가 어떤 노력을 하든지 결과는 항상 뜻대로 되지 않았다. 중학교 재학 시절 그는 학생간부 투표에 나서봤지만 실패했다. 하버드에 입학한 후에는 한 모임의 회장 자리에 여섯 차례나 출마했지만, 여섯 번 다 고배를 마셨다. 이때 몇 명의 선배들이 그에게 좋은 충고를 해주었다. "빌, 넌 아주 능력이 있는 친구야. 하지만 항상 다른 사람을 뛰어 넘으려고만 하지 다른 사람이 더 잘하도록 도와주지 않아. 그러니 널 따르려는 사람이 없는 것도 당연해." 빌은 친구들과 자신의 잘못된 점을 토론하고 어떻게 고쳐야할지 준비했다. 그리고 마침내 회장으로 선출되었다.

빌 조지는 대기업의 최고 관리자가 되겠다는 목표가 있었다. 서른 살에 그는 리튼 인더스트리Litton Industries의 사장이 되어 5년 동안 연평균

55퍼센트의 성장 속도로 회사를 이끌었다. 이를 바탕으로 그는 허니웰Honeywell로 이직하여 세계적인 기업을 이끌고 싶어 했다. 그렇지만 그는 계속해서 저조한 실적을 보이는 회사를 구제하도록 파견되었다. 그때 빌 조지는 이런 삶은 자신이 원하던 인생이 아니라고 느꼈다. 유쾌하지 않은 직장생활은 가족과 친구관계에까지 영향을 미쳤다. 그는 결국 자신의 현실을 대면하기 시작했다. 지금까지 CEO가 되는 데에만 급급해 다른 사람의 삶을 더 좋게 바꾸어야 한다는 리더의 진정한 목적을 경시했다는 사실을 깨달았던 것이다. 그는 중대한 결심을 했다. 사실 전부터 메드트로닉으로부터 스카우트 제의를 받고 있었다. 그렇지만 빌 조지는 자신에게 충분한 무대가 될 만한 회사가 아니라는 생각에 매번 거절했었다. 하지만 그는 자신의 새로운 목표를 확립한 후에 메드트로닉으로 이직을 결심했다. 그리고 2년 후에 CEO의 자리에 올랐다.

그는 메드트로닉에서 보낸 13년이 자기 인생에서 가장 최고의 직장생활이었다고 기억한다. 그는 메드트로닉 사의 사명감을 이어받아 문제를 헤쳐 나가고 3만 직원의 위임을 받아 CEO로 지내면서 자신의 리더십을 발견했다. 그는 그렇게 성공한 리더가 되었을 뿐만 아니라 자신처럼 성공한 리더를 육성하기도 했다.

빌 조지는 리더란 직위가 아니라 영향력이라는 점을 증명했다. 만약 주변 사람들을 더 좋게 변화시킬 수 있다면 자연스럽게 그들의 리더가 될 것이다. 만약 다른 사람들에게 당신도 나처럼 '주변 사람들을 더 좋게 변화시킬 수 있는 사람이 될 수 있다'고 용기를 준다면 더 출중한 리더가 되어 보다 많은 사람에게 영향을 끼칠 수 있다.

- **'리더의 마음가짐'을 키워라**

하버드대 케네디스쿨 공공리더십 센터 책임자인 데이비드 거겐^{Gergen}은 리처드 닉슨, 제럴드 포드, 로널드 레이건^{Reagan} 대통령 시절 백악관 고문을 역임했다. 그는 '리더의 마음가짐은 배워서 되는 게 아니다'라고 생각했다.

"어릴 때부터 유명한 대학교 안에서 자랐기 때문에 저는 줄곧 가장 똑똑한 인재만이 가장 훌륭한 리더가 될 수 있다고 믿었습니다. 교수 출신 아버지와 의학교수와 심리학교수였던 형들 사이에서 제가 이런 생각을 가지는 것은 너무나도 당연했지요. 우리 식구들과 친구들은 개인의 지적 성과를 매우 중요하게 생각했습니다. 그래서 저는 정말 똑똑한 사람이 대부분의 일이나 다른 사람을 리드하는 일도 가장 잘 할 거라고 생각했습니다. 나중에서야 제가 틀렸다는 사실을 깨달았죠. 다른 사람을 리드하려면 자신의 일을 반드시 알아야 하며 강한 호기심과 냉철한 판단력이 있어야 합니다. 하지만 위대한 지도자를 만드는 가장 마지막 요소는 바로 개인의 품성입니다. 이것을 정의하기란 어렵지만 성공을 위한 매우 중요한 것입니다. 따라서 모든 사람이 품성을 기르는 법을 배워야 합니다."

데이비드 거겐이 말하는 품성이란 자신에 대한 인식이나 인간관계에 대한 인식과 같은 개인의 성숙된 마음가짐을 뜻한다. 이는 외적으로는 진취적인 태도를 가지고 있고, 인재를 적재적소에 잘 배치하며 인간관계를 잘 처리함을 의미한다. 그리고 내적으로는 개인 품성의 함양을 뜻한다. 데이비드 거겐은 비교적 존경하는 지도자로 로널드 레이건, 프랭클린 루스벨트 대통령을 꼽는다. 그들은 좋은 성격을 가지고 자신에 대해 정확하게 인식하고 있었으며 자신이 무엇을 해야 하는지도 명확히 알고 있었다. 거겐은 이들이 성공할 수 있었던 이유로 "그의 뇌는 이류지만 성격만은 일류다."라며 프랭클린 루스벨트 대통령을 평가한 올리버 웬델 홈즈의 명언에 동감했다.

하버드는 똑똑하기만 한 것은 큰 의미가 없거나, 오히려 더 위험할 수 있다고 생각한다. 공부를 잘한다고 리더십이 있는 것은 아니다. 사회에 더 잘 적응하기 위해서는 학업성적보다는 리더십이 더 필요할 때가 종종 있고, 리더십이 성공에 더 큰 도움이 되기도 한다. 성장 과정 초반에 가져야 하는 미덕은 우수한 재능과 지혜 그리고 전공지식이 있다. 하지만 한 단계 더 발전 하려면 초반의 미덕을 뛰어넘는 자질이 필요하다. 그것은 바로 '리더십'이다.

• 위기관리를 소홀히 말라

크게는 하나의 국가에서 작게는 한 팀에 이르기까지 모두 의외의 위기를 직면하게 된다. 이때 가장 먼저 몸을 일으켜 신속하게 위기를 해결하는 것이 지도자의 중요한 자질 중 하나다. 세상에는 정답이 없는 문제들이 수없이 많고, 시간, 자원, 인력 등 제약이 따르는 선택조건이 있다. 따라서 우리는 상황에 따라 최선의 결정을 내리는 방법을 배워야 한다.

일레인 차오는 위기처리의 고수다. 1989년, 부시 대통령은 일레인 차오를 연방교통부 차관으로 임명했다. 교통부는 미국의 출입구와 대동맥과 같은 교통로를 관장하는 곳으로 매일 엄청나게 많은 크고 작은 일을 처리해야 한다. 장관이 부재중일 때는 차관인 그녀가 혼자서 모든 일을 처리해야 하는 실제 책임자였으나, 그녀의 업무를 돕는 보좌관의 수는 겨우 여덟 명에 불과했다. 그녀의 초고속 고위직 임명에 일부는 불만을 품기도 했지만, 일레인 차오는 부임 이후 앞에서는 과감하게 행동하고 뒤에서는 정책전략을 세워 중대한 위기를 여러 차례 해결했다. 처음에는 팬 아메리칸 월드항공 Pan American World Airways Inc. 항공기의 테러공격 사건에 대한 여러 가지 사후 조치와 구조 방안을 세웠고, 유조선 암초에 걸려 발생한 엑슨 모빌 석유회사의 기름유출 사고 때에도 신속한 통제와 깨끗한 오염 복구를 실시했다. 샌프란시스코 San Francisco 대지진 당시에도 효율적으로 도로 복구 작업이 이루어지도록 진두지휘했다. 그 결과 사람들은 그녀를 '위기관리의 대가'라고 불렀다.

자신의 위기 대응 능력을 높이고 싶다면 다음에 제시하는 세 가지에서 출발해보라.

1. 학습과 생활에서 어려움에 직면했을 때, 먼저 스스로 해결 방법을 생각해본 다음 다른 사람의 도움을 구하라.
2. 부모님 혹은 우수한 사람들과 문제 해결 방법에 대해 자주 논의하고, 그들을 통해 문제 해결의 노하우를 축적하라.
3. 정치, 경제, 군사, 역사 분야의 사례를 읽고 위기를 어떻게 처리했는지 보아라. 자신이 위기를 처리해야 할 리더라고 가정하고 같은 상황

에서 나는 어떻게 했을지 생각해보라. 실제로 이 방법은 하버드에서 이루어지는 사례교육을 통한 지도자양육의 방법이다.

- 아랫사람을 존중하라

아랫사람에 대한 존중은 리더의 기본 자세이자, 그들의 지지를 확보하는 중요한 방법이다.

케네디 대통령은 아랫사람을 존중하는 지도자였다. 그는 부통령이었던 린든 B. 존슨 Johnson이 더 큰 역할을 원하는 것을 알고는 자신이 할 수 있는 모든 방법을 동원해 부통령에 대한 존중을 표현하고, 해외방문의 기회를 더 많이 부여하여 그에게 많은 임무를 주었다. 이에 대해 린든 B. 존슨은 "사실, 케네디 대통령이 나에게 잘해줬다고 생각합니다. 만약 제가 입장을 바꿔놓고 생각한다면 저는 그렇게 하지 못했을 것입니다."라고 감사를 표한 적이 있다. 그리고 이런 신뢰 덕에 린든 B. 존슨이 대통령직을 이어 받은 후에도 케네디가 마무리 하지 못한 정책을 완성시키기 위해 특별히 노력했다.

진실한 리더를 강조했던 빌 조지는 세계 최대의 커피체인점인 스타벅스의 특별한 점으로 기업생존 방식이 라떼나 밀크티가 아닌 모든 직원에 대한 존중과 보살핌의 보장, 그리고 그에 대한 굳은 신념이라 말했다.

다른 사람을 존중하려면 모든 이의 장점을 발견할 줄 알고, 그들의 가치와 노력을 알아보고, 생활과 생각에 관심을 가지는 등 주변의 세세한 부분부터 시작해야 한다. 이런 것들이 다른 사람을 존중하는 습관을 기르도록 돕는다. 그리고 리더와 부하직원 간의 관계를 평등하게 대하는 것도 주의해야 한다. 리더와 부하직원은 파트너 관계이지 상하관계가 아니다. 리더는 더 많은 책임을 지고 더 높은 능력을 발휘하는 것 외에 다른 특권은 없다.

• 정의로움의 다른 이름은 용서와 망각이다

하버드 의학대학원장 존 E. 맥Mack 박사는 성공한 리더를 한마디로 표현하자면 '대리인의 삶'이라고 할 수 있다고 했다. 다시 말해, 다른 사람의 성공을 볼 때 수반되는 기쁨과 충족감을 의미한다. 이를 위해서 존 E. 맥 박사는 '정의'의 개념을 설정했다. 리더가 반드시 배워야 하는 이 정의는 한 조직이나 기관에서 다른 사람들에게 주저 없이 줄 수 있는 신뢰를 의미한다.

정의의 다른 측면에는 용서와 망각의 힘이 있다. 오래된 원망은 발전과 진전에 커다란 걸림돌이 된다. 나쁜 평가를 듣지 않는 리더는 없다. 이때 리더는 용서와 망각을 배워야 한다. 일의 발전이 아닌 부하직원들의 잘못에 정신을 집중해서는 안 된다.

• 비전과 가치관을 확립해야 리더다

하버드 경영대학원의 빌 조지 교수는 "리더의 역할은 자신의 추종자를 모으는 것이 아니라 사람들을 한데 엮어 공동의 비전과 가치 주변으로 모이도록 하는 것이다. 그리고 사람들에게 권한을 주고 먼저 행동하도록 하여 그들을 리더로 세우는 것이다."라고 말했다. 그가 메드트로닉에서 거둔 성공도 이 말을 증명한다.

'비전과 가치관'은 '나침반'처럼 한 회사나 단체의 방향을 결정한다. 리더는 회사의 비전과 가치관을 우선 실행에 옮기고, 자신의 인간적인 매력과 도덕적 영향력을 발휘하여 모든 구성원들의 목표와 추구하는 바를 회사의 공동목표와 합치시켜야 한다. 직원들의 말과 행동, 그리고 사고방식을 회사 혹은 단체의 비전과 부합시킬 수 있는 사람이 바로 출중한 리더다.

겨우 1달러짜리라고 거들떠보지 않으면 절대 안 된다.
이 1달러가 당신의 부유함과 가난함을 결정한다는 것을 알아야 한다.
― 로버트 기요사키 Kiyosaki

돈을 너무 과대평가 하지 마라.
돈에는 돈보다 더 큰 것이 있기 때문이다.
돈을 너무 과소평가 하지 마라.
돈은 큰일을 하는데 쓰이기 때문이다.
― 교육가 도행지 陶行知

만약 우리가 돈을 쓴다면
우리의 삶이 풍요로워지고 마음대로 살 수 있다.
하지만 만약 돈이 우리를 쓴다면
우리는 뼛속까지 가난해질 것이다.
― 에드먼드 버크 Burke

사업가 기질을
발휘해라

■ 맥도날드의 CEO 레이 크록Kroc의 감동적인 연설이 끝난 후 학생들은 그를 간단한 술자리에 초대했다. 맥주가 나오자 레이 크록은 학생들에게 "내가 무슨 일을 하는지 말해볼 사람 있나요?"라고 물었고, 모든 학생이 웃었다.

아무도 그의 질문에 대답하지 않는 것을 본 레이 크록이 다시 물었다. "내가 뭐하는 사람 같습니까?" 학생들이 또 한 번 웃었다. 마지막에 대답한 학생 한 명이 "레이, 당신이 햄버거를 만든다는 건 모두가 알고 있어요."라고 대답했다.

레이 크록은 크게 웃으며 "여러분이 이렇게 말할 줄 알았어요."라고 말한 후 웃음을 멈추고 빠른 속도로 이야기했다. "여러분, 사실 내 본업은 햄버거가 아니라 부동산이에요."

그의 장기 사업 계획 중 기본업무는 맥도날드의 지점을 지정된 사업파트너에게 판매하는 것이다. 그리고 부동산과 지점의 지리적 위치는 매장의 성공을 위한 가장 중요한 요소이다. 매장을 계약하는 사람들 역시 맥도날드 그룹으로부터 해당 지점을 구입하는 것이기 때문에 맥도날드는 세계에서 가장 큰 부동산 회사가 되었고 그 규모는 심지어 가톨릭교회를 뛰어넘었다. 오늘날 맥도날드는 이미 미국 및 세계 각지에서 가장 비싼 거리와 교차로의 금싸라기 지역을 소유하고 있다.

- **1달러를 당신의 직원으로 생각하라**

"겨우 1달러짜리라고 무시해서는 절대 안 됩니다. 이 1달러가 당신을 부유하게 할지, 가난하게 할지 결정하는 만큼 충분히 이해해야 합니다." 로버트 기요사키는 우리가 재정적 어려움에 허덕이는 중요한 이유로 학교에서 몇 년 동안 공부하면서도 금전적인 부분에 대해서는 그 어떤 지식도 배우지 못했기 때문이라고 여겼다.

그는 사업에 초점을 맞추되 수입이 아닌 자산에 집중하라고 제안했다. "자신의 사업에 초점을 맞추라는 것은 자신만의 강력한 자산을 구축하라는 의미입니다. 1달러가 자산에 포함된다면, 그 1달러는 당신의 직원인 것입니다. 돈의 가장 절묘한 점은 24시간 일을 할 수도 있고 몇 대에 걸쳐 봉사한다는 것입니다."

- 돈을 위해 일하지 말고, 돈이 당신을 위해 일하게 하라

　미국의 유명한 기업가이자 개인의 자유와 재무의 자유 운동을 제창한 선구자인 버크 헤지스Hedges는 자신의 저서에서 '만약 오늘 백만장자가 되고 싶다면 당신이 해야 하는 일은 다음 단계를 따라오는 것밖에 없다. ① 재산을 어떻게 구축하고 축적하는지 이해하라. ② 이미 증명된 재산구축 시스템을 복제하라. ③ 한동안은 쉬지 말고 유지하라. 인식, 복제, 유지 이 세 가지가 일반인들이 백만장자가 되기 위해 해야 할 일이다.' 버크 헤지스는 백만장자는 운이 좋고 나쁘고의 문제가 아니라 이미 증명된 재산 창조 전략을 학습하고 따라하는 것뿐이라고 한다. 그리고 재산 축적 전략은 바로 재산을 구축하는 시스템인 수익 모델을 찾는 것이다. 당연히 재산을 만드는 과정은 상상하던 일만큼 생동감 있고 재미있지 않을 수도 있다. 하지만 그 원리는 아주 간단하다. 바로 자신을 위한 '재산 파이프'를 구축하는 것이다.

- 자신에 대한 투자가 가장 좋은 투자이다

　유명한 주식투자의 대가이자 주식의 신으로 불리는 워렌 버핏은 주식투자로 얻은 수익이 손해보다 훨씬 많다. 사람들이 워렌 버핏에게 세상에서 가장 좋은 투자처가 어디인지 비결을 물어보면, 그는 자신에 대한 투자가 가장 좋은 투자라고 대답한다. 그는 스스로를 가장 큰 자산으로 생각한다. 한 번의 투자로 영원히 이득을 보게 되고, 끊임없이 공부하면 자신의 '인적자산'이 지속적으로 성장한다고 보았다. 하지만 이는 오랜 시간과 어마어마한 노력, 에너지, 시간, 인내와 끈기 필요하기 때문에 매

우 힘든 일이다. 버크 헤지스 역시 이와 비슷한 생각을 말했다. 바로 모두가 '자신이라는 주식회사'의 설립자이자 전체자금의 소유자로 생각해야 한다. 우리가 해야 하는 일은 바로 자신의 CEO가 되어서 오랫동안 유지할 수 있는 세부적인 실천을 통해 커다란 발전을 이루고, 잠재적인 자아 관리 능력과 자산을 생각하고 발굴하여 끊임없이 자신의 가치를 늘려야 한다.

• 가장 큰 리스크는 무엇인가

에밀리 챈은 재산을 최대한 늘리는 것이 최종 목표인 사람에게 월급은 가장 효과적인 수입원이 아니기 때문에 하버드 경영대학원 학생들도 '좋은 일자리 구하기'가 그들의 최종 목표가 아닐 것이라고 했다.

"하버드 경영대학원은 선형수입線形收入과 투자수익投資收益이라는 두 가지 소득 방식의 차이를 알려준다. 선형수입은 급여처럼 투자한 시간에 따라 증가한다. 당신이 한 달이라는 시간을 투자했다면 한 달 치의 급여를 받는다. 많지도 않고 적지도 않은 딱 일 한 만큼의 수준이다. 만약 풍부한 경력이나 출중한 능력, 혹은 재직기간이 더 길어진다면 당신의 시간에 대한 가치는 더 높아질 것이고 시간당 수입도 더 많아 질 것이다. 하지만 직장을 그만두는 순간 더 이상 급여도 없어진다.

한편 투자수익은 얼마의 시간을 투입했는지에 달려있지 않다. 투자(엄격한 평가나 후속 처리를 위해 어느 정도 시간 투자가 필요한 사항)한 뒤 지속적으로 회수할 수 있다. 소득과 투입한 시간은 상관관계가 없으며, 수익의 출처도 당신이 소비한 시간에서 비롯된 것이 아니다. 예를 들어 임대

수익, 주식배당, 저작권료나 저축계좌의 이자 등이 투자수익이 될 수 있다. 어느 정도 시간이 필요할 수도 있지만 초기에 자금을 투입한 후에는 매년 수익을 얻을 수 있다. 선형수입은 투자수익보다 훨씬 낮다. 직장을 그만두는 것은 수입의 중단을 의미하는 만큼, 이것이 선형수입에 의존했을 경우 나타날 수 있는 리스크다. 그리고 당신의 하루는 24시간밖에 되지 않기 때문에 당신이 투입할 수 있는 시간도 한계가 있다. 사실 돈 있는 사람들의 비밀은 그들에게 더 많은 돈이 있다는 것이 아니라 그들에게 삶을 즐길 수 있는 더 많이 시간이 있다는 점이다."

로버트 기요사키는 만약 다른 사람을 위해 일할 줄만 알고 자신의 사업을 못하는 사람들은 커다란 재무위기를 직면할 것이라고 보았다. "다른 사람을 위해 일하는 것은 실제로는 당신을 더 큰 위험에 놓이게 한다. 따라서 재무 안전을 위해 자신의 사업에 관심을 가질 필요가 있다. 이것이야말로 당신을 위한 진정한 투자수익이 되어 돌아올 것이다. 열심히 노력하며 일하는 고용인이 되어 당신의 직장을 확보하되 당신의 자산 리스트를 계속해서 구축하라."

- 부유함이 안겨주는 즐거움을 맛봐라

"대부분의 사람들이 재무적으로 승리를 할 수 없는 이유는, 투자금 손실로 받는 고통이 부유함이 안겨주는 즐거움보다 크기 때문이다." 가난함을 좋아하는 사람은 없다. J. K. 롤링이 하버드에서 "가난함은 공포와 스트레스를 야기하고, 심지어는 사람을 우울하게 만듭니다. 이는 사람을 소심하고, 비참하게 만들고 온갖 어려움을 겪게 만들지요. 자신의 노력으로 가난을 벗어나는 일은 분명 자랑스러워 할 일입니다. 어리석은 사람만이 빈곤자체를 터무니없이 부풀려 이야기합니다."라고 한 것과 같다. 주식의 신 워렌 버핏의 눈에 돈을 버는 것은 아주 아름다운 일이었다. 그는 매일 탭댄스를 추면서 출근을 했고, 지루한 재무제표도 그에게는 스캔들 잡지를 보는 것만큼이나 매력적이었다. 누구에게나 소비하는 과정은 재미있지만 돈을 버는 과정은 지루하고 힘들 것이다. 우리도 워렌 버핏처럼 돈 버는 일을 즐거움으로 삼아보자.

- **최대한 빠르게 행동하라**

워렌 버핏은 열한 살 때 생애 최초로 주식 한 주를 샀고, 그때부터 주식의 바다에 몸을 던져 전문 투자자로서의 첫 걸음을 조금씩 걸어갔다. 워렌 버핏과 마찬가지로 모든 사람들이 자신의 재테크 투자의 첫 발을 떼야 한다. 그것이 학생용품을 취급하는 작은 사업이 될 수도 있고 혹은 한 프로젝트에 친구들과 동업을 할 수도 있지만, 반드시 최대한 빠르게 생각하고 행동해야 한다. 로버트 기요사키는 최초의 난관은 스스로 극복해야 한다고 말한다. "'어떻게 시작해야 하는가'와 같은 질문을 받았을 때 저는 일상에서의 사고방식을 전해줍니다. 사업 기회를 찾는 것은 아주 쉽다고 보장할 수 있습니다. 자전거를 탈 때 처음에는 비틀비틀 흔들리지만 곧 자신이 원하는 대로 운전할 수 있는 것처럼 금전 문제도 최초의 난관은 자기 스스로 극복해야 합니다."

• 돈의 의미에 대해 생각하라

벤 버냉키 FRB 전 의장은 "돈이 중요하기는 하지만 돈만을 기반으로 해서 중대한 정책을 결정하는 것은 어리석은 행동이다."라고 했다. 찰스 멍거는 워렌 버핏의 은사인 벤저민 그레이엄Graham과 마찬가지로 벤저민 프랭클린을 우상으로 삼았다. 벤저민 프랭클린은 19세기 미국에서 가장 우수한 작가이자, 투자가, 과학자이며 외교관인 동시에 사업가였다. 거기에 교육과 공익사업에도 혁혁한 공헌을 한 인물이다.

찰스 멍거는 벤저민 프랭클린을 통해 인류에 공헌할 수 있을 만큼의 부자가 되어야 한다는 생각을 배웠다. 그는 "나는 항상 인류에 도움이 되는 사람이 되고 싶었습니다. 구두쇠 같은 모습으로 죽고 싶지 않아요. 하지만 가끔 나는 이런 마음에서 아주 멀리 있다는 생각이 들곤 합니다. 인류에 공헌하기 위해서는 반드시 부유해져야 하고 진정한 부를 위해서는 반드시 자신의 기업을 세워야 했습니다."라고 말한다. 그래서 찰스 멍거와 워렌버핏은 오늘날 기업계, 투자계의 모범으로 불리는 버크셔 해서웨이Berkshire Hathaway사를 설립했다.

원칙과 의지가 없는 사람은
나침반 없는 배처럼 바람의 변화에 따라
언제든지 자신의 방향도 바뀌게 된다.
— 새뮤얼 스마일스 Smiles

원칙이 없으면
오랜 성공도 없다

■ 세계적으로 유명한 컴퓨터 소프트웨어 업체의 회장이 매년 1억 달러를 기부 할 테니 배운 것도, 재주도 없는 손자를 일반학생의 신분으로 하버드에 입학시켜주고, 2년간 강의에서 최소 절반 이상은 자신의 회사 혹은 컴퓨터 업계를 사례로 논해달라고 요구했다. 이 요구는 회사 이사회에서 단번에 거절당했다. 그들은 회장의 손자를 입학시키면 다른 학생들에게 불공평한 일이며, 그의 입학으로 하버드에 입학할 수 있는 우수한 청년 한 명이 하버드 밖으로 밀려나게 되니, 그 우수한 청년과 하버드, 더 나아가 사회의 손해를 의미한다고 말했다.

강의실 사례에 대한 요구에 대해서도 하버드는 화가 나고 이해할 수 없는 일이라고 말했다. 자유롭고 독립적인 학습 분위기를 유지하는 것은 하버드의 일관되고 또 가장 예민한 문제였기 때문에 이런 요구를 한다는 것 자체가 하버드를 모욕하는 것으로, 절대 용납할 수 없는 일이었다.

원칙을 지키면 일부 사람들의 개인적인 이익은 손해를 보겠지만 대다수의 공익을 지키게 된다. 우리가 여기서 이야기하는 원칙이란 당연히 한 개인에 대한 것이 아니라 공익을 기초로 세워진 규율을 말한다. 사회의 법률제도나, 도덕관념, 우수한 문화 등이 이에 포함된다. 이것은 사회의 장기적인 발전을 위한 보증이자 민중의 이익과 행복과도 관련이 있다. 원칙을 지키면 개인, 조직, 기업, 국가를 막론하고 모두 패배하지 않는 곳에 설 수 있게 된다.

빌 게이츠와 워렌 버핏은 자신의 후손들이 사업가적 마인드나 자신들의 노력으로 부를 이루고, 사회 전체에 공평한 경쟁 환경이 조성되어 모두가 적극적이고 실무적인 생활 태도를 가질 수 있기를 바랐다. 이것이 미국이 백 년 동안 지켜온 건국의 기반이라고 여겼다. 원칙을 지키는 것은 하버드가 학생들에게 가르치는 암묵적인 교육이다. 하버드는 원칙을 가장 쉽게 침식하는 돈, 인정, 권력이라는 세 가지 힘 앞에서도 결코 위축되지 않고 자신만의 원칙을 유지할 수 있었기 때문에 결과적으로 더 큰 수혜를 받을 수 있었다.

• 인정 때문에 원칙을 포기하지 말라

하버드는 존 하버드Harvard 목사가 기증한 400여 권의 책으로 하버드 홀 Harvard Hall에 도서관을 개관했다. 도서 유실을 방지하기 위해 하버드는 특별히 교칙에 도서열람자는 책을 도서관 밖으로 가지고 나가서 볼 수 없다는 규정을 넣었다. 하지만 1764년 어느 깊은 밤 하버드 홀에 큰 불이 나는 바람에 수많은 귀한 서적들이 불 속에 소실되고, 많은 사람들이 가슴아파했다. 다행히 화재 발생 하루 전, 한 학생이 규정을 어기고 『마귀, 세속과 육욕에 대한 기독교의 전쟁The Christian Warfare Against the Devil World and Flesh』이라는 책을 도서관 밖으로 가지고 나가 불에 타는 것을 피할 수 있었다. 하지만 갑작스러운 화재로 학생은 이러지도 저러지도 못할 곤경에 처했다. 원래는 책을 다 본 후에 몰래 다시 도서관으로 돌려놓을 생각이었는데, 화재로 도서관이 소실되었다는 이야기를 듣고서야 자신이 도서관에서 가지고 나온 이 책이 존 하버드가 기증한 400여 권 중 한 권이라는 사실을 알게 되었다. 고심에 고심을 더한 끝에 그는 총장 집무실의 문을 두드리고 상황 설명을 한 후에 책을 당시 총장에게 정중히 돌려주었다. 당시 총장직을 맡고 있던 헨리 던스터Dunster는 우선 학생에게 감사를 표하며 학생의 용기와 솔직함에 대해 높이 평가했다. 그리고는 '도서관 책을 가지고 나갈 수 없다'는 교칙을 어겼다는 이유로 학생을 퇴학시켰다.

우리는 언제나 인정과 원칙의 충돌을 경험한다. 이때 인정에 기대어 무엇이든 받아주는 사람이 되겠는가, 아니면 원칙을 고수하여 다른 사람의 원망을 듣는 사람이 되겠는가? 앞의 이야기를 보면 하버드의 조치가 냉정하다고 느낄 수도 있다.

감정은 미혹되기 쉽고, 사람은 모두 측은지심을 가지고 있다. 하지만 이런 경우에도 원칙을 지켜야만 원칙의 가치가 더 높아진다.

• 권력 앞에서 원칙을 고수하라

1986년, 하버드는 개교 350주년을 맞이하여 개교기념식과 졸업식을 동시에 거행하기로 했다. 그 성대한 행사에 당시 대통령이었던 로널드 레이건을 초청하여 연설을 부탁했다. 하버드 개교 300주년 기념행사에는 루스벨트 대통령이 참석하여 자연스럽게 대학의 명예를 높여주었기 때문에 이번행사에도 로널드 레이건 대통령을 초청했다. 백악관에 초청장이 도착했고, 로널드 레이건은 흔쾌히 초청에 응했다. 대신 하버드대학에 자신의 명예박사 학위 수여를 조건으로 내세웠다. 명예박사는 정식 과정의 박사와 다른 것이기에 원칙적으로는 큰 문제가 없었고, 더욱이 당시 국가 원수였던 로널드 레이건에 대한 것이었다. 하지만 대통령의 이 작은 요청은 학술적 수준을 유일한 기준으로 삼아 교수 채용과 명예 학위를 수여하는 하버드대학에게는 결코 작은 요청이 아니었다. 하버드 대학 이사회는 전문 회의를 소집하고 토론을 했다. 토론에서 결정이 어려워지자 이사회는 바로 학생들의 의견을 수렴하기로 했다. 대다수의 학생은 명실상부한 최고의 학부가 학술 성과와 전혀 관련 없는 로널드 레이건 대통령에게 어떻게 아무렇게나 박사 학위를 수여할 수 있는가라는 의견을 보였다.

결국 대학의 학술적 명성을 지키기 위해 데릭 보크(Derek Bok) 총장은 외부 언론에 전혀 거리낌 없이 '또 다른 프레지던트(President, 미국 대학의 총장과 대통령 모두 프레지던트라고 부른다 - 옮긴이)의 비위를 맞출 생각이 없다.'고 선언했다. 로널드 레이건은 학위도 받지 못했고 하버드 기념식에도 참석하지 않았다.

하버드가 이런 결정 전에는 그 어떤 대학도 대통령의 요구를 거절하지 못했다. 하지만 하버드는 자신만의 원칙이 있었고, 이 원칙을 깨뜨린다면 300여 년간의 이어온 건학 이념을 실추시키는 것과 같았다. 그래서 미국의 최고의 인물인 대통령 앞에서도 그들은 아무런 거리낌 없이 안 된다고 말할 수 있었다.

권력의 본질은 더 많은 사람의 이익 수호를 위해 책임을 위임하는 것이다. 만약 공공의 이익에 해를 끼치며 개인적인 이익에 만족하는 사람이 있다면, 그가 설령 대통령처럼 막대한 권력을 가진 사람이라고 할지라도 하찮게 여겨야 한다.

하·버·드·의
사·생·활

Part 5

누구와 동행하는지가 **성공의 향방을** 좌우한다

learn from others

하버드 경영대학원 졸업생의 성공 원인은
그들이 하버드의 학위를 취득했기 때문이 아니라
자신과 서로에게 압력을 주었기 때문이다.
이는 아마 우리가 뽑은 학생들이 모두 원대한 포부와 왕성한 혈기를 가지고,
자신에 대한 요구치가 높기 때문일 것이다.
― 이노베이션 웍스Innovation Works 설립자 리카이푸 李開復

성공하려면 지지자와 라이벌 모두 필요하다

■ "하버드에서 무슨 능력을 가르쳐주었나?" 하버드를 떠난 지 몇 년 된 학생이 이 문제에 대해 "하버드가 나에게 준 것은 극한의 압력 속에서도 생존하는 능력이었습니다. 하버드는 우리에게 그런 분위기와 환경을 만들어주었습니다. 이런 환경에서 우리는 항상 긴장 상태를 유지해야만 했고, 모든 잠재력을 동원해야만 성과를 얻을 수 있었습니다."라고 대답했다.

성공하기 위해서는 지지자뿐만 아니라 라이벌도 필요하다. 운동선수가 올림픽에서 금메달을 획득하기 위해서는 반드시 우수한 연습상대가 있어야 하는 것과 마찬가지다. 주변에 우수한 경쟁 상대들이 많아야만 우리 스스로도 완벽한 경쟁 상태를 유지할 수 있다. 모든 학생이 엘리트인 하버드에서는 수많은 우수한 학생들이 서로 보이지 않는 경쟁을 한다. 그리고 하버드는 학생들의 경쟁 유발을 위해 상대평가 방식을 사용한다. 스스로 얼마나 많이 공부했느냐가 아닌 다른 학생에 비해서 얼마나 잘 나타내는가에 따라 성적을 결정한다.

모든 학급별 수업마다 상위 성적 15~20퍼센트의 학생은 '우수' 학점을 받고, 하위 성적 15~20퍼센트 학생들은 통과Pass, 중위권 성적의 60~70퍼센트 학생들은 '양호' 학점을 받는다. 그리고 5퍼센트 정도 비율로 과락Fail이 나온다. 얼마나 노력을 했는지와 상관없이 언제나 탈락 학생은 있기 마련이다.

이런 채점 방식은 이미 매우 뛰어난 학생들에게 공부에 대한 동기를 부여한다. 1학년 학생들이 8개 이상의 통과 혹은 과락인지 결정되면 '학사경고'를 받는다. 학사경고를 받고나면 학생의 요청에 따라 학생성적위원회가 열리고, 교수의 평가와 학사경고를 하게 된 객관적인 원인을 파악하여 2학년 진학 여부에 대해 결정한다. 그 중 아주 적은 일부만 진학할 수 있는 기회를 얻고, 나머지는 대부분 퇴학을 당한다. 물론 재입학 신청은 여전히 가능하다. 고정된 백분율에 따라 한 클래스에서 학점이 분포되기 때문에 학사경고로 인한 퇴학의 고비는 항상 존재한다. 그리고 이것이 하버드 학생들에게 커다란 심적 압박으로 작용한다.

아마 이런 시험제도가 너무 잔혹하다고 생각할 수 있겠지만 사회에서의 시험은 이것보다 훨씬 잔혹하다. 더욱이 이렇게 잔혹한 시험을 치루지 않으면 우수한 실력을 발휘하지 못하기 때문에 진정한 강자와 진짜 우수한 학생들은 아마 이 잔혹함에 고마움을 느낄 것이다. 위즈보가 『진정한 하버드 MBA』에서 말한 것과 같다.

"나는 개인적으로 지금은 하버드 경영대학원의 '잔혹한' 평가 제도에 대해 아주 감사한 마음을 가지고 있다. 만약 그런 제도가 없었다면 무엇이 정신적으로 커다란 압박인지 몰랐을 테고 지금처럼 강인한 소양을 가질 수 없었을 것이다. 첫 학기에 내 성적은 그다지 만족스럽지 않았다. 당시만 해도 하버드에서의 크고 작은 즐거움에 빠져 하버드를 얕보고 졸업이 입학보다 훨씬 쉬울 것이라고 생각하며 어렵지 않다고 생각했다. 쉽게 생각한 내 마음과 전보다 훨씬 강해진 경쟁자들의 실력까지 더해지자 첫 학기 내 성적은 뒤로 밀려나있었고, 나는 놀라지 않을 수 없었다.

두 번째 학기부터 열심히 임하기 시작했지만 다른 학생들도 더 열심히 했기 때문에 순위를 매긴 뒤 받은 등급은 조금 밖에 오르지 않았다. 2학년 1학기부터는 운동 시간을 줄이고 동기들과의 모임과도 작별한 채 자습실 방문 횟수를 늘리고, 교수님과 자주 대화를 나누었다. 그러자 성적이 눈에 띄게 오른 것을 볼 수 있었다.

하지만 여전히 III학점이 하나 있었다. 2008년 겨울 방학 하버드 유럽 학술단체 활동에 참가했을 때, 독일 볼프스부르크 Wolfsburg 호텔에서 한 통의 이메일을 받았다. 교무처에서 보낸 이 메일의 주요 내용은 만약 III학점을 하나만 더 받으면 학교 측의 심사를 받아야 하며 졸업이 불가능할 가능성이 크다는 것이었다. 이 통지를 받은 후 유럽의 유명 관광지들도 더 이상 눈에 들어오지 않고, 독일의 겨울은 유난히 춥게만 느껴졌다. 2년 전 입학할 때만해도 하늘에 있는 기분이었는데 지금은 땅으로 다시 떨어진 기분이었다. 나는 어떤 두려움과 압박을 깊이 느꼈다. 그리고 이어진 다음 학기에서 나는 농구도 거의 하지 않고 식당에도 모습을 드러내지 않았다. 매일 새벽 2~3시까지 불을 켜놓고 야간전을 치렀다. 만약 강의실에서 발언기회를 얻지 못하면 죽음에 한 발짝 다가선 것 같은 느낌이 들었고, 다음 강의에는 더 열심히 노력해서 스스로를 절벽에서 구출했다.

주말이 되면 어떤 친구들을 술을 마시거나 춤을 추러 가는 등 자유롭게 학생시절의 마지막 학기를 보내고 있을 때 나는 사례를 연구하고 공부하며 기말 논문 원고를 열심히 쓰고 있었다. 나는 지옥에서 투쟁을 하는 것처럼 한 학기 내내 사력을 다해 공부했다. 노력은 배신을 하지 않는다는 말처럼 기말고사에서 Ⅲ학점은 하나도 없었다. 그리고 세 과목에서 Ⅰ학점을 받았다.

이 한차례의 결정적인 반격을 위해 기사회생의 과정을 겪으면서 나는 앞으로 절대 가볍게 생각하지 않겠다고 다짐했다. 지금 돌이켜 생각해보니 하버드에서 몇 사람이나 이런 마음가짐을 키울 수 있고 의지를 다질 수 있겠는가? 달리 생각해 보면 나는 하버드에서 사례강의 보다 훨씬 귀하고 풍부한 자산을 얻은 셈이다. 바로 끝까지 포기하지 말고 실패를 두려워하지 말라는 정신을 평생 간직하게 되었다."

진정한 강자는 위즈보처럼 '잔혹'한 경쟁을 감사할 줄 안다. 이 경쟁이 통해 끊임없이 자신의 극한을 뛰어넘기 때문이다. 이 과정에서 우리는 공포를 느끼고 스트레스를 받으며 심신이 모두 지치겠지만 이런 점은 결코 진정한 손해라고 볼 수 없다. 이를 통해 우리의 마음가짐을 다잡고 압박에 견뎌내는 능력을 키울 수 있으며, 이런 고난의 가장 큰 수혜자 바로 자기 자신이라는 점을 결국 깨닫게 된다. 이런 고난과 좌절을 겪고 나면 심지어 고난과 좌절이 점점 친근하게 느껴질지도 모른다.

인간관계를 어떻게 맺는지 아는 것이
성공의 첫 번째 요소다.
- 테오도어 루스벨트

'엘리트 집단'에 서라!
하버드의 인맥

■ 하버드 입학은 엘리트 클럽에 가입한 것과 같다. 또 아주 개방적이고 밀집된 인맥으로 이루어진 강의실에 들어온 것과 같다. 이곳에서는 졸업식, 사회봉사 활동, 동문 친목회에서든 아니면 강의실 토론이든 모든 것이 학습프로그램을 포함하는 동시에 인맥 강의가 된다. 위즈보는 자신의 저서에서 하버드에 막 입학했을 때의 소감을 적어놓았다.

"막 입학한 신입생들과 나는 모두 들뜬 상태였다. 분반 결과는 신입생 환영주간의 4일째 날에 발표되고, 신입생 환영주간 이후에야 반에 따라 수업을 들을 수 있었기 때문에 우리는 900명의 신입생 중 누가 앞으로

10개 반에서 같이 공부하게 될 같은 반 학생이 될지 아무도 몰랐다. 개강식은 그저 신입생 환영주간의 시작에 불과했다. 학교 측은 같은 반 학생들끼리 뭉치는 것을 피하고, 서로 목적 없이 아무렇게나 다른 학생들과 사귀고 알게 지내게 하기 위한 뜻이 있었다.

학교에 들어와서 나는 학생과 학교 측이 여기저기서 인적 네트워크를 키우기 위해 집중하는 모습에 주의했다. 우선 학생들 스스로 네트워크를 아주 중요하게 생각했고, 학교는 신입생들이 다른 동기들과 알고 지내도록 의도적으로 신입생 환영 캠프에서 조별, 팀별, 강의실별 활동을 진행했다.

그 다음 1년 동안 유지되는 6인 모임은 장기적이고 고정된 소규모 네트워크였다. 개강 이틀 전에야 분반 결과가 나왔다.

한 학년의 총 학생수가 900명이어서 A반부터 J반까지 딱 10개 반으로 나뉘었으며, 한 반은 U자형 강의실에 딱 맞게 앉을 수 있는 90명씩 구성되었다. 그 한 반이 영원한 네트워크인 동시에 사회 각 영역을 이어주는 인맥으로 졸업 이후 직장생활을 할 때 강력한 인적 자산이 되어준다. 지금 생각하면 다양하고 최대한 화합할 수 있는 90명의 집단을 선별하기 위해서 최소한 모든 학생이 가진 배경을 대략적으로라도 알고 있어야 하는데 이건 정말 쉽지 않은 일이다. 더욱이 900명을 10개의 반으로 선별해내는 과정은 더 말할 것도 없다. 이를 위해 학교 측에서 얼마나 고심하며 신경을 썼는지 알 수 있었다.

하버드 산하에는 각 영역의 인재들이 모여 있는 12개의 단과대학이 있다. 만약 미래의 과학자, 예술가, 정치가, 대법관, 법률, 의사, 작가, 교수, 학자와 모른 채 지난다면 너무나도 아쉬우니 각종 캠퍼스 활동에 최대한 열심히 참가해야 한다."

많은 사람들이 하버드에 공부만 하러 가지는 않는다. 이들에게 더 중요한 것은 하버드를 통해 동문들과 인적 네트워크를 형성하는 일이다. 한 하버드 교수에 따르면, 하버드는 졸업생들을 위해 두 가지 무기를 제공한다. 그 중 하나는 전체에 대한 종합적인 분석력과 판단 능력이고, 다른 하나는 미국에서 전 세계에 걸친 각종 업계의 귀중한 정보와 자원을 제공해 줄 강대하고 전 세계적으로 분포되어있는 4만 명의 동문 네트워크이다.

- 성공은 당신이 누군가가 아니라,
  어떤 사람을 알고 있는가 하는 것이다

워렌 버핏이 하버드 입학을 지원할 때, 그는 겨우 19세였다. 하지만 외모로 사람을 판단했던 주면접관은 워렌 버핏을 '19세의 나이에 16세의 외모와 12세의 체중을 가지고 있으며 9세의 심리를 지녔다."고 판단하여 천재 학생 한 명을 놓쳤다. 하버드가 눈앞에서 기회를 놓쳤지만, 총명했던 워렌 버핏은 좋은 기회를 놓치지는 않고, 성공의 핵심을 찾아냈다. 성공의 핵심은 당신이 하버드나 다른 대학에 있느냐가 아니라 누구와 함께 있느냐 하는 것이다. 워렌 버핏이 다른 대학을 찾고 있을 때 그는 당시 가장 존경하던 투자의 대가 두 명인 벤저민 그레이엄Graham과 데이비드 도드Dodd가 컬럼비아 비즈니스 스쿨에서 강의를 한다는 이야기를 들었다. 그는 황급히 컬럼비아대학에 다소 늦은 입학 신청서를 보냈다. 그리고 다행히도 도드 교수가 그의 입학을 받아준다는 회신을 받았다. 이들 교수에게서 그는 많은 것을 배웠다. 이에 대해 워렌 버핏은 "스승님들 밑에서 배운 몇 시간의 효과가 과거 십여 년 동안 혼자 잘한다고 여겼던 순진무구한 생각을 압도했다."고 깊이 감탄했다.

● 인맥의 '커넥터'를 찾아라

1967년, 미국 하버드대 사회심리학 교수인 스탠리 밀그램 Milgram 이 유명한 실험을 했다. 그는 네브래스카 주와 캔자스 주에서 지원자를 모집하여 그 중의 300명을 랜덤으로 선택해 그들에게 편지 한 통을 보내라고 부탁했다. 스탠리 밀그램이 지정한 편지의 최종 도착지는 보스턴에 거주하는 한 증권 중개인이었다. 편지가 한 번에 그 중개인에게 도착할 가능성이 거의 없었기 때문에 스탠리 밀그램은 지원자들에게 자신들이 생각하기에 최종 수신자와 관계를 맺고 있을 가능성이 가장 큰 친지, 친구들에게 부탁하길 요구했다. 그리고 중간에서 편지를 전해준 사람들은 스탠리 밀그램에게도 회신을 달라고 했다.

그 결과 약 60여 통의 편지가 최종 수신자인 증권 중개인 손에 도착을 했고, 이 편지를 거쳐 간 중간 연결자 수가 평균 다섯 명 정도라는 예상 밖의 결과가 나왔다. 이는 모르는 사람들끼리 알게 되는데 최고 여섯 명을 거치면 된다는 것을 의미한다. 1967년 5월 〈사이콜로지 투데이 Psychology Today〉 잡지에 실험 결과를 발표하면서 유명한 '6단계 분리이론' 가설을 제시했다. 이 특수한 소수의 사람들이 바로 '커넥터'이다. 커넥터는 여러 가능성을 염두하기 때문에 이해할 수 있는 사람과의 관계만을 유지하는 대다수의 사람과 달리 알 필요가 없어 거절당하는 사람들까지도 친하게 지내며 주변에 많은 친구를 둔 사람들이다.

따라서 직접 커넥터가 되는 것이 가장 좋지만, 만약 경력이나 사교 기술이 없다면 커넥터를 알아두는 것이 가장 좋은 방법이다.

• 인맥의 질을 높여라

하버드가 풍부하고 값진 인맥의 장이라는 것은 모두가 알고 있다. 미국의 엘리트 대부분이 이러한 하버드에서 나온다. 하버드 입학 전에 학생들은 이미 하버드의 엄격한 선별을 거쳐 풍부하고 값진 자질을 지녔음을 보증 받았다. 하버드뿐만 아니라 수많은 '엘리트 그룹'은 업계 내에서의 편리한 업무 교류를 위해 수준 높은 진입제도를 실시하고 있다. 그들은 인맥의 양뿐만 아니라 질도 추구한다. 만약 조건에 부합하지 않다면 이 그룹에 진입하기 어렵다.

이는 고효율의 인맥을 맺는 방법을 알려준다. 즉 엘리트 그룹을 찾고, 방법을 강구하여 그곳에 가입하면 된다. 엘리트 그룹이 당신을 받아주기만 한다면 당신의 자질과 능력을 증명하는 셈이다. 만약 그 그룹에 포함되기에 자질이 부족하다면 우선 입문 자격을 얻을 수 있도록 우선 자신을 충전하는 방법을 고려해야 한다.

하버드 직업교육센터에서 근무하는 하버드 MBA 졸업생은 하버드는 시작 때부터 학생들을 위해 천금으로도 살 수 없는 사교의 무대를 마련해 놓았다. 여기에는 하버드가 심혈을 기울여 선별한 전 세계 각국에서 가장 큰 잠재력과 야심과 포부를 가진 학생들이 있고, 대부분 수십 년 동안 풍부한 사업적 경력을 쌓은 세계 일류의 교수진이 있다. 하버드 입학은 바로 이미 성공하여 이름을 알리고 있는 4만 명의 동문을 가진 것과 같다.

- **모든 이의 정보를 기억하라**

빌 클린턴Clinton 대통령이 옥스퍼드대학교Oxford University에 재학하고 있을 당시 그는 새롭게 친구들을 알게 되면 휴대폰의 주소록에 그들이 나눈 이야기의 중요한 정보를 기록해 놓는 습관이 있었다. 일부 동기들은 그의 행동을 이해하지 못하고 왜 이렇게 하는지 물어보았다. 빌 클린턴은 "나는 정계에 진출할 계획이야, 지금 아칸소 주Arkansas의 정부 공직 선거에 참가할 계획을 세우고 있어서 내가 만난 모든 사람을 기억해 놓아야 해."라고 대답했다.

1984년 아칸소 주지사로서 그는 문예부흥 주말 집회활동에 처음 참가했다. 많은 사람들이 클린턴에게 깊은 인상을 받았다. 마음속으로 그가 어떻게 여러 주제를 끊임없이 넘나들며, 모든 곳곳에 자신의 흔적을 남길 수가 있는지, 어떻게 여기에 있는 모든 사람을 알고 있는 것 같은지 등의 의문을 품었다. 빌 클린턴은 상대방의 이름뿐만 아니라, 모든 사람의 사정을 이해하고 있고 사람들이 관심가지는 모든 것을 알고 있는 것 같았다. 그린웨이Greenway의 전임 시장 마르크스 힐러는 "그가 당신과 포옹을 할 것이다. 그러면 당신은 형식적인 포옹이 아니라 마음에서 우러나오는 포옹이라는 것을 느끼게 될 것이다."라고 말했다.

마르크스 힐러가 말한 이 점이 바로 빌 클린턴의 독특한 능력이었다. 그는 상대방이 누구든지 순간 비교할 수 없는 친밀감을 느끼도록 하는 재주가 있었다. 그가 당신과 이야기할 때면 단순이 그가 알고 있는 당신의 정보를 뱉어내는 것이 아니라, 이 정보를 이용해 당신과 진정한 관계를 구축한다.

- 혼자 밥 먹지 말라

페라지 그린라이트Greenlight 마케팅 컨설팅 회사의 설립자 겸 CEO 키이스 페라지Ferrazzi는 저서 『혼자 밥먹지 마라Never Eat Alone』에 "지금 내 연락망에는 약 5천여 명의 전화번호가 저장되어 있다. 내가 연락하면 그들은 전화로 전문적인 자문, 도움, 격려, 지지, 심지어는 관심과 사랑도 보내준다. 내가 알고 있는 성공한 사람들은 특별한 재능이 있거나 고등교육을 받았거나 또는 아주 특별한 매력을 갖고 있지는 않지만, 대신 의지할 만 한 작은 그룹을 가지고 있다. 그 그룹은 믿을만하고 재능과 영감을 주는 사람들로 구성되어 있다.

케네디 공공정책대학원은 교사와 학생 간의 소통과 상호작용을 위해서 학생들에게 교수 식사대접 비용을 지원해주는 아주 재미있는 제도를 하나 만들었다. 만약 학생들이 교수에게 식사를 대접하고 싶다면 두 세 명의 동기들과 함께 신청하여 학교에서 식사비를 지원받는다. 1인당 약 8달러에서 10달러 정도인 지원금은 많은 금액은 아니지만, 학교가 학생들에게 신경 쓰고 있다는 것을 확실히 보여준다. 이를 통해 학생과 교수들 간의 거리는 좁히고, 사제지간의 네트워크는 확대하여 상호작용의 기회를 늘렸다. 이 정책은 사제지간의 정을 쌓는데 큰 도움이 되었다.

하버드는 식사비 지원 정책으로 학생들과 교수들의 식사 모임을 장려했다. 함께 식사하면서 학생들은 교수들에게 학술적인 질문을 할 수도 있었고, 무엇보다 식사를 하면서 교수로부터 세상을 접하는 도리와 사람을 사귀는 기술을 배울 수 있었다.

1936년 하버드의 요청으로 하버드 역사를 편찬한 사무엘 E. 모리슨 Morison은 "이 책에 있는 내용은 강의나 독서를 통해 얻을 수 있다. 하지만 하버드 공동체의 일원으로서 동기와 교수들과 긴밀한 관계를 계속 유지하면서 끊임없이 함께 연구하고 토론하고, 함께 먹고 마시고, 함께 게임과 기도하는 시간을 공유해야만 헤아릴 수 없는 가치의 보물과 같은 품격이 학생들에게 전수된다."

노바 라윈은 성공한 사업가다. 그는 매주 업무 계획을 세울 때 어떤 사람과 만날 것인가를 먼저 정한 후에 매 주 네 번의 조찬, 네 번의 오찬, 두 번의 만찬을 통해 개인적으로나 업무적으로 관련 있는 사람들과 함께 식사를 한다. 그들은 고객일수도 있고 친구일수도 있고, 혹은 어떤 영향력이 있는 사람일 수도 있고 잠재적 고객이나 다른 사람이 될 수도 있다.

그는 항상 길에서 함께 식사하고 싶은 사람을 만나게 된다. 그래서 가장 바쁠 때는 일주일에 네 차례의 정식 조찬과 오찬, 두 번의 만찬을 가진다. 즉 일주일에 열 번의 만남으로 즐거운 시간을 보내면서 그에 대한 고객의 인상도 깊어진다.

이것은 지극히 간단하면서도 아주 효과적인 방법이다. 어차피 본인도 식사는 해야 하기 때문이다. 또한 식사자리에서 대부분의 사람은 기분이 좋기 때문에 더 깊은 정을 쉽게 나눌 수 있다. 열 명의 고객을 일일이 방문하려면 많은 시간이 소요되지만 식사자리를 통해 고객과 만나면, 정식으로 일을 시작하기도 전에 이미 열 명의 고객을 만나게 되는 것이다. 이런 식사 기회는 대부분 고객과의 기존 관계를 강화시킬 수 있을 뿐만 아니라, 가치 있는 보상을 얻을 수도 있다.

우정은 일종의 상호 끌림의 감정이다.
그래서 우정은 만날 수는 있지만 찾을 수는 없다
— 작가 루어란鲁彦

한 사람만 혼자 남아있다면 아마 멸망한 지역이겠지만,
두 사람이 함께 있다면 구원을 받을 수 있다.
— 발자크 Balzac

파트너를 찾아라

■ 당시에 만약 폴 가드너 앨런의 자극이 없었다면, 아마 빌 게이츠가 마이크로소프트의 첫 번째 소프트웨어 프로그래밍을 시작하지 않았을 테고, 그렇다면 당연히 이후의 사업 신화도 없었을 것이다. 그들이 처음 만났을 때 둘은 그저 의기투합할 수 있는 컴퓨터 애호가였을 뿐, 그들의 만남이 오늘날의 사업 기적을 만들어낼 것이라고는 결코 생각할 수 없었다. 실제로 정직하고 발전적인 성향을 가진 친구들은 여러분의 인생에 영향과 변화를 줄 수 있다. 돈과 권력과 세력이 있는 사람만이 당신의 손을 잡아줄 수 있는 것은 아니다. 진정으로 당신에게 영향을 미치는 사람들은 마음속 깊은 곳에서부터 당신을 돕기 위해 어깨를 나란히 하며 함께 사업을 이끌어 갈 수 있는 친구인 경우가 많다.

많은 사람들이 워렌 버핏의 일생에 가장 중요한 파트너, '워렌 버핏보다 훨씬 똑똑한 사람'이 있었다는 사실을 모를 수도 있다. 워렌 버핏은 한술 더 떠 "그는 저에게 둘도 없는 사람입니다. 그는 사고력으로 내 시야를 넓혀주어 마치 빠른 속도로 원숭이에서 인류로 진화하듯, 이끌어 주었습니다. 그가 아니었다면 나는 지금보다 훨씬 가난했을 것입니다."라며 자신의 파트너를 칭찬했다. 이 사람이 바로 하버드 법학대학원의 우등생 찰스 멍거다.

워렌 버핏과 찰스 멍거는 한 친구가 마련한 식사자리에서 처음 만났다. 첫 만남에서 두 사람 모두 서로 통하는 구석이 많다고 생각했다. 찰스 멍거는 두 사람이 대화가 가능했던 이유로 공통된 가치관을 가지고 있었다는 점을 꼽았다. "우리 둘 다 깊이 고민하지 않은 공약을 싫어합니다. 우리는 앉아서 진지하게 생각할 시간과 관련 자료를 읽어 볼 시간이 필요한데, 이는 이 업계 대부분의 사람들과 다른 점이지요. 우리는 이런 '괴팍한 성격'을 좋아하고, 실제로 이런 성격 때문에 얻은 객관적인 이점도 있었습니다."

그들은 서로 전화로 밤새도록 투자기회를 분석했다. "멍거는 상법(商法)의 시각을 투자라는 금융영역에 접목시켰습니다. 그는 내재되어 있는 법률의 원칙을 이해하고 있어 일반인들보다 훨씬 정확하게 모든 매매 상황을 분석하고 평가하는 완벽한 파트너였습니다." 한 사업 파트너는 "찰스 멍거와 워렌 버핏은 당신이 상상하는 것보다 훨씬 닮았습니다. 워렌 버핏의 특기는 '아니오'라고 말하는 것인데, 워렌 버핏보다 찰스 멍거가 이것을 더 잘하거든요. 워렌 버핏은 찰스 멍거를 최후의 비밀병기로 생각합니다."고 감탄하며 말했다.

　찰스 멍거가 있었기 때문에 워렌 버핏이 그와 가치관과 목표를 나누고 고차원적인 대화를 나눌 수 있는 사람을 찾을 수 있었다. 찰스 멍거는 파트너로서의 우정만 준 것은 아니었다. 워렌 버핏이 '그레이엄 뉴먼Graham-Newman' 펀드에서 일부 투자자를 구하고 본인도 네브래스카 주에서 자금을 조달하기는 했지만, 찰스 멍거는 캘리포니아 주에서 워렌 버핏의 높은 투자기술을 홍보하며 수백만 달러의 자본금을 얻어왔다. 더 큰 측면에서 보면 버크셔해서웨이가 조기에 성공할 수 있었던 주요 원인은 블루칩 스탬프Blue Chip Stamps와 시즈 캔디See`s Candy, 그리고 캘리포니아 주에 소재한 다른 회사를 인수 합병한 덕분이었다. 그 중 대부분은 찰스 멍거와 그의 그룹 안에 있는 서부지역의 투자자들이 이룬 것이었다.

　두 사람의 개성과 행동 습관은 각자 어느 정도 차이가 있었지만, 둘 사이의 호흡에 영향을 미치지는 않았다. 워렌 버핏은 찰스 멍거와 맨해튼의 길을 따라 걸어가며 거래 상황에 대한 내용을 토론하던 상황을 아직도 기억하고 있다. 갑자기 어느 순간부터 찰스 멍거가 보이지 않고 혼자 말하고 있는 자신을 발견하고 주변을 두리번거렸다고 한다. 나중에야 워렌 버핏은 찰스 멍거가 비행기를 타러 가야한다는 것을 깨닫고 소리 없이 가버렸다는 사실을 알았다.

　찰스 멍거의 말과 행동이 가끔 무례하고 차분하지 않기는 하지만 워렌 버핏은 "그는 아주 좋은 친구입니다. 우아하거나 세심함을 모르고 외적인 부분에 힘을 쏟지는 않지만 모든 행동은 마음속에서 나오는 것입니다. 우리는 이렇게 오랫동안 일을 함께 해오면서도 한 번도 다툰 적이 없습니다. 의견이 다를 때가 있기는 하지만 단 한 번도 한 사람이 화를 내거나 기분이 언짢은 채로 헤어진 적도 없습니다. 만약 아이디어를 하나 이야기한다면 그는 결코 감정적으로 이 문제를 고민하지 않습니다. 하지만 찰스가 수많은 사실이나 판단을 근거로 자신의 관점을 내세울 때는 절대 양보하지 않습니다. 우리 둘은 상대방의 의견이 모두 귀담아 들을 만하다는 것을 알고 있습니다."라고 말했다.

워렌 버핏과 찰스 멍거, 이 환상의 파트너들은 역사상 가장 눈부신 투자 기록을 세웠다. 지난 40년 동안 버크셔해서웨이의 주식은 연 평균 24퍼센트의 속도로 빠른 발전을 이루어 현재 65개 이상의 기업을 보유 및 운영하며 시가 총액이 몇 천억 달러에 달하는 투자 회사로 거듭났다. 두 사람의 쌍검이 하나로 합쳐지면서 섬유 제조 기업(버크셔해서웨이는 1955년 버크셔와 해서웨이라는 섬유 방적 회사가 합병해 탄생한 섬유 제조 기업임 -옮긴이)을 인수한 후일리노이 내셔널 뱅크Illinois National Bank, 시즈 캔디를 매수하였으며, 〈워싱턴 포스트〉지에 투자했다.

처음 미국 언론의 특집 인터뷰에 응했을 때 찰스 멍거는 "지난 50년간 투자라는 마라톤을 하는 동안 워렌 버핏은 항상 남들보다 뛰어난 총명함과 젊은 사람 못지않은, 오히려 나날이 늘어나는 활력을 보여주었습니다."라며 공을 워렌 버핏에게 다 돌렸다. 워렌 버핏 역시 "제가 어떤 예상치 못한 일을 겪게 되면 찰스 멍거가 바로 버크셔해서웨이를 지휘합니다."며 찰스 멍거에 대한 신뢰를 드러냈다.

워렌 버핏이 말한 것과 같이 만약 찰스 멍거의 도움이 없었다면 그의 투자 성공도 아마 이렇게까지 성공하지는 못했을 것이다. 성공한 모든 사람의 뒤에는 완벽한 파트너가 있다. 빌 게이츠에게는 폴 가드너 앨런이 있었고, 워렌 버핏에게는 찰스 멍거가 있었다. 좋은 파트너 찾기, 특히 사업을 막 시작한 단계에서 좋은 파트너를 찾는 일은 매우 중요하다.

더스틴 모스코비츠Moskovitz는 제일 먼저 주커버그를 도와 하버드에서 페이스북을 보급한 인물로, 나중에 기술팀의 핵심 리더가 되었다. 하버드 재학 시절 그의 주전공은 경제학이었지만, 페이스북 프로그래밍을 독학하기 위해 주커버그를 따라 하버드를 자퇴하고 페이스북이 있는 팔로알토Palo Alto로 이주했다. 페이스북 초대 CTO(수석엔지니어)로써 더스틴 모스코비츠는 페이스북 설립 후 3년 동안 회사를 위해 사력을 다했다. 홈페이지의 정상 운용을 유지하기 위해 애썼고, 페이스북 최초의 사원 채용과 교육도 책임졌다.

페이스북 설립 초기 회사에 대해 자신감을 가지지 못한 주커버그는 페이스북을 등한시 한 채 다른 프로젝트에 정신을 쏟고 있었다. 모스코비츠는 주커버그의 이런 방식을 인정하지 않고, 페이스북을 아주 좋은 기회라고 여겨 그가 페이스북에 집중할 수 있도록 계속 독촉했다.

주커버그는 모스코비츠에게 고마운 마음을 가지고 있다. 그는 "페이스북의 발전을 마음에 품고 있는 더스틴은 제가 영원히 의견을 구하고 싶은 사람입니다."라며 자신의 룸메이트이자 창업 파트너인 그에 대해 말했다.

주커버그는 기술적인 면에서 천재이기는 했지만, 사교나 연설 방면에서는 특별한 장점이 없었다. 그래서 뛰어난 친화력과 교양을 가지고 모든 사람들에게 예의바르게 행동하며 유창한 화술을 자랑하던 룸메이트

크리스 휴즈Hughes를 페이스북의 대변인으로 스카우트하여 페이스북의 가치와 이념을 고객과 투자자들에게 더 잘 전달하도록 했다.

좋은 협력 파트너는 성격적으로도 부족한 점을 채워주며 상호보완이 할 수 있다. 그리고 우리가 항상 정확한 방향으로 가도록 일깨워주고 공격을 받을 때면 힘이 되어 주는 사업의 성공에 있어 엄청나게 중요한 사람들이다. 그렇다면 '최고의 파트너'는 어떻게 찾을 수 있을까?

- **자신보다 우수한 사람과 팀이 되라**

록키는 항상 워렌 버핏의 아들인 하워드를 찾아가 놀았다. 그들이 나누는 대화 대용은 돈보다는 젊은 여자아이들에 관한 게 더 많았다. 워렌 버핏의 존재를 알고 난 후에 록키는 버핏을 찾아가 사인을 부탁했다. 그는 "록키, 하워드가 아니라 나를 찾아와 이야기해야 한단다."라고 써놓았다. 바로 자신보다 우수한 사람과 팀이 되어야 스스로를 발전시킬 수 있다는 점을 록키에게 가르쳐 준 것이다. 그의 충고는 '최적의 파트너'를 찾을 때 자신보다 우수한 사람과 팀을 이루고 자신보다 우수한 사람들 중에서 협력 파트너를 찾으라는 좋은 의견을 준다.

- **항상 주변사람을 유념하라**

성공한 사람들의 경력을 연구하다보면 천재 주변에는 항상 더 많은 천재들이 모인다는 사실을 발견하게 될 것이다. 예를 들어 빌 게이츠와 폴 가드너 앨런은 레이크사이드스쿨의 동기였다. 페이스북 초창기 창업 멤버에 있던 CTO 더스틴 모스코비츠와 주커버그도 대학기숙사에서 겨우 벽 하나를 사이에 두고 있었다. 두 사람은 나중에 같은 방에 배정되고 나서 만날 수 있었고 주커버그는 이 룸메이트가 그저 노력형 프로그래머일 뿐만 아니라, 지성을 가진 리더로서 페이스북의 CTO직을 수행할 수 있을 것이라고 판단했다. 그리고 주커버그와 함께 방을 쓴 크리스 휴즈는 유창한 화술과 깊이 있는 교양 덕분에 페이스북 대변인을 맡을 수 있었다. 몇 년 후 크리스 휴즈는 2008년 오바마 대통령의 대선에서도 큰 역할을 맡았다. 그는 페이스북에서 진행된 오바마의 경선활동에 협조했고, 오바마는 그를 "내 옆에 인터넷 좀 아는 그 사람"으로 불렀다.

만약 당신이 재능이 있는 사람이라면 당신 주변에도 재능이 있는 사람들이 모여들 것이다. 이는 무엇보다 천재가 갖는 흡입력 때문이고, 둘째로는 천재는 주변 사람들이 천재인지 아닌지를 훨씬 잘 식별해내기 때문이다. 따라서 최상의 파트너를 찾고 싶다면 우선 재능이 있는 사람이 되어야 더 많은 인재들을 자기 주변으로 모을 수 있다. 그리고 비범한 소질을 발휘하는 주변 친구들을 자세히 관찰해서 그들과 어떻게 친해지고, 어떤 점을 배울지 생각해야 한다.

어떤 사람들은 하버드에서 지식도 배우지만,
더욱 중요한 것은 사람이 되는 법을 배우는 것이라고 한다.
맞는 말이다. 진리를 친구로 삼는다는 하버드의 교훈에
사람이 되라는 의미를 내포하고 있으며,
개인과 사회관계에 대한 사고가 담겨있다.
— 일레인 차오

우수한 국민이 자신의 도덕적 진실성을 더럽히지 않고 지키는 것은
대중에 대한 유일한 책임이 아니라, 최고의 책임이라는 점을 기억해야 한다.
— 애버트 로렌스 로웰

교양 있는 사람의 유산이
무지한 사람의 재산보다 훨씬 가치 있다.
— 데모크리토스 Democritos

'좋은 사람'이 돼라

■ 하버드 경영대학원의 한 사례분석 강의에서 학생들은 이런 사례를 접하게 되었다. 유명한 등산 팀이 몇 년 동안 무수히 많은 높은 산을 정복했지만 세계 최고봉인 초모랑마(chomo lungma, 에베레스트의 티베트어 음역으로 '세계의 성모'라는 뜻을 가지고 있다 - 옮긴이)에 오르지 못한 것이 유일한 아쉬움으로 남아있었다. 결국 그들은 초모랑마를 자신들의 최고 목표로 삼았다.

몇 년간의 준비를 거쳐 그들은 드디어 히말라야 아래에 도착했다. 몇 년간의 풍부한 등반 경험을 바탕으로 등산대원들은 여러 가지 어려움을 극복했고, 마침내 고지가 눈앞에 보였다. 그때 그들은 다른 팀에서 낙오되어 숨이 거의 넘어가기 직전인 등산대원 한 명을 발견했다. 이때 대장은 눈앞의 등정 기회를 포기한 채 이 사람을 데리고 하산할 것인가, 아니면 이 사람을 여기 두고 계속 등반할 것인가, 아니면 더 좋은 선택사항이 있는지, 중요한 결정을 내려야 했다.

만약에 당신이 이 등산대장이라면 어떤 선택을 하겠는가? 이 사례는 당신에게 어떤 시사점을 주는가? 이는 하버드 경영대학원의 전형적인 이야기다. 모든 하버드대생들이 첫 번째 학기에 이 이야기를 듣게 되고, 신입생들은 첫 주에 이 주제로 토론을 한다고 한다. 이 이야기는 개인이 혹은 기업이 앞으로 나아갈 때면 항상 도덕적, 사회적 책임에 관한 문제에 부딪치게 되는데 이때 당신은 어떤 선택을 할 것인지를 형상적으로 보여준다.

정확한 방법은 마음속의 도덕적 기준에 따라 결정하는 것이다. '똑똑한 사람'의 기준이 아닌 '좋은 사람'의 기준에 따라 선택을 해야 한다. 1997년 노벨 물리학상 수상자인 스티븐 추Chu는 "몇 년 전에 어머니께서 내게 '엘우드, 이 세상에서 살아가려면 똑똑한 사람이 되든지, 좋은 사람이 되어야 한다'고 말씀하셨습니다. 저는 이미 몇 년 째 똑똑한 사람으로 살고 있습니다. (……) 그렇지만 여러분에게는 좋은 사람이 되라고 하고 싶습니다."고 말한 바 있다.

똑똑한 사람과 좋은 사람은 어떤 차이가 있는가? 우리는 좋은 사람이면서 똑똑한 사람에 대한 가능성을 배제할 수 없다. 여기서 말하는 똑똑한 사람과 좋은 사람은 문제 판단에 대한 두 가지 기준만을 보여준다. 똑똑한 사람은 자신의 '지성'에 따라 판단을 하고 좋은 사람은 자신의 '도덕성'에 따라 판단한다. 어떤 기준에 따라 선택하느냐가 한사람의 가치를 가장 잘 결정한다.

선택의 기준은 사람마다 서로 다르다. 존 애덤스Adams 대통령의 선택은 '좋은 사람'이었다. 그는 좋은 사람의 기준에 따라 선택했을 뿐만 아니라, 자신의 자녀인 애덤스 주니어 대통령에게도 이렇게 하라고 요구했다. 그는 애덤스 주니어에게 "아들아, 너의 인생목표는 도덕을 추구하는 것이어야 한단다. 도덕은 영원하기 때문이란다."라고 말했다.

도덕에 대한 판단은 간단해 보이지만, 그에 따라 행동하기란 쉽지 않다. 만약 좋은 사람의 기준에 따른 선택이 그렇게 쉬웠다면 하버드 경영대학원이 신입생들의 토론 주제로 앞의 사례를 고르지 않았을 것이다. 가장 중요하고 가장 해결하기 어려운 문제만이 하버드 강의 사례로 등장하기 때문이다.

이 사례 토론 주제와 같은 일들이 현실 사회에서 종종 재현된다. 일부 똑똑한 사람들이 좋은 사람의 기준에 따라 선택을 하지 않기 때문에 결국 2008년 전 세계를 휩쓸었던 금융위기처럼 엄청난 파급력을 발휘하는 재난 같은 결과들을 만들어내곤 한다.

이 금융위기 문제는 미국 24대 노동부 장관 일레인 차오가 하버드 경영대학원에서의 연설 중 개인의 도덕과 연관 지어 연설 주제로 선택할 정도로 심각했다. "이런 위기는 극소수 사람들의 아무 거리낌 없는 행동 때문에 야기된 것입니다. 그들 중 일부는 우리나라의 몇몇 최정상급 경영대학원을 졸업했습니다. (……) 개인의 재능이 강력한 도덕적 원칙과 가치관을 정립하는데 쓰이지 않으면 아무리 좋은 교육과 교수진이 있다 하더라도 우리에게 필요한 뛰어난 리더를 배출하지 못합니다. 제가 여러분에게 오늘부터 리더십과 가치관을 공부하라고 이야기하는 데에는 이 토록 중요하고 적합한 이유가 있는 것입니다."

• 도덕심이 없는 인재는 인류의 재앙이다

똑똑한 사람은 많지만 만약 도덕심이 부족하다면, 그들이 가진 재능은 매우 위험해질 수 있다. 이 점에 대해서 일레인 차오는 하버드 동문이자, FRB 전 의장 폴 볼커 Volcker가 폭로한 현상을 언급했다. "신세대의 일부 우수한 수학 인재들이 금융업계로 전향하면서 그들의 똑똑한 두뇌를 이용하여 대중이 금융재정 리스크를 못 보도록 덮어버렸습니다. 결국 수많은 공공자산 부채표와 손익계산서는 이해할 수 없는 수치들로 가득 채워져 누구도 이해하지 못하게 되었습니다." 세계 정상급 경영대학원에서 배운 지식과 기술이 대중을 속이고 거짓 장부를 만드는 재주가 되어버렸다. 이렇게 '똑똑한 일'을 한 결과로 무고한 국민들의 재산이 절하되고, 생활이 어려워지는 대가를 국민들이 치러야 했다.

• '좋은 사람과 똑똑한 사람의 선택'은
삶의 도처에 존재한다

사회신용시스템을 해치고 '금융위기'를 발생시킨 '똑똑한 사람'들에 대해 일레인 차오는 다음의 질문을 던졌다. "만약에 이들에게 새로운 기회를 준다면, 그들은 어떤 선택을 할까요? 똑같은 전철을 또 다시 밟을까요? 그들이 이렇게 하는 게 과연 가치 있는 일일까요? 몇 백만 달러를 가지면 무엇이 달라지나요? 그들 중 많은 사람들은 여전히 젊고 활기 넘치는데, 그들의 신용과 명성이 미국 금융사상 가장 큰 스캔들과 함께 엮인다면 남은 인생을 어떻게 보내겠습니까? 그들이 가족들에게 남겨주는 것은 또 무엇일까요?"

하버드 강의실에서 했던 '에베레스트 등반' 사례가 여기서 또 나타난다. 공익에 저해되는 선택을 할 때 강의실에서 토론했던 이 사례를 생각할지 모르겠다. 처음에 강의실에서 좋은 사람을 선택한다고 해도 현실에서 강력한 물질적 이익의 유혹을 마주하게 되면 또 어떤 선택을 하게 될까? 이런 상황에서는 사회적 관리감독 외에도 마음속의 도덕적 제약에 의지해야 한다. 도덕적 지성이 있어야만 사회에 유익하고 진정으로 가치 있는 사람이 된다는 점을 기억해야 한다.

- 만약 나쁜 행동을 하고도 덜미가 잡히지 않았다면, 당신은 그 일을 또 하겠는가?

일레인 차오는 연설 중에서 어떤 사람들은 잡힌 것에 대해 불공평을 토로함을 언급하며 다음과 같이 말했다. "어떤 사람들은 투자자가 너무 교활하고 그들은 다른 기장記賬 방식일 뿐이라며, 세상이 불공평하다고 강변할 겁니다. 또는 시장의 압박이 너무 커서 업무 실적을 유지하기 위해 어쩔 수 없이 그랬으며, 다른 사람들도 모두 다 이렇게 한다고 핑계를 댈 수도 있죠. 혹은 그들은 전혀 잘못하지 않았으며 운이 안 좋아 잡혔을 뿐이라고 할 수도 있을 겁니다."

잘못된 행동을 했다면 체포나 비판 여부와 관계없이 그 자체로 잘못한 것이기 때문에 진지하게 반성하고 개선해야 한다. 하지만 만약 한 사람이 도덕심을 잃어버렸다면, 다시 말해 '좋은 사람'이 아니라 그저 '똑똑한 사람'이라면, 그의 선택 기준은 이렇게 될 것이다. 법에 위배되지만 수익이 크고 잡히지 않는다면 그 일을 할 것이다. 그들은 이런 일을 해서 체포될지 여부만 고민하지 이 일이 옳은지 그른지는 고려하지 않는다. 이미 도덕적 판단력을 상실했기 때문이다.

• '탐욕'과 '포부'를 구분하라

사람들은 항상 '탐욕'과 '포부'를 한데 어울러 쓴다. 사욕에 도덕과 합법이라는 옷을 입히면 다른 사람들을 속일 수 있을 뿐만 아니라 자기 자신까지도 속일 수 있다. 하지만 이런 방식은 더 많은 유혹을 가져올 뿐이다. 많은 사람들이 도덕에 위배되는 일을 하면서도 자신은 무고하다고 생각한다. 그래서 하버드 경영대학원 석사 출신의 부시대통령은 "우리는 포부와 탐욕을 구분할 수 있는 인품을 가진 사람이 필요하다."고 말했다.

대학 강의실에서 진행되는 일반적인 토론의 사례 같아 보이는 일들이 앞으로 우리 생활 속에서 나타날 수도 있다. 도덕과 이익이 충돌하는 가운데 우리는 자신의 도덕적 관점으로 판단하여 선택을 해야지 자신의 지성에만 의지하여 판단해서는 안 된다. 우선 '좋은 사람'이 되고, 이를 기반으로 다시 똑똑한 선택을 해야 한다.

• 월스트리트저널 테스트

한 하버드 교수가 'WSJ 테스트'를 제안했다. 'WSJ'는 〈월스트리트저널〉의 약자로, 만약 〈월스트리트저널〉 1면에 실려서 자랑스러워할 만한 일이라면 그 일을 하되, 반대로 보도되기를 원하지 않는다면 그 일은 하지 말라는 것이다. 'WSJ 테스트'는 미국 회사와 은행업계에서 보편적으로 응용되고 있다.

워렌 버핏도 'WSJ 테스트'와 비슷한 '뉴스페이퍼 테스트'를 언급한 적이 있다. "우리는 이미 충분한 돈을 가지고 있습니다. 더 많이 벌 수 있으면 당연히 좋겠지만, 잃는다고 해도 큰 문제될 건 없죠. 우리가 잃어서는 안 되는 것은 바로 '명예'입니다. 그것은 조금도 잃어버려서는 안 됩니다. 그래서 우리는 매니저들에게 합법적인 결정을 하고, 더욱이 뉴스페이퍼 테스트를 기준으로 그것을 평가해보라고 요구합니다. 만약 그다지 우호적이지 않은 기자가 그들의 어떤 행동을 바로 현지신문에 보도하고 친지들과 이웃들이 모두 읽었다는 것을 안다면 그들은 어떤 기분이 들까요? 이 테스트를 통과할 수 있다면, 아무런 문제가 없는 것이죠. 그러나 거의 근접했지만 통과하지 못한 것들은 과감하게 포기해야 합니다. 직원들은 아무 때나 내게 전화를 걸어 의견을 묻습니다. 그렇지만 나를 찾아야 한다면, 그 결정의 대부분은 문제가 있는 겁니다."라고 말했다.

◇ 당신은 언제나 옳습니다. 그대의 삶을 응원합니다. － 라의눈 출판그룹

하버드의 사생활

초판 1쇄 | 2016년 1월 5일

지은이 | 장바오원
옮긴이 | 장려진
발행인 | 설응도
발행처 | 라의눈

편집장 | 김지현
책임편집 | 최현숙
마케팅 | 김홍석
경영지원 | 설효섭
디자인 | 기민주

출판등록 | 2014년 1월 13일(제2014-000011호)
주소 | 서울시 서초구 서초중앙로29길 26(반포동) 낙강빌딩 2층
전화 | 02-466-1283
팩스 | 02-466-1301
e-mail | eyeofrabooks@gmail.com

이 책의 저작권은 저자와 출판사에 있습니다.
서면에 의한 저자와 출판사의 허락 없이 책의 전부 또는 일부 내용을 사용할 수 없습니다.

ISBN 979-11-86039-46-5 13320

* 잘못 만들어진 책은 구입처나 본사에서 교환해 드립니다.
* 책값은 뒤표지에 있습니다.
* 라의눈에서는 독자 여러분의 소중한 아이디어와 원고 투고를 기다리고 있습니다.